Dominique Abry, Marie-Laure Chalaron

La grammaire des premiers temps

Volume 2

Presses universitaires de Grenoble

Nous remercions tous les professeurs du CUEF-Université Stendhal-Grenoble 3 qui ont bien voulu tester dans leurs classes les exercices de ce manuel et en particulier Christine Andant, Danielle Dumarest, Dominique Even, Anne-Marie Jaussaud, Myriam Zijp, et tout particulièrement Roselyne Rœsch qui a suivi jusqu'au bout cet ouvrage et l'a enrichi par ses nombreuses remarques. Nous tenons à remercier aussi tous nos amis et collègues qui ont prêté leur voix pour l'enregistrement du CD.

[Annotations manuscrites :]

III : { 175 (b) 176 (a)
{ tableaux P.177 et P.179. (3.26)

170, 1, 3, 4
88 ; 84, 86 (88-98 passé)
(99 - 101 futur)
(102 — Conditionel)
(111 — Passive)

124-7 Discourse Indirect.

Couverture : Studio Bizart – bizart.design@wanadoo.fr
Conception et réalisation : Roxane Casaviva – Paris
Dessins : Christophe Veldeman (pp. 60, 98, 135, 138, 147, 154, 192, 195)

Achevé d'imprimer sur les presses de la SEPEC - 01960 PERONNAS
Numéro d'impression : 0560513750 - Dépôt légal : novembre 2013 - Imprimé en france

IMPRIM'VERT®

PEFC 10-31-1470 / Certifié PEFC / Ce produit est issu de forêts gérées durablement et de sources contrôlées. / pefc-france.org

© Presses universitaires de Grenoble, 2003
5, place Robert-Schuman
BP 1549 – 38025 GRENOBLE CEDEX 1
Tél. +33 (0)4 76 29 43 09 – Fax +33 (0)4 76 44 64 31
pug@pug.fr / www.pug.fr

ISBN 978-2-7061-1525-7

140-3.
22 & Impératif w203
133-5

Préface

Cet ouvrage destiné à des étudiants d'un niveau intermédiaire – de 150 à 300 heures de français – fait suite à la **Grammaire des premiers temps-volume 1** parue en juillet 1996. On y retrouvera le même esprit et les mêmes démarches.

Objectifs

- Révision et approfondissement des connaissances grammaticales déjà acquises dans le premier volume
- Poursuite de la découverte de la grammaire de la langue française
- Entraînement à une pratique maîtrisée et active du système morphosyntaxique du français

Contenus

Les contenus traités dans ce second volume sont ceux que retiennent habituellement en matière de grammaire les auteurs des méthodes de niveau 2. Comme dans ces manuels, le domaine grammatical abordé est vaste puisqu'à ce niveau l'élève doit à la fois revoir ses acquis antérieurs et élargir sa capacité de compréhension et d'expression, il lui faut entre autres :

- aller plus loin dans la connaissance du système verbal et des sens véhiculés par les formes verbales (*expression de l'antériorité/postériorité, notions d'aspect, modalisation et subjonctif, vision passive et active du procès*)

- savoir faire usage de propositions caractérisantes (*constructions relatives*)

- manier le discours rapporté (*verbes rapporteurs et concordance des temps*)

- pouvoir exprimer les relations chronologiques et logiques dans le cadre de la phrase simple et de la phrase complexe (*succession dans le temps, notion de cause à effet, d'hypothèse, d'opposition...*)

Mais on ne peut pas, à ce niveau d'apprentissage, traiter exhaustivement de tels contenus. Tous les moyens d'expression qui figurent dans tel ou tel chapitre d'une grammaire descriptive du français ne sont donc pas présentés systématiquement dans ce manuel d'apprentissage.

Par ailleurs certaines des formes ou structures qui y figurent ne font pas l'objet d'exercices d'appropriation mais seulement d'activités de reconnaissance, de compréhension. Ainsi en est-il du passé simple par exemple : il suffit en effet à ce niveau que les étudiants le reconnaissent dans un texte comme un temps du passé.

Il restera donc encore beaucoup à faire aux étudiants pour affiner leur compétence linguistique et aller au-delà de ce deuxième volume de La Grammaire des premiers temps.

L'ensemble pédagogique comprend :
• le livre de l'élève,
• un CD de 90 minutes,
• la transcription du CD et les corrigés des exercices.

Utilisateurs

L'esprit de l'ouvrage reste celui du premier volume de La Grammaire des premiers temps. L'étudiant, dans les activités variées qui lui sont proposées, exercera :
• son esprit d'observation (lisez, écoutez, repérez, notez...)
• sa réflexion (classez, expliquez)
• sa mémoire (souvenez-vous, retrouvez de mémoire, reproduisez, reconstituez...)
• ses connaissances, son expérience (inventoriez, racontez, échangez)
• son imagination (imaginez, créez)

L'enseignant

Il y trouvera bien sûr des exercices classiques et systématiques (manipulation et choix de formes, imitation de modèles...) pour la phase d'appropriation consciente de la compétence grammaticale chez l'apprenant mais il y trouvera aussi de nombreuses activités qui sollicitent l'expression personnelle et exercent simultanément compétences linguistique et communicative.

De plus les idées ou principes d'exploitation suggérés seront aisément applicables à d'autres thèmes grammaticaux. Le caractère transposable de nos propositions peut donc inviter l'enseignant à poursuivre ce que nous avons commencé en tenant compte de son public et de ses conditions d'enseignement. Il pourra compléter ainsi ce qui viendrait à lui manquer.

L'apprenant

Ce manuel – qui n'est pas conçu pour un auto-apprentissage – peut cependant être utilisé avec profit par des étudiants qui auraient à travailler occasionnellement seuls. Ils seront guidés dans les contenus par l'index et la table des matières, tous deux très détaillés, et par de nombreux renvois (par exemple **Opposition 230**).

D'autre part le choix de la page comme unité de travail fixe l'attention de l'apprenant sur les contenus d'apprentissage et facilite l'appropriation du sens et des formes.

Par ailleurs le corrigé, qui donne de nombreux exemples pour les activités de production libre, constitue une autre source d'informations pour l'apprenant isolé.

Enfin le CD, qui fait écho aux exercices écrits ou les complète, anime l'apprentissage. La présence des voix, les inflexions intonatives, l'implicite de l'intonation sollicitent l'attention de l'apprenant, facilitent la mémorisation et contribuent de ce fait à l'apprentissage du français.

1
Révisions

© Branger-Viollet

Souvenez-vous !

Articles indéfinis	masculin singulier	féminin singulier	pluriel
devant consonne	un café, un restaurant	une boulangerie	des toilettes
devant voyelle	un hôtel	une église	des hôtels, des églises
Articles définis	masculin singulier	féminin singulier	pluriel
devant consonne	le café, le restaurant	la boulangerie	les toilettes
devant voyelle	l'hôtel	l'église	les hôtels, les églises
Formes contractées	à + le, l'	à + la, l'	à + les
Aller	au café, au restaurant à l'hôtel	à la boulangerie à l'église	aux toilettes
Formes contractées	de + le, l'	de + la, l'	de + les
Sortir	du café, du restaurant de l'hôtel	de la boulangerie de l'église	des toilettes

---

Complétez avec les articles qui conviennent.　　`Déterminant 34`

Imaginez un village, quelque part dans la campagne française.

- C'est **un** joli petit village.
- Au centre du village, il y a **une** église romane.
- Autour de l'église du village, ... place ronde.
- Sur ...... place, ... arbres, ... bancs et ...... cabine téléphonique.
- Entourant ...... place, ... rue bordée de maisons et de quelques commerces : ...... banque, ... boulangerie-pâtisserie, ... salon de coiffure, ... bureau de tabac, ... épicerie, ... café-restaurant, ... bureau de poste, ... pharmacie, ... magasin de souvenirs et ...... maison du curé (le presbytère).

Les gens vont et viennent sur cette place. Il est 9 heures du matin. C'est l'été.

- Un touriste entre dans ...... église.
- Le curé ...... village sort ...... église et se dirige vers ...... presbytère.
- Un homme en noir sort ...... presbytère et ...... deux hommes s'installent à terrasse ...... café. ...... patron ...... café vient les servir.
- Un enfant sort ...... café et court jusqu' ...... boulangerie-pâtisserie.
- Le mari ...... boulangère sort ...... boulangerie et entre ...... n° 12.
- Un vieux monsieur sort ...... n° 12 et traverse ...... place pour aller ...... banque.
- Une jeune fille d'une vingtaine d'années sort ...... banque et passe devant ...... pharmacie.
- La femme ...... épicier sort ...... pharmacie et pousse la porte ...... bureau de tabac juste à côté.
- Une vieille dame sort ...... bureau de tabac et se dirige vers ...... église.
- Le touriste sort ...... église et se dirige vers ...... magasin de souvenirs.

Déterminants indéfinis, quantitatifs

Souvenez-vous !

	non dénombrables		dénombrables		
	masc. sing.	fém. sing.	masc. sing.	fém. sing.	pluriel
devant consonne	du pain du bruit	de la monnaie de la chance	un pain un bruit	une pièce une banque	des chèques des pièces
devant voyelle	de l'argent, de l'eau, de l'amitié		un ami	une amie	des ami(e)s

---

A. Complétez avec les formes qui conviennent.

1.
- J'ai **de** l'argent : **des** pièces et **des** billets.
- J'ai **un** carnet de chèques.
- Je n'ai plus **de** monnaie.
- J'ai **de la** monnaie.
- J'ai beaucoup ...... argent.
- J'ai ...... compte en banque.
- Je n'ai pas ...... carte de crédit.

2.
- Il y a **de la** place ? Il y a **une** place ?
- Il y a encore **des** places libres ?
- C'est complet, il n'y a plus ...... place.
- Il reste seulement ...... place, devant.
- Il y a trop ...... monde.
- Il y a beaucoup ...... places libres.
- Il y a ...... gens partout.

3.
- J'entends ...... bruit ou j'entends ...... bruit.
- J'entends ...... bruits bizarres.
- Chut, ne faites pas ...... bruit !
- Ça fait trop ...... bruit !
- Un peu ...... silence, s'il vous plaît.
- On n'entend pas ...... ou pas ...... bruit dans la rue.

4.
- Je cherche ...... travail ou je cherche ...... travail.
- J'ai ...... travail à terminer.
- J'ai ...... travail, trop ...... travail.
- J'ai de moins en moins ...... travail.
- J'ai ...... clients mais pas assez ...... nouveaux clients.
- Nous payons ...... taxes, beaucoup trop ...... taxes.

B. Complétez d'abord puis formulez les questions.

- Avoir **de** l'influence sur les autres / *beaucoup* ? Vous avez **beaucoup** d'influence sur les autres ?
- Avoir **des** amis étrangers / *pas* ? Vous n'avez **pas d'**amis étrangers ?
- Avoir ... temps libre / *assez* ?
- Faire ... sport / *beaucoup* ?
- Parler ... langues étrangères / *combien* ?
- Consommer ... somnifères / *pas* ?

- Gagner ... argent / *assez* ?
- Réciter ... prières / *beaucoup* ?
- Recevoir ... conseils / *trop* ?
- Connaître ... chansons / *beaucoup* ?
- Lire ... bandes dessinées / *pas* ?
- Manger ... viande / *pas* ?
- Avoir ... projets d'avenir / *beaucoup* ?
- Avoir ... frères et sœurs / *combien* ?
- Perdre ... temps / *beaucoup* ?
- Faire ... musique / *pas* ?

Déterminants possessifs : *mon, ma, mes...*

A. Complétez avec *mon, ma* ou *mes* puis avec *notre, nos*.

1. *Je voudrais vous parler :*
– de **mon** avenir.
– de mon problème.
– de …… projets.
– de ma décision.
– de …… doutes.
2. Voici …… coordonnées : mon adresse et …… numéro de téléphone.

3. Soyez assurés de …… amitié.
• Toutes …… félicitations pour votre réussite.
• Tous …… vœux pour l'année nouvelle !
• Acceptez toutes …… excuses !
• Je vous présente …… condoléances.

B. Complétez avec *ton, ta* ou *tes* puis avec *votre, vos*.

1. *Parle-nous de toi :*
– de **ta** famille.
– de …… milieu.
– de …… enfance.
– de ta manière de vivre.
– de …… goûts.
– de …… habitudes.
– de …… envies.
– de …… rêves.
– de ton caractère.
– de …… projets.
– de …… vie.
– de …… voyage.
– de …… expériences.

2. *Quelle est la date :*
– de …… anniversaire ?
– de …… fête ?
– de …… examen ?
– de …… départ ?
– de ton arrivée ?
– de ton mariage ?

3. *Quelle est la raison :*
– de …… colère ?
– de …… départ ?
– de …… larmes ?
– de ton sourire ?
– de ton mutisme ?

Souvenez-vous !

	masculin singulier	féminin singulier	pluriel
devant consonne	mon passeport	ma valise	mes bagages
	ton	ta	tes
	son	sa	ses
	notre	notre	nos
	votre	votre	vos
	leur	leur	leurs
devant voyelle	mon avion	mon heure d'arrivée	mes affaires
	ton	ton	tes
	son	son	ses
	notre	notre	nos
	votre	votre	vos
	leur	leur	leurs

Possessifs *son, sa, ses...* et démonstratifs *ce, cet, cette, ces...*

A. Lisez ces faire-part, puis **complétez** avec *son, sa, ses, leur* ou *leurs*.

1940

Monsieur et Madame Laurent Cadiou, Monsieur et Madame Michel Sévère
ont la joie de vous faire part du mariage de *leurs* enfants
Renée et Paul

1944

Monsieur et Madame Paul Sévère
ont la joie de vous faire part
de la naissance de *leur* fille
Marie Line

1947

Marie Line
vous annonce la naissance
de *son* petit frère Jean

1948

Marie Line et Jean
vous annoncent la naissance
de *leur* petit frère Yves

1964

Marie Line Sévère et Yves Lévèque
invitent *leur* famille et tous *leurs* amis
à *leur* mariage.

1965

Yves et Marie Line ont la joie de vous
faire part de la naissance de *leur* fils
Marc

1968

Marc vous annonce la venue au monde
de *sa* sœur Anne-Laure

1974

Monsieur Laurent Cadiou
a la douleur de vous faire part
de la mort de Reine Cadiou
son épouse

1992

Laurent Cadiou invite *leurs* enfants,
leurs petits et arrière-petits-enfants,
leurs amis et *leurs* voisins
à fêter *sa* 100 ans !

B. Complétez avec le démonstratif qui convient. `Pronom 20`

1. À qui est ...... écharpe rouge ?
• À qui appartient ...... dictionnaire ?
• ...... parapluie est à qui ?
• ...... lunettes sont à quelqu'un ?
• Ils sont à vous ...... rollers ?
2. Que signifie ...... mot ?
• Je ne comprends pas le sens de
...... phrase.
• Comment se prononcent ...... deux
mots ?
• Est-ce que ...... verbe est irrégulier ?

3. Vous avez cours ...... matin ?
• Qu'est-ce que vous faites ...... soir ?
• Rendez-vous ...... après-midi à
15 heures !
• J'ai mal dormi ...... nuit.
• J'aurai 25 ans ...... année.
• C'est ...... mois-ci que vous partez
en vacances ?
4. Qu'est-ce que c'est que ...... objet ?
• Qu'est-ce que c'est que ...... chose ?
• Qu'est-ce que c'est que ...... truc ?

Souvenez-vous ! Déterminants démonstratifs

	masculin singulier	**féminin singulier**	**pluriel**
devant consonne	ce garçon	cette fille	ces femmes
devant voyelle	cet_homme, cet_ami	cette amie	ces_enfants, ces_ami(e)s

Souvenez-vous !

- *Connaître, visiter, traverser, parcourir, quitter*

le Chili	la Suisse	l'Italie	les États-Unis	Paris

- *Arriver, aller, atterrir, être né, partir, rester, retourner, s'arrêter, s'installer, séjourner, se rendre, vivre*

au Canada	en Tunisie	en Argentine	aux Seychelles	à Madrid

- *Arriver, décoller, partir, (re)venir, s'éloigner, sortir*

du Viêt-nam	de Russie	d'Égypte	des Pays-Bas	de Cuba

A. Complétez.

Habiter **au** Canada, **à** Montréal.

Connaître **l'**Italie et **la** Grèce.

1. Être né ...... Amsterdam ...... Pays-Bas.

2. Être originaire ...... Viêt-nam, ... Hanoï.

3. Passer son enfance ...... Angleterre, ... Londres.

4. Étudier le français ...... Paris, ... France.

5. Vivre ...... Tananarive, ... Madagascar.

6. Passer des vacances ...... Papeete, ... Tahiti.

7. Séjourner ...... Madrid, ... Espagne.

8. Émigrer ...... États-Unis, ... Californie.

9. Se rendre ...... Mexique, ... Mexico.

10. Travailler ...... Casablanca, ... Maroc.

11. Quitter ...... Canada pour ...... États-Unis.

12. Tourner un film ...... Dakar ...... Sénégal.

B. Complétez en votre nom.

1. Je suis originaire ....

2. Je suis né ....

3. Mon pays natal c'est ....

4. J'ai passé mon enfance ....

5. En ce moment j'habite ....

6. J'aimerais bien vivre .... mais je n'aimerais pas vivre ....

7. Je connais les pays suivants : ....

8. Je ne connais pas du tout ....

9. Le dernier pays que j'ai visité c'était ....

10. J'ai aussi voyagé ....

11. J'aimerais aller ....

12. Mon plus long séjour à l'étranger, c'était ....

Comparez vos réponses.

Complétez avec : à/au, chez, en, dans...

1

Le mois dernier êtes-vous allé(e)...

- *au* restaurant ?
- ...... théâtre ?
- ...... cinéma ?
- ...... le dentiste ?
- ...... concert ?
- ...... le coiffeur ?
- ...... opéra ?
- ...... zoo ?
- ...... le médecin ?
- ...... vos parents ?
- ...... des amis ?

2

Quelle phrase dites-vous le plus souvent ? le moins souvent ?

- Je pars ...... bureau.
- Je vais ...... école.
- Je reviens ...... mon avocat.
- Je passe ...... banque.
- Je vais ...... université.
- Je vais ...... boulangerie.
- Je reviens ...... coiffeur.
- Je rentre ...... moi.
- Je vais ...... musée.
- Je vais ...... aéroport.
- Je vais faire un tour ...... ville.

3

Avez-vous déjà voyagé...

- ...... train ?
- ...... bateau ?
- ...... vélo ?
- ...... avion ?
- ...... voiture ?
- ...... cheval ?
- ...... moto ?
- ...... dos de chameau ?
- ...... dos d'âne ?
- ...... pied ?

4

Où passez-vous le plus souvent vos vacances ?

- ...... campagne ?
- ...... bord de la mer ?
- ...... île ?
- ...... montagne ?
- ...... village ?
- ...... bateau ?
- ...... vous ?

5

En vacances où logez-vous le plus volontiers ?

- ...... hôtel ?
- ...... gens du pays ?
- ...... maison louée ?
- ...... appartement loué ?
- ...... tente ?
- ...... caravane ?

6

Habitez-vous...

- ...... ville ou ...... banlieue ?
- ...... une grande ville ou ...... une petite ville ?
- ...... centre ville ou ...... un quartier périphérique ?

7

Où aimeriez-vous passer le prochain réveillon ?

- ...... palais de l'Élysée, ... Paris ?
- ...... Maison Blanche, ... Washington ?
- ...... Kremlin, ... Moscou ?
- ...... hôtel quatre étoiles ...... grande ville ?
- ...... petit restaurant ...... campagne ? ou ...... chalet ...... montagne ?
- ...... vous, ... des amis ou ...... votre famille ?
- ...... avion faisant le tour de la Terre ?

A. Écoutez et complétez.

Nous sommes .... forêt, ... la forêt vierge, ...
toute présence humaine. Des arbres partout, ... , ... ,
.... , ... Nous entrevoyons à peine le ciel ....
notre tête, très .... , ... , ... , ...
les arbres.

B. Complétez avec une des expressions suivantes (prépositions ou adverbes).

à • à droite de • à gauche de • à travers • *au-dessus de* • *au-dessous de*
dans • derrière • devant • face à • en face de • en haut de • en bas de
entre • *le long de* • par • sous • sur • (tout) près de • à côté de
along .   au bord de • au fond de
                                      左深处 .

- Dormez-vous **sur** le dos ? **sur** le côté ou **sur** le ventre ?

1. Êtes-vous déjà sorti ou entré chez vous .... la fenêtre ?

2. Préférez-vous les jupes .... genou ou .... du genou ?

3. Où préférez-vous installer votre table de travail ? le dos à la fenêtre ou
.... la fenêtre ?

4. On colle les timbres en haut et à droite des enveloppes. Vous êtes-vous
demandé pourquoi on ne les collait pas en haut .... ou .... à
droite ou encore .... à gauche ?

5. Préférez-vous, dans un restaurant, des lampes posées .... les tables
ou des lustres accrochés au plafond, ... tables ?

6. S'il y a chez vous des plantes vertes, sont-elles posées .... des
meubles ou posées par terre ?

7. Vous est-il arrivé de cacher un document, de l'argent ou une lettre
.... un tiroir, ... les feuilles d'un livre, ... un tableau
accroché au mur, ... votre matelas, ou ailleurs ?

8. Quand vous êtes-vous caché(e) pour la dernière fois .... un arbre,
.... un placard ou .... une porte ?

9. Avez-vous déjà regardé .... le trou d'une serrure ?

10. Au cinéma, vous vous asseyez .... l'écran ou .... de la salle ou
.... de l'allée centrale ?

Voici... c'est... il est...

Complétez à partir des éléments proposés.

Noms	Adjectifs	
collaborateur	futur	Voici *notre futur collaborateur,*
	italien	*il est italien ;*
vendeur	meilleur de la société	*c'est le meilleur vendeur de la société*

1

Connais-tu notre voisine Sophie ?

femme	charmante	c'est ......
personne	plus aimable de la société	c'est ......

2

Connaissez-vous le docteur Hesse ?

médecin	réputé	c'est ......
chirurgien		il est ......
chirurgien	plus compétent de la clinique	c'est ......

3

associé	nouveau / nouvel	Je te présente notre ......
architecte	plus dynamique du groupe	c'est ......

4

Viens, que je te présente Luc :

ami	vieux / vieil	c'est ......
copain	meilleur	c'est ......

5

directeur	ancien	Je vais vous présenter mon ......
homme	très compétent	c'est ......
violoniste	amateur	il est aussi ......

6

Tu ne connais pas mes grands-parents ?

gens	charmants	ce sont ......
	très fantaisistes	ils sont ......
voyageurs	grands	ce sont ......

7

type	grand	Je ne te présente pas ce ......
avocat		il est ......
type	odieux	c'est ......
avocat	très bon	mais c'est ......

8

épouse	nouvelle	et voilà Éloïse, ma ......
	canadienne	elle est ......
étudiante	plus jeune de sa promotion	c'est ......

Adjectifs : masculin, féminin

A. Souvenez-vous des formes des adjectifs au masculin et au féminin, à l'écrit et à l'oral. **Écrivez** et **prononcez**.

- charmant, délicat, vert
  charmante, délicate, verte
- discret, concret, coquet
  discrète, concrète, coquette
- léger, dernier, particulier
- grand, blond, bavard, froid
- gros, gras, faux, roux, doux
- jaloux, mauvais, gris, chinois
- gentil
- long
- blanc, frais, sec, franc

- neuf, impulsif, actif
- heureux, mystérieux
- rêveur, rageur, menteur
- dominateur
- breton, mignon
- fin, voisin
- brun
- canadien, européen, africain
- humain, prochain
- vieux
- beau, nouveau, fou, mou

B. Remplacez les mots *en italique* (masculins) par les mots *en italique* (féminins).

- Un charmant vieux *monsieur*, discret et élégant,   *une dame*   `Adjectif 54`
- Une charmante vieille dame, discrète et élégante,
étrenne *un* nouveau *chapeau* blanc.   *une veste*
étrenne une nouvelle veste blanche.
- Un *avocat* breton d'ordinaire très doux,   *une avocate*
mais aujourd'hui jaloux, poursuit
son principal *rival* armé d'*un long bâton*.   *une rivale, une épée*
- Un jeune et joli *garçon* fin et rêveur   *une fille*
cherche, dans *un* petit *magasin*,   *une boutique*
un parfum délicat, discret et léger.   *une eau de toilette*
- Un mystérieux *inconnu* très brun,   *une inconnue*
donne *un* faux *nom* à l'employé   *une adresse*
de *l'hôtel* luxueux tout neuf   *une résidence*
où *un taxi* vert l'a déposé.   *une limousine*
- Dans *un hôpital* canadien,   *une clinique*
un père épuisé mais heureux tient dans ses bras   *une mère*
deux beaux et gros *jumeaux* bien éveillés.   *des jumelles*
- Un *homme* impulsif, dominateur et râleur   *une femme*
ouvre d'*un geste* rageur une enveloppe   *une manière*
contenant *un message* anonyme.   *une lettre*
- Dans *un* vieux *quartier* de Dublin,   *une cabane*
un verre plein à la main,   *une bouteille*
un jeune *infirmier* iranien   *une infirmière*
raconte à un vieux *cuisinier* catalan   *une cuisinière*
les souvenirs de *son pays* lointain.   *une région*

Vérifiez votre connaissance des formes verbales au présent.
Variez les pronoms.

SATISFACTION

Avoir de la chance, être en bonne santé, aller très bien, avoir un travail intéressant. De plus, être amoureux et être sur le point de se marier.

Vous… Il…

Vous avez de la chance, **vous** êtes en bonne santé…
Il a de la chance, **il** est en bonne santé, il va bien…

HABITUDES DOMINICALES

Se lever vers 10 heures, déjeuner puis emmener son chien au parc. Acheter son journal habituel et une revue en bas de chez soi ; jeter un coup d'œil sur les titres et feuilleter la revue. Lâcher son chien dans le parc, flâner, se promener, s'aérer. Quelquefois courir, mais rarement. Puis rappeler son chien, rentrer, allumer la radio, s'installer sur son lit et commencer la lecture du journal et de la revue.

Il… Ils…

PETITE ENTREPRISE

Ne jamais s'ennuyer car ne jamais en avoir le temps. Employer environ trente personnes. Bien les payer et essayer de les faire participer à la marche de l'entreprise. Croire à l'entreprise, au travail, au progrès et à la responsabilité. Se distraire en faisant du tennis.

Je… Nous…

DÉPART 1

Écrire une lettre d'adieu et la relire. Finir sa valise. Entendre le taxi arriver. Mettre son manteau. Saisir sa valise. Éteindre la lumière. Sortir de l'appartement. Descendre les trois étages. Franchir la porte de l'immeuble. Disparaître dans la nuit.

Elle… Elles…

DÉPART 2

Partir à l'aventure, ne se munir que du strict minimum, conduire sans but fixé, choisir sa destination au hasard des rencontres. Dormir à la belle étoile, ne pas craindre le froid, vivre sans contrainte.

Il… Ils…

VIE DIFFICILE

Tenir un petit commerce, parvenir à gagner sa vie mais tout juste, devoir beaucoup d'argent à la banque, ne pas pouvoir faire des folies et recevoir rarement des amis. De temps en temps boire pour se consoler.

Je… Nous…

OUBLIEUSE MÉMOIRE

Bien comprendre mais apprendre difficilement. Ne pas avoir de mémoire, ne pas bien retenir, apprendre un jour mais ne pas s'en souvenir le lendemain. Mais vouloir y arriver. Alors, revenir et revenir sans cesse sur les mêmes sujets.

Tu… Vous…

Présent : verbes à une base et à deux bases (type 1)

Complétez les conjugaisons. **Prononcez** les formes verbales.

Une base

Majorité des verbes en *–er*				+ quelques autres verbes		
				souffrir		
				ouvrir	rire	exclure
	PARLER	MANGER	COMMENCER	OFFRIR	SOURIRE	CONCLURE
je	parle	mang…	commenc…	offr…	souri…	conclu…
tu	parles	mang…	commenc…	offr…	souri…	conclu…
il, elle, on	parle	mang…	commenc…	offr…	souri…	conclu…
ils, elles	parlent	mang…	commenc…	offr…	souri…	conclu…
nous	parlons	mang…	commenç…	offr…	souri…	conclu…
vous	parlez	mang…	commenc…	offr…	souri…	conclu…

Deux bases (type 1)

	je, tu, il, ils BASE 1	nous, vous BASE 2	
Verbes en *–ayer*, *–uyer*, *–oyer* + quelques verbes			**Autres verbes**
PAYER	je paie tu paies il, elle, on paie ils, elles paient	nous payons vous payez	balayer, débrayer, rayer, effrayer, + distraire, extraire
APPUYER	j'appuie tu appuies il, elle, on appuie ils, elles appuient	nous appuyons vous appuyez	essuyer ennuyer + fuir, s'enfuir
EMPLOYER	j'emploie tu emploies il, elle emploie ils, elles emploient	nous employons vous employez	se noyer, nettoyer, soudoyer, renvoyer, guerroyer, foudroyer, + croire, voir, échoir
Verbes en *–e•er*, *–é•er*			**Autres verbes**
ACHETER	j'achète tu achètes il, elle, on achète ils, elles achètent	nous achetons vous achetez	congeler, se lever, emmener, peser, achever
JETER	je jette tu jettes il, elle, on jette ils, elles jettent	nous jetons vous jetez	appeler, rappeler
CÉDER	je cède tu cèdes il, elle, on cède ils, elles cèdent	nous cédons vous cédez	répéter, accéder, régler, espérer, suggérer, compléter, sécher

Écrivez la troisième personne (singulier, pluriel) et **prononcez.**

Deux bases (type 2)			
Verbes types	je, tu, il BASE 1	ils, nous, vous BASE 2	autres verbes et composés
PARTIR	[par] il part	[part] ils partent	sortir, sentir, mentir
METTRE			promettre, omettre, admettre
SE BATTRE			débattre, combattre
ENTENDRE			fondre, pondre
PERDRE			tordre, mordre
RÉPONDRE			pondre, descendre, attendre
GRANDIR			Majorité des verbes en –ir
VIEILLIR			
CONNAÎTRE			naître, paraître, reconnaître
CROÎTRE			s'accroître, décroître
LIRE			maudire, prédire, interdire, élire, suffire
CONDUIRE			luire, réduire, traduire, produire, construire
PLAIRE			déplaire, se taire
SUIVRE			vivre, poursuivre
ÉCRIRE			inscrire, prescrire
SERVIR			desservir, asservir
(S'EN)DORMIR			Pas d'autres verbes
(CON)VAINCRE			Pas d'autres verbes
ROMPRE			interrompre, corrompre
CRAINDRE			plaindre, contraindre
ÉTEINDRE			atteindre, peindre, geindre, feindre, teindre
JOINDRE			adjoindre, rejoindre
S'ASSEOIR*	il s'assied	ils s'asseyent	Pas d'autres verbes
MOURIR			Pas d'autres verbes
ACQUÉRIR			conquérir, requérir
SAVOIR			Pas d'autres verbes
VALOIR			Pas d'autres verbes
RÉSOUDRE			absoudre, dissoudre

* S'ASSEOIR peut aussi se conjuguer : je m'assois, tu t'assois, il s'assoit, ils s'assoient, nous nous asseyons, vous vous asseyez

Présent : verbes à trois bases

A. Vérifiez votre connaissance de ces verbes au présent.

Verbes types	BASE 1 je, tu, il, elle, on	BASE 2 ils, elles	BASE 3 nous, vous	Autres verbes
POUVOIR	je peux tu peux il peut	ils peuvent	nous pouvons vous pouvez	*Pas d'autres verbes*
VOULOIR	je	ils	nous	*Pas d'autres verbes*
DEVOIR	on	ils	vous	*Pas d'autres verbes*
RECEVOIR	je .... elle	ils .... elles	nous .... vous	percevoir, apercevoir
BOIRE	on	elles	nous	*Pas d'autres verbes*
TENIR	tu .... il	ils .... elles	nous .... vous	retenir, s'abstenir, obtenir, contenir
VENIR	je .... elle	ils .... elles	nous .... vous	se souvenir, parvenir, revenir, survenir,
PRENDRE	tu .... il	ils .... elles	nous .... vous	apprendre, comprendre, surprendre, entreprendre

---

B. Entraînez-vous oralement.

1. Nous (*boire*) à votre santé !

2. Que (*vouloir*)-vous faire ce soir ?

3. Est-ce que vous (*se souvenir*) de l'adresse exacte ?

4. Où (*devoir*) -nous nous retrouver ?

5. Je (*s'apercevoir*) que je suis en retard !

6. Vous me (*surprendre*) ! Je ne vous (*comprendre*) pas.

7. Que (*contenir*) vos valises ?

8. Nos services (*recevoir*) plus de 100 fax par jour.

9. Nous (*ne pas vouloir*) vous déranger.

10. Beaucoup de Français (*percevoir*) des allocations logement.

11. La pluie et le mauvais temps (*revenir*).

12. Tu (*entreprendre*) des études longues mais intéressantes.

13. Nous (*se tenir*) à votre disposition pour des renseignements.

14. On (*pouvoir*) dîner si vous voulez, c'est prêt !

15. Qui (*revenir*) demain ? Qui (*devoir*) revenir ? Qui (*ne pas pouvoir*) revenir ?

16. Je (*s'abstenir*) de faire un commentaire, je (*ne vouloir*) rien dire, je (*se retenir*) d'intervenir.

A. Posez ces questions et **échangez**.

Comment sont vos compatriotes ?
Comment vivent-ils ?
Comment réagissent-ils ?

Adverbes 50

- Chanter
  Dans votre pays, on chante beaucoup ? peu ? souvent ? à quelles occasions ? quel type de chanson ?

- Se moquer
  Vos compatriotes se moquent-ils d'autres nations ou de certaines régions du pays ?

- Se marier jeune

- Rire, sourire beaucoup

- Trier les ordures

- Payer beaucoup d'impôts

- Noyer son chagrin dans l'alcool

- S'essuyer les pieds sur des paillassons

- Fuir les villes le dimanche

- Croire en Dieu

- Conduire vite

- Punir sévèrement les enfants

- Mettre les poubelles dehors tous les jours

- Enfreindre souvent la loi

- Craindre de passer sous une échelle

- Bien entretenir sa voiture

- Apprendre les langues étrangères à l'école

- Se recevoir beaucoup entre amis

- Boire du vin à table

- S'arrêter pour laisser passer les piétons

Impératif et infinitif

Souvenez-vous des structures de l'impératif.

	positif	négatif
non pronominal	Regarde	Ne regarde pas
	Regardez	Ne regardez pas
	Regardons	Ne regardons pas
pronominal	Cache-toi	Ne te cache pas
	Cachez-vous	Ne vous cachez pas
	Cachons-nous	Ne nous cachons pas

Souvenez-vous des formes irrégulières.

avoir	aie	ayons	ayez
être	sois	soyons	soyez
vouloir	veuille		veuillez
savoir	sache	sachons	sachez

Exercez-vous.

- Ne pas être inquiet, ne pas avoir peur, ne rien craindre *tu*
  Ne **sois** pas inquiet, n'**aie** pas peur, ne **crains** rien.
- Ne pas être inquiet, ne pas avoir peur, ne rien craindre *vous*
  Ne **soyez** pas inquiet, n'**ayez** pas peur, ne **craignez** rien.

1. Se calmer, ne pas se disputer, ne pas s'énerver *vous*
   calmez-vous, ne vous disputez pas, ne vous énervez pas
2. Avoir confiance, être persévérant, ne pas se décourager *tu*
   aie confiance, sois persévérant, ne te décourages pas
3. Ne pas se gêner, se mettre à l'aise, <u>faire comme chez soi</u> *vous*
   Ne vous gênez pas, mettez-vous à l'aise, <u>faites comme chez soi</u>.
4. Se dépêcher, rejoindre les autres, ne pas traîner *nous*
   dépêchons-nous, rejoindons les autres, ne traînons pas
5. Être gentil, se taire, ne pas insister, ne pas poser de questions *tu*
   Sois gentil, tais-toi, n'insiste pas, ne pose pas de questions
6. Ne pas se presser, prendre son temps *nous*
   ne nous pressons pas, prendons son temps
7. Ne pas se faire remarquer, rester discret *nous*
   Ne nous faisons pas remarquer, restons discret.
8. Savoir se dominer, ne pas se donner en spectacle *vous*
   Sachez vous se et vous dominer, ne vous donnez pas en ~
9. Ne pas se retenir, dire ce qu'on a à dire, être spontané *tu*
   Ne te retiens pas, dit ce qu'on , sois spontané
10. Faire attention, bien réfléchir, ne pas se tromper *vous*
    Faites attention, bien réfléchissez, ne vous trompez pas

22

PARTICIPES PASSÉS		INFINITIFS terminés par						
son / graphie		-er	-ir	-ire, -ure, -aire, -ore	-oir, -oire	-endre, -ondre	-dre	-tre, -cre, -vre, -pre
[e]	é	**Tous les verbes en -er** aimer → aimé aller → allé appeler → appelé répéter → répété payer → payé envoyer → envoyé ennuyer → ennuyé						
[i]	i		finir → fini partir → parti fuir → fui haïr → haï acquérir → acquis conquérir → conquis	rire → ri suffire → suffi nuire → nui, dire → dit écrire → écrit prescrire → prescrit conduire → conduit traduire → traduit séduire → séduit	s'asseoir → assis	prendre → pris (et composés)		suivre → suivi mettre → mis (et composés)
[y]	u us		tenir → tenu venir → venu (et composés) courir → couru vêtir → vêtu	lire → lu conclure → conclu plaire → plu se taire → tu inclure → inclus	avoir → eu, voir → vu recevoir → reçu apercevoir → aperçu savoir → su pleuvoir → plu, pouvoir → pu vouloir → voulu, valoir → valu falloir → fallu, mouvoir → mû boire → bu, croire → cru	vendre → vendu tendre → tendu (et composés) défendre → défendu tondre → tondu confondre → confondu	perdre → perdu mordre → mordu moudre → moulu coudre → cousu résoudre → résolu	vivre → vécu paraître → paru connaître → connu croître → crû battre → battu vaincre → vaincu
[ɛ]	ait			faire → fait distraire → distrait extraire → extrait				
AUTRES	eint aint						peindre → peint éteindre → éteint atteindre → atteint feindre → feint craindre → craint contraindre → contraint	
	oint						joindre → joint	
	ert		couvrir → couvert offrir → offert ouvrir → ouvert					
	ort		mourir → mort					
	os			clore → clos				
	ous						dissoudre → dissous	

A. Faites la liste des verbes construits avec l'auxiliaire être.

B. Utilisez le passé composé dans les dialogues suivants.

1. Allô Marie ?
– Ah non, ce n'est pas Marie.
– Excusez-moi, je *(se tromper)* de numéro.
– Je vous en prie.
2. Comment tu *(trouver)* le film ?
– Je *(ne pas aimer du tout)*.
– Moi, j'*(trouver)* ça pas mal !
3. Nous *(se retrouver)* à l'aéroport.
– Vous *(avoir du mal)* à vous retrouver ?
– Non, ça *(ne pas être)* difficile.
4. On *(décider)* de partir.
– Quand est-ce que vous *(prendre)* la décision ?
– On *(se décider)* hier matin.
5. Tu *(fermer)* les volets ?
– Oui, et je *(couper)* l'eau et l'électricité.
– Tu *(brancher)* le répondeur ?
– Je *(tout faire)*. On peut partir.
6. Vous *(remplir)* votre fiche ?
– Oui, je l'*(remplir)*.
– Vous *(ne rien oublier)* ?
– J'*(tout vérifier)*.
– C'est parfait.
7. Qu'est-ce que tu *(se faire)* au doigt ?
– Je *(se blesser)*.
– Comment ça ?
– Je *(se coincer)* le doigt dans une porte.
– Ça *(devoir)* te faire mal ?
– Ben, oui.
8. Vous *(se renseigner)* sur les prix du cours ?
– Oui, une secrétaire m'*(renseigner)*.
9. À quelle heure vous *(rentrer)* cette nuit ?
– Vers deux heures.
– Je *(ne pas vous entendre)*.
– On *(faire attention)*, on *(monter)* tout doucement.

10. Tu *(arriver)* quand ?
– Nous *(arriver)* hier.
– Tu *(ne pas venir)* seul ?
– Non, un ami m'*(accompagner)*.
11. Votre mère *(mourir)* en quelle année ?
– Mais ma mère vit toujours !
12. Tu *(rappeler)* Pascale ?
– Non, mais je *(passer)* chez elle.
13. Où est Paul ?
– Il *(descendre)*.
– Et les valises, où sont-elles ?
– Il les *(descendre)*.
14. Vous *(sortir)* hier soir ?
– Non, nous *(ne pas bouger)*, nous *(rester)* à la maison.
15. Vous *(interrompre)* vos études ? pourquoi ?
– Parce que je *(partir)* faire le tour du monde.
– Vous *(parcourir)* tous les océans ?
– Presque, oui.
16. Comment est-ce que vous *(devenir)* riche ?
– J'*(hériter)* d'un oncle très riche.
– Ça *(changer)* votre vie ?
– Fondamentalement je *(demeurer)* le même.
17. Vous *(passer)* de bonnes vacances ?
– Il *(pleuvoir)* tout le temps.
18. Tu *(passer)* voir ta mère ?
– Oui, je *(passer)* la voir.
19. Vous *(vivre)* longtemps en Angleterre ?
– Oui, longtemps, j'y *(rester)* dix ans.
– C'est là que vous *(connaître)* votre femme ?
– Oui, et que je *(se marier)*.

Accord du participe passé

Souvenez-vous !

pas d'accord	accord avec complément	accord avec sujet
avoir		**être**
Il a mangé un steak	Le steak qu'il a mangé	
Elle a mangé une salade	La salade qu'elle a mangée	
Ils ont mangé des fruits	Les fruits qu'ils ont mangés	
Elles ont mangé des tartes	Les tartes qu'elles ont mangées	
J'en ai mangé, du steak	Je l'ai aimé, le steak	Il est arrivé
J'en ai trouvé, de la salade	Je l'ai trouvée bonne, la salade	Elle est arrivée
J'en ai cherché, des fruits	Je les ai goûtés, les fruits	Ils sont arrivés
J'en ai fait, des tartes	Je les ai faites, les tartes	Elles sont arrivées
être		
Je me suis préparé un café	Le café que je me suis préparé	Il s'est préparé
Je me suis préparé une salade	La salade que je me suis préparée	Elle s'est préparée
Je me suis préparé des œufs	Les œufs que je me suis préparés	Ils se sont préparés
Je me suis préparé des frites	Les frites que je me suis préparées	Elles se sont préparées
Ils se sont téléphoné		Ils se sont aimés
Ils se sont succédé		Ils se sont battus
Elles se sont écrit		Elles se sont vues

A. Complétez en faisant l'accord si cela est nécessaire.

1. Tu as gar... ta voiture ? Où est-ce que tu l'as gar... ?

2. Tu as écout... les disques que je t'ai offert... ? Lesquels as-tu préfér... ?

3. Vous avez reç... des lettres, vous les avez lu... ?

4. J'ai perd... mes clefs ! Je ne sais pas où je les ai oubl... !

5. Vous les avez aim..., ces tartes ? C'est ma mère qui les a fait... !

6. Tu as essay... plusieurs voitures, laquelle as-tu préfér... ?

7. Ils ont prépar... leurs valises, puis se sont prépar...

8. Elle s'était command... une voiture rouge et la voiture qu'on lui a livr... était verte.

9. Un jour il s'est fabriqu... des faux papiers et le lendemain il a perdu les papiers qu'il s'était fabriqu... .

10. Elle s'est achet... deux tapis au Maroc mais les a offert... à ses enfants qui les ont ador... . .

B. Même exercice.

11. Quels musées avez-vous visit... à Paris ? Vous les avez tous visit... ou vous n'en avez visit... que quelques-uns ?

12. Je n'ai pas lu tous les livres que j'ai emprunt... à la bibliothèque. J'en ai l... deux seulement.

13. Ce n'est pas moi qui ai mang... tes chocolats, je les ai v... mais je ne les ai pas mang... . .

14. Des promesses, tu m'en as fait... beaucoup ; tu ne les as pas toutes oubli... mais tu en as oubli... beaucoup.

A. Écoutez et complétez.

Passé 82 sv

Quand j' .... des cauchemars, et que je .... en dormant, tu me ...., tu m' ...., tu me .... Quand j' .... des insomnies et que je .... la chambre, tu te .... aussi. Tu .... me chercher dans la salle du trône, dans ta robe de nuit rose avec des fleurs, et tu me ....: me coucher en me prenant par la main. Je .... avec toi mon rhume, ma grippe.
On .... les yeux en même temps, le matin. [...] Nous .... aux mêmes choses en même temps. Tu .... la phrase que j'avais commencée dans ma tête. Je t' .... pour que tu me frottes le dos quand je .... mon bain. Tu .... mes cravates. Je ne les .... pas toujours. Nous .... des conflits à ce sujet.
Tu n' .... pas que je sois décoiffé. Tu me .... Tu .... ma couronne, tu en .... les perles pour les faire briller.

D'après Ionesco, *Le roi se meurt*, «folio», Gallimard.

B. Retrouvez les bases de l'imparfait d'après le présent.

	PRÉSENT	IMPARFAIT	
CROIRE	Nous **croy**-ons	Je **croy**-ais, tu **croy**-ais, il **croy**-ait, ils **croy**-aient, nous **croy**-ions, vous **croy**-iez	
AVOIR	Nous **av**-ons	J'**av**-ais...	
SE TAIRE	Nous nous **tais**-ons	Tu te **tais**-ais...	
FAIRE	Nous	Ils	......
PLACER	Nous	Tu	Vous ......
MANGER	Nous	Je	Nous ......
RÉPÉTER	Nous	Nous	......
SE LEVER	Nous	Ils	......
S'ENNUYER	Nous	Elle	......
SE CONNAÎTRE	Nous	Elles	......
ÉCRIRE	Nous	Je	
LIRE	Nous	On	......
POUVOIR	Nous	Nous	......
VOIR	Nous	Elles	......
SAVOIR	Nous	Il	......
BOIRE	Nous	On	......
RECEVOIR	Nous	Vous	......

Une exception

ÊTRE	Vous	Tu	......

A. Utilisez le futur dans ces dialogues.

• On **passera** vous voir ce soir.
– Ce soir, on ne **sera** peut-être pas là.

• Alors, vous avez pris votre décision ?
– Je ne **partirai** pas, je reste.

1. Vous (*venir*) dimanche ?
– Ça (*dépendre*) du temps qu'il (*faire*).

2. Tu (*tâcher*) de ne pas rentrer trop tard ?
– J'(*essayer*).

3. Les enfants vous (*éteindre*) l'ordinateur !
– On n'(*oublier*) pas.

4. Vous ne (*faire*) pas d'imprudences ?
– Mais non, on (*faire*) attention.

5. Nous (*être*) combien à table ?
– On (*être*) nombreux.

6. Comment ça va se passer ?
– Ne t'en fais pas ! tout (*aller*) très bien ! tout (*se passer*) très bien.

7. Qu'est-ce qu'il (*falloir*) que je fasse, docteur ?
– Vous (*devoir*) surveiller votre tension !

8. Tu crois qu'on (*obtenir*) ce qu'on (*vouloir*) ?
– Il (*falloir*) certainement insister.

9. Quel temps (*faire*)-t-il demain ?

– Il (*pleuvoir*) toute la journée.

10. On vous (*écrire*), on vous (*envoyer*) des cartes postales.
– Ça nous (*faire*) plaisir !

11. Elle ne (*dire*) rien ?
– Elle (*tenir*) sa langue.

12. Ils (*avoir*) le temps de finir ?
– Sinon tant pis, ils (*finir*) demain !

13. Ça me (*plaire*) ?
– Oui, je crois que tu (*aimer*).

14. Vous (*pouvoir*) venir nous rejoindre ?
– Nous (*venir*) certainement.

15. Je ne m'(*asseoir*) pas près de Luc.
– Bon, je te (*mettre*) à l'autre bout de la table.

16. Vous vous (*souvenir*) de moi ?
– Je ne vous (*oublier*) certainement pas.

17. Comment je (*savoir*) si ma candidature est retenue ?
– Vous (*recevoir*) une convocation.

18. Vous nous (*prévenir*) quand vous (*avoir*) les résultats ?
– Nous vous les (*envoyer*) aussitôt.

19. Tu (*savoir*) comment réagir ?
– On (*voir*) bien. J'(*improviser*).

20. Je (*mourir*) de chagrin si tu pars !
– Mais non, tu t'en (*consoler*).

21. Si tu fais ça, je ne te le (*pardonner*) pas !
– Au contraire, tu (*voir*), tu me (*remercier*) !

22. On va peut-être s'ennuyer ?
– Je suis sûr qu'on ne (*s'ennuyer*) pas du tout.

B. Écoutez et écrivez les phrases au futur proche et au futur.

Vérifiez votre connaissance des bases du futur.

	Infinitifs	Formation régulière	Infinitifs	Formation irrégulière
−er	PARLER	Je parler**ai**	**ALLER**	J'ir**ai**
	DONNER	Je		
	JOUER	Je		
	RÉPÉTER	Je		
	APPELER	J'......		
	ACHETER	J'......		
	PAYER	Je		
	NETTOYER	Je		
	ESSUYER	J'......		
−ir	PARTIR	Je	VENIR	Je ......
	FINIR	Je	TENIR	Je ......
	SORTIR	Je	MOURIR	Je ......
			COURIR	Je ......
			ACQUÉRIR	J'......
			CUEILLIR	Je ......
−re	RIRE	Je	FAIRE	Je ......
	ÉCRIRE, RIRE	J'......	ÊTRE	Je ......
	CONCLURE	Je		
	BOIRE, CROIRE	Je		
	SE PLAIRE	Je		
	CROIRE	Je		
	METTRE	Je		
	PRENDRE	Je		
	ATTENDRE	J'......		
	REJOINDRE	Je		
−oir			AVOIR	J'......
			SAVOIR	Je ......
			POUVOIR	Je ......
	PRÉVOIR	Je prévoir**ai**	VOIR	Je ......
			DEVOIR	Je ......
			RECEVOIR	Je ......
			VALOIR	il ......
			VOULOIR	Je ......
			FALLOIR	Il ......
			PLEUVOIR	Il ......
			S'(É)MOUVOIR	Je ......
	S'ASSEOIR	Je	S'ASSEOIR	Je ......

Structures négatives

(Pr) présent (F) futur (PC) passé composé.

Négation 72 sv

A. Vérifiez votre connaissance de la place de la négation.

PAS. Ne pas sortir
(Pr) Nous *ne sortons pas*   (PC) Nous *ne sommes pas sortis*

PLUS. Ne plus travailler
(Pr) Il ......   (PC) Il ......

JAMAIS. Ne jamais travailler
(Pr) Elle ......   (PC) Elle ......

RIEN. Ne rien dire
(Pr) Tu ......   (PC) Tu ......

PERSONNE. Ne reconnaître personne
(Pr) Je ......   (PC) Je ......

AUCUN(E). Ne faire aucun bruit !
(Pr) Ils ......   (PC) Ils ......

NULLE PART. Ne se plaire nulle part
(Pr) Il ......   (PC) Il ......

NE... QUE. Ne manger que des légumes
(Pr) Ils ......   (PC) Ils ......

PERSONNE
(Pr) Personne ne parle   (PC) ......

RIEN
(Pr) Rien ne change   (PC) ......

AUCUN(E)
(Pr) Aucun étudiant n'écoute   (PC) ......

B. Conjuguez aux temps et à la personne proposée.

- Ne pas sortir (Pr) ne pas pouvoir sortir (F) être désolée de ne pas sortir (Pr)
  Elle ne **sort** pas, elle ne **pourra** pas sortir, elle **est** désolée de ne pas sortir.

1. Ne rien dire (PC) ne rien dire (F) ne rien vouloir dire (F)
   Il ......

2. Ne vouloir exclure personne (Pr) n'exclure personne (F)
   Nous ......

3. Ne recevoir aucune nouvelle (PC) regretter de ne recevoir aucune nouvelle (Pr)
   Ils ......

4. Ne plus fumer (Pr) ne plus vouloir fumer (Pr) ne plus fumer (F)
   Elle ......

5. Ne travailler que trois jours par semaine (Pr) ne jamais avoir travaillé que trois jours par semaine (PC)
   Je ......

Structures négatives

A. Reprenez les deux informations négatives dans la dernière réplique.

• Ça marche ?

–Non.

–Ça ne fonctionne pas ?

– Non, *ça ne marche pas, ça ne fonctionne pas.*

1. Comment tu te sens ?

– Pas très bien.

– Tu n'es pas en forme ?

– Non, je ......

2. Vous voulez bien ?

– Non.

– Vous n'êtes pas d'accord ?

– Pas du tout, nous ......

3. Tu as peur ?

– Non.

– Tu n'as pas le trac ?

– Non, je ......

4. Vous n'avez qu'un frère ?

– Oui.

– Et vous n'avez pas de sœurs ?

– Non, je ......

5. Tu n'as plus faim ?

– Non.

– Tu ne veux plus rien ?

– Non merci, je ......

6. Vous cherchez quelqu'un ?

– Non.

– Vous attendez quelqu'un ?

– Non, personne : je ......

7. Vous n'avez pas de médecin de famille ?

– Non.

– Vous n'êtes jamais malade ?

– Non, je ......

8. Qu'est-ce que tu veux faire ?

– Rien.

– Tu ne veux pas sortir ?

– Non, je ......

9. Vous avez une question à poser ?

– Non, aucune.

– Vous avez une remarque à faire ?

– Non, je ......

10. Vous voulez boire quelque chose ?

– Non merci.

– Vous voulez manger quelque chose ?

– Je vous remercie mais je ......

11. Vous lisez des romans ?

– Non.

– Vous lisez de la poésie ?

– Non plus, je ......

B. Répondez négativement.

• Tu as convaincu quelqu'un ?

– Non, *je n'ai convaincu personne.*

1. Quelqu'un vous a reconnu ?

– Non ......

2. Vous avez déjà chassé ?

– Non, je ......

3. Qui as-tu invité ?

– Personne, je ......

4. Qu'est-ce qui a changé dans votre vie ?

– ......

5. Vous avez eu des problèmes ?

– Non, aucun, nous ......

6. Vous avez compris quelque chose à son explication ?

– Non, ...

7. À qui avez-vous parlé ?

– Je ......

– Qui avez-vous vu ?

– Je ......

8. Vous avez visité combien de musées ?

– Nous ......

Structures interrogatives

A. Complétez avec *quel*, *quelle*, *quels* ou *quelles*. `Interrogation 66`

1. Quand ? *quel* jour ? *quelle* année ? ~quel~ mois ? ~quelle~ date ? à ~quelle~ heure ? à ~quel~ moment ?
2. Qui ? ~quelle~ personne ? ~quelles~ personnes ? ~quel~ individu ? ~quel~ homme ? ~quelle~ femme ?
3. Quoi ? ~quelle~ chose ? ~quel~ objet ? ~quel~ fait ? ~quel~ événement ? ~quelle~ action ?
4. Comment ? de ~quelle~ façon ? de ~quelle~ manière ? *manners, ways.*
5. Où ? ~en quel~ lieu ? ~à quel~ endroit ? ~dans quelle~ direction ?
6. Pourquoi ? pour ~quelles~ raison(s) ? dans ~quelle~ intention ? dans ~quel~ but ? *goal*

(handwritten note line 3: sorry, means, manner)

☆ B. Rappelez-vous les différentes structures de l'interrogation.

Formulation plus formelle	Formulations plus familières
Êtes-vous satisfait de l'organisation ?	(Est-ce que) vous êtes satisfait de l'organisation ?
Pourrais-je vous poser une question ?	(Est-ce que) je pourrais vous poser une question ?
Avez-vous une minute à m'accorder ?	(Est-ce que) vous avez une minute à m'accorder ?
Y a-t-il une solution ?	(Est-ce qu') il y a une solution ?
Que faites-vous, ce soir ?	Qu'est-ce que vous faites ce soir ? Vous faites quoi, ce soir ?
Qu'avez-vous fait hier soir ?	Qu'est-ce que vous avez fait hier soir ? Vous avez fait quoi hier soir ?
Où allez-vous ?	Où (est-ce que) vous allez ? Vous allez où ?
Quand êtes-vous partis ?	Quand (est-ce que) vous êtes partis ? Vous êtes partis quand ?
Chez qui pensez-vous loger ?	Chez qui (est-ce que) vous pensez loger ? Vous pensez loger chez qui ?

C. Changez de formulation.

Formulation plus formelle / **Formulation plus familière**

1. *Que prenez-vous* ← Qu'est-ce que vous prenez au petit-déjeuner ? → *Vous mangez quoi*
2. *À quoi pense-t-il* À quoi est-ce qu'il pense ? → *Il pense à quoi*
3. *Comment va-tu / va-t-il* Comment est-ce qu'il va ? → *il va comment*
4. *Où habite-t-elle* Où est-ce qu'elle habite ? → *Elle habite où*
5. *Où êtes-vous allés ?* Où est-ce que vous êtes allés ? [P.C.] *Vous êtes allés où*
6. *De quoi avez-vous parlé ?* De quoi est-ce que vous avez parlé ? *Vous avez parlé de quoi*
7. *Combien étiez-vous* Combien est-ce que vous étiez ? [étier] → *Vous étiez combien ?*
8. *Y avait-il des étrangers* Est-ce qu'il y avait des étrangers ? → ……………
9. *Était-ce intéressant* Est-ce que c'était intéressant ? → ……………
10. …………… ← À quelle heure est-ce que vous avez terminé ? → ……………

31

Verbes pronominaux, négation, interrogation

A. Faites des phrases au passé composé.

- Se disputer et ne pas se réconcilier   Ils
- *Ils se sont disputés et ne se sont pas réconciliés.*

1. Se reconnaître mais ne pas se saluer   Nous ....
2. Se croiser mais ne pas se reconnaître   Ils *se sont croisés ne se sont pas reconnus* *se sont*..... *ne se sont jamais*
3. Se fiancer mais ne jamais se marier   Ils *sont fiancés m. ne.... mariés*
4. Se dévisager mais ne pas se parler   Nous *nous sommes dévisagés*
5. Se consulter mais ne pas se mettre d'accord   On *s'est consulté ne s'est pas mis, se sont tout de suite*
6. Se rencontrer et tout de suite bien s'entendre   Elles *se sont rencontrées bien entendues*
7. Se séparer mais ne pas se perdre de vue   Ils *ne se sont pas perdus de vue*
8. S'apercevoir de loin et se faire signe   Nous *nous sommes aperçu(e)s*

B. Formulez oralement des questions en postposant le mot interrogatif. Écrivez la question avec inversion du sujet.

- Se connaître   *ils*   Comment ?
  Oralement : *Ils se sont connus comment ?*
  Par écrit : *Comment se sont-ils connus ?*

  1) Vous vous revoyez quand
  2) Quand est-ce que vous revoyez vous
  3) Quand vous revoyez vous ?

1. Se revoir   *elles*   Quand ?
2. S'absenter   *il*   Combien de temps ? *s'est-il absenté ?*
3. S'adresser   *tu*   À qui ? *À qui t'es-tu adressé(e) ?*
4. Se renseigner   *tu*   Auprès de qui ? ....
5. Se marier   *vous*   À quel âge ? *À quel âge vous mariez vous ?*
6. Se réveiller   *elle*   À quelle heure ? *s'est-elle réveillée*
7. Se décider   *vous*   En combien de temps ? *Vous êtes-vous décidé(e)(s)*
8. Se rencontrer   *ils*   Où ? *se sont-ils rencontrés*
9. Se reconnaître   *vous*   Comment ? *Vous êtes-vous reconnu(e)s*

C. Reformulez dans une langue plus soutenue.

- Pourquoi (est-ce que) vous vous êtes énervé(e) ?   Pourquoi *vous êtes-vous énervé(e)* ?
- Pourquoi (est-ce que) il s'est couché si tard ?   Pourquoi *s'est-il couché si tard* ?

1. Pourquoi (est-ce que) tu t'es levé si tôt ? *Pourquoi t'es-tu levé si tôt ?*
2. Pourquoi (est-ce qu') il s'est impatienté ? *S'est-il impatienté*
3. Pourquoi (est-ce qu') elle s'est <u>mise en colère</u> ? *S'est-elle mise en colère*
4. Pourquoi (est-ce que) vous vous êtes disputés ? *vous êtes vous disputés*
5. Pourquoi (est-ce qu') il s'est mis à rire ? *s'est-il mis à rire*
6. Pourquoi (est-ce que) tu t'es marié ? *t'es-tu marié*

2
Déterminants pronoms

Coll. part.

UN TRAIN PEUT EN CACHER UN AUTRE

A. Lisez puis écrivez un texte à la manière de M. Duras :
« *Moi, je suis... j'ai...* ».

Moi J'AI SEPT ENFANTS EN BAS ÂGE. Je suis bibliothécaire à la bibliothèque Mazarine. J'ai une situation en vue, une femme superbe, une Mercedes-Benz, du temps [...], des trucs, des trucs, des tas... oui, des trucs, des trucs, des tas... du mobilier, de l'immobilier [...], une femme légale et sexy, des enfants, des enfants, des garçons, des filles, des garçons, des filles, des... et puis du temps. Oui, pour penser, du temps, du temps... des tonnes... et UN parc. Un parc avec... un cèdre du Liban, un pommier... un poirier... un rosier... de l'herbe... tout, j'ai tout, tout.

d'après M. Duras, *Les eaux et forêts*, © Éditions Gallimard

B. Choisissez parmi les sujets proposés…

et faites un inventaire des ingrédients :	• *d'une vie heureuse, d'une vie malheureuse, d'une vie aventureuse ou d'une vie tranquille…*	• *d'une bonne soirée, d'un bon dimanche, d'une bonne scolarité ou d'un bon concert…*	• *d'un film ou d'un roman policier, d'un film ou d'un roman d'amour…*
du... de la... de l'...			
un, une, des quelques plusieurs			
un peu de beaucoup de (pas) trop de assez de...			

C. Écoutez et complétez le texte suivant
avec les articles qui conviennent.

Je n'aime pas ..... vacances parce que je n'aime pas ..... voyages. Courir dans ..... gare en portant ..... valise très lourde dans ..... main, ... sac dans l'autre, ... billets entre ..... dents, faire la queue dans ..... aéroport pour enregistrer ..... bagages, supporter ..... nervosité des vacanciers qui ont peur de ..... avion ou qui se sentent obligés d'emmener avec eux ..... grand-mère qui perd ..... mémoire qui aurait été heureuse de rester chez elle avec ses petites manies, être bousculé par ..... groupe de sportifs insouciants, partir en retard, arriver fatigué à ..... heure impossible, chercher ..... taxi... Tout cela, je vous le laisse.

d'après Tahar Ben Jelloun, *Le premier amour est toujours le dernier*, © Éditions du Seuil, 1995.

LE TROC REVIENT

Le manque d'argent n'empêche pas de consommer.

LE SUCCÈS DU TROC DÉMONTRE QUE LE MANQUE D'ARGENT N'EMPÊCHE PAS LA CIRCULATION DES BIENS ET DES SERVICES. **A**U CONTRAIRE. ON PEUT TOUT TROQUER :

■ Une coupe de cheveux contre des œufs, des cours d'informatique contre la réparation d'une voiture.

■ De l'aide pour le jardin contre de l'aide pour constituer un dossier, une prothèse dentaire contre des cours de judo, etc.

Imaginez ce qu'ils peuvent avoir à proposer.

1.	Fermier / fermières	Un fermier peut proposer : *des œufs, du lait et du beurre, un séjour dans sa ferme...*
2.	Coiffeurs / coiffeuses	Un coiffeur peut proposer : *une coupe de cheveux par mois, des cours de coupe...*
3.	Jardiniers	
4.	Garagistes	
5.	Clowns	
6.	Lycéen(ne)s	
7.	Bricoleurs	
8.	Étudiant(e)s en...	
9.	Sans logis	
10.	Psychanalystes	
11.	Femmes de ménage	
12.	Pilotes automobile	
13.	Musicien(ne)s	
14.	Acteurs / actrices	
15.	Juristes	
16.	Professeurs d'italien	

Et vous que pourriez-vous avoir à troquer ?

- Moi, je troquerais volontiers ...... contre ......
- Moi, je pourrais échanger ...... contre ......
- Moi, je peux proposer ...... et je cherche ......

A. Observez les exemples puis complétez.

Quels sont les métiers, professions, fonctions qui demandent :

- *de* l'énergie, *de la* force, *du* courage.
- *une* énergie considérable, *une* force exceptionnelle, *une* volonté de fer.
- *le* sens *des* affaires, l'appétit *du* gain.
- ...... imagination, ... intuition, ... qualités créatrices.
- ...... grande sensibilité, ... qualités de cœur.
- ...... connaissances et la passion ...... savoir.
- ...... autorité, ... ascendant sur les autres, ... goût ...... pouvoir.
- ...... talents manuels, ... adresse et ...... patience.

- ...... qualités intellectuelles, ... esprit ouvert et ...... art de convaincre.
- ...... bonne mémoire, ... élocution facile, ... charme, ... envie de plaire.
- ...... bon nez.
- ...... réflexes rapides, ... bon équilibre nerveux, ... sang-froid et ...... goût ...... risque.
- ...... bonne santé et ...... bon équilibre nerveux.
- ...... sens ...... humour, ... goût ...... répartie.

B. Classez ces groupes nominaux dans un tableau selon leur construction.

du... de la... de l'...	*un... une...*
de l'énergie, de la force...	une énergie considérable, une volonté de fer...
des...	***le, la, l'...***
des qualités créatrices...	la passion du savoir...

C. Complétez.

Calme • .... calme ! Je vous conseille de rester calme. Si vous perdez votre calme, vous êtes perdu ! Dans cette situation, il faut .... calme, beaucoup .... calme. Seul, ... grand calme peut sauver la situation.

Force • Pour soulever un tel poids, il faut .... force, beaucoup .... force ; il faut même .... force de taureau. Qui aura .... force nécessaire pour le faire ? *la - - - dans*

Patience • Je sais que .... patience n'est pas votre qualité principale mais il vous faudra .... patience, il vous faudra beaucoup .... patience, il vous faudra même .... patience infinie pour réussir. Si vous n'avez pas .... patience, vous n'y arriverez pas.

A. Complétez les phrases en choisissant dans la liste suivante. Utilisez vos connaissances ou votre intuition. | **Négation 73**

[annotations manuscrites : tout le monde ↓ (Nobody) ; Peu de... ; Peu de]

• *Aucun..., aucune...* • *Quelques...* • *Certains...* • *De nombreux..., de nombreuses...* •
Beaucoup de..., plusieurs... • *La majorité des..., la plupart des...* ← *Peu de*
• *Tous les..., toutes les..., l'ensemble des..., la totalité des...*

• **Tous les** bacheliers français peuvent entrer à l'université.

1. .... francophones ne sont pas français, ... francophones ont une autre nationalité.

2. En France, ... ministère n'est installé en province ; .... ministères sont dans la capitale.

3. .... jours fériés français sont des fêtes religieuses mais il existe .... fêtes non religieuses : le 1er mai et le 14 juillet par exemple.

4. .... noms français ont un pluriel en « x » mais .... noms français prennent un « s » au pluriel.

5. .... Français ont au moins deux prénoms.

6. Légalement .... petit Français ne peut échapper à l'école. L'école est obligatoire pour .... enfants français.

7. .... des musées français sont fermés le mardi.

8. .... hommes politiques français sortent de l'ENA (École nationale d'administration).

9. .... Français sont membres d'une ou .... associations.

10. .... Français ne peut voter avant 18 ans.

B. Écoutez et **écrivez** quelques données chiffrées.

FRANCE		1998
• .... des jeunes de .... à .... ans habitent chez leurs parents.	• Il y a eu plus d' .... million de demandes de billets pour assister à la coupe du monde de football en 1998. On n'a vendu officiellement que .... billets dont .... pour la finale.	• La population française s'élève à .... millions d'habitants. En 1997 la population avait augmenté de .... habitants, soit une progression de ....
• .... des .... ans pensent que leurs parents les comprennent, ... sont d'un avis opposé.	• On dépose chaque jour dans les banques françaises environ .... millions de billets de banque et .... millions ne sont pas remis en circulation.	• En 1998, la Marianne qui orne nos timbres a changé de visage pour la .... fois depuis 1849.
• On compte en France .... comédiens âgés en moyenne de .... ans environ.		

Déterminants quantitatifs et indéfinis, *en*

Écoutez le dialogue. **Lisez** le questionnaire. **Cochez** les bonnes réponses.

1. *Combien de cousins et de cousines a-t-elle ?*
- ☐ Elle n'en a pas.
- ☐ Elle en a une dizaine.
- ☐ Elle en a plusieurs.
- ☐ Elle en a une quinzaine.

2. *Elle connaît tous ses cousins et cousines ?*
- ☐ Elle les connaît tous.
- ☐ Elle ne les connaît pas tous.
- ☐ Elle en connaît certains.

3. *Est-ce qu'elle les revoit ?*
- ☐ Elle en revoit certains de temps en temps.
- ☐ Elle en revoit quelques-uns tous les ans.
- ☐ Elle les revoit tous régulièrement.
- ☐ Elle n'en revoit jamais aucun.
- ☐ Elle les a presque tous revus il y a un an.
- ☐ Elle n'en a pas revu certains depuis dix ans.
- ☐ Elle en a revu plusieurs récemment.
- ☐ Elle n'en a revu aucun depuis six ans.

4. *Quand ils étaient enfants, ses cousins et elle se voyaient-ils souvent ?*
- ☐ Non, parce qu'ils habitaient loin les uns des autres.
- ☐ Non, parce qu'ils n'allaient jamais les uns chez les autres.
- ☐ Oui, parce qu'ils vivaient les uns avec les autres.
- ☐ Oui, parce qu'ils se rendaient souvent visite les uns aux autres.

5. *Où allaient-ils le premier de l'an ?*
- ☐ La plupart d'entre eux se retrouvaient chez elle.
- ☐ Ils se retrouvaient tous chez l'un d'entre eux.
- ☐ Ils se retrouvaient tous chez leurs grands-parents.
- ☐ Certains se retrouvaient chez leur grand-mère.

6. *Que se passait-il ce jour-là ?*
- ☐ Son père donnait un cadeau à chacun d'eux.
- ☐ Chaque cousin et chaque cousine recevaient de l'argent.
- ☐ Certains ne recevaient jamais d'étrennes*.
- ☐ Tous recevaient quelque chose.

7. *Comment cela se passait-il ?*
- ☐ Ils allaient tous chercher une somme d'argent cachée quelque part et se la partageaient.
- ☐ Chacun recevait à son tour ses étrennes de la main de sa grand-mère.
- ☐ Certains – les plus jeunes – ne recevaient rien.

8. *Une année, que s'est-il passé ?*
- ☐ Une de ses cousines n'a pas reçu d'étrennes.
- ☐ Un de ses frères n'a pas reçu d'étrennes.

Étrenne : cadeau à l'occasion du premier jour de l'année, souvent sous forme d'argent.

Combien de cousin(e)s a-t-elle ?	Combien en a-t-elle ?
Elle n'a aucun(e) cousin(e).	Elle n'en a aucun(e).
Elle a un(e) cousin(e), dix cousin(e)s.	Elle en a un(e), dix.
Elle a une quinzaine de cousin(e)s.	Elle en a une quinzaine.
Elle a plusieurs cousin(e)s.	Elle en a plusieurs.
Elle a de nombreux(euses) cousin(e)s.	Elle en a de nombreux / de nombreuses.
Elle revoit quelques cousin(e)s.	Elle en revoit quelques-uns(es).
Elle retrouve certain(e)s cousin(e)s.	Elle en retrouve certain(e)s.
Elle connaît la plupart de ses cousin(e)s.	Elle en connaît la plupart.
	Elle connaît la plupart d'entre eux / elles.
Elle connaît tous / toutes ses cousin(e)s.	Elle les connaît tous / toutes.
Elle a téléphoné à chaque cousin(e).	Elle a téléphoné à chacun(e).

aucune.

A. Complétez avec *tous / toutes* et *aucun / aucune* comme dans l'exemple.

• Toutes les tables sont occupées ?
– Oui, elles *sont toutes occupées.*
– Il n'y en a aucune de libre ?
– Non, *aucune.*

1. Combien de députés étaient présents ?
– Ils ……
– Il n'y en avait aucun d'absent ?
– Non, ……

2. La plupart des clients sont contents semble-t-il ?
– Ils ……
– Il n'y en a pas de mécontent ?
– Non, ……

3. Tous les conseillers municipaux ont donné leur accord ?
– Oui, ……
– Aucun d'entre eux n'est contre le projet ?
– Non, ……

4. Combien de personnes se sont exprimées ?
– Elles ……
– Aucune d'entre elles ne s'est opposée ?
– Non, ……

B. Trouvez deux réponses différentes.

Accord participe passé 25

• *Vous avez abordé tous les problèmes ?*

LES … TOUS   Oui, nous *les* avons *tous* abordés.

EN … X   Pas tous, mais nous *en* avons abordé plusieurs.

• *Le professeur a corrigé toutes les copies ?*

LES … TOUTES   Oui, il…
EN … X   Non, il…

• *Vous n'avez retrouvé aucun papier ?*

LES … TOUS   Si, j'ai eu de la chance…
EN … X   Non,…

• *Tous les invités sont arrivés ?*

ILS … TOUS   Oui, ils…
EN … X   Non, …

• *Vous avez bien noté tous les noms ?*

LES … TOUS   Non, je ne les ai pas tous notés.

EN … X   J'en ai noté quelques-uns *ou* je n'en ai noté aucun.

• *Tu n'as pas laissé de fenêtres ouvertes ?*

LES … TOUTES   Non, je…
EN … X   Si, …

• *Il ne reste plus de chocolats ?*

LES … TOUS   Désolé, je…
EN … X   Si, …

• *Plusieurs personnes voulaient vous rencontrer.*

LES … TOUTES   Désolé, je…
EN … X   Je pourrai…

C. Écrivez des phrases complètes à partir des éléments suivants.

• Tous les étrangers ne sont pas francophiles, certains étrangers …… , d'autres …… .

• Tous les participants ont été invités à donner leur avis. Tous …… , certains …… , d'autres …… .

• On a demandé à chaque invité d'apporter quelque chose pour la soirée. Les uns …… , d'autres …… , d'autres …… . Chacun …… .

• Tous les goûts sont dans la nature, il y a des gens qui …… , d'autres qui …… , d'autres qui …… .

• Plusieurs personnes ont assisté à …… . Certaines …… , quelques-unes …… , d'autres …… .

Pronoms possessifs et démonstratifs

A. Observez.

• Ton père prend sa retraite ?			• Combien pèsent tes bagages ?			
– Le mien, non.			– Les miens sont très lourds.			
le mien	le tien	le sien	les miens	les tiens	les siens	
le nôtre	le vôtre	le leur	les nôtres	les vôtres	les leurs	
• Je vais louer une voiture.			• Tu as tes clés ?			
– La mienne est chez le garagiste.			– J'ai oublié les miennes.			
la mienne	la tienne	la sienne	les miennes	les tiennes	les siennes	
la nôtre	la vôtre	la leur	les nôtres	les vôtres	les leurs	

B. Complétez.
Remplacez ensuite *vie* par *passé* puis par *problèmes*.

1. Je t'ai raconté ma *vie* ! maintenant raconte-moi ......
2. Je lui ai raconté ma *vie*, il ne m'a rien dit ......
3. Tu m'as tout dit de ta *vie* mais tu ne sais rien ......
4. Je vous ai parlé de ma *vie* parlez-moi ......
5. Je leur ai raconté ma *vie*, ils ne m'ont rien dit ......
6. Vous nous avez tout dit de votre *vie* mais vous ne savez rien ......

C. Complétez avec le pronom qui convient.

1. Attends ! je fais ma valise puis je t'aiderai à faire ......
2. Peux-tu me prêter ton parapluie ? je ne trouve plus ......
3. Mes parents vont bien. Et ...... ?
4. Nous sommes très différents, eux et nous ; notre manière de penser est très éloignée de ......
5. Il a ses qualités, tu as ...... !
6. Nous buvons à votre santé ! Buvez à ......
7. Nous avons eu du mal à retenir nos larmes, et lui ......
8. On lui a parlé de nos projets mais il n'a pas parlé ......
9. Ne vous occupez pas de nos affaires ! Occupez-vous ......
10. Tu crois que l'accent anglais de Pierre est meilleur que ......

Pour questionner sur l'appartenance
- Quel est le propriétaire de... ?
- À qui est-ce ?
- À qui est ce ...... ? À qui appartient ceci ?
- Ce ...... est à quelqu'un ? Ce ...... appartient à quelqu'un ?
- C'est à vous, ça ? C'est à toi ce ...... ? Il est à toi, ce .... ? C'est à qui, ça ?
- Ceci vous appartient ? Ceci ne vous appartiendrait-il pas ?
- C'est ton ...... ? C'est le tien, le / ce ......

Pronoms interrogatifs, démonstratifs

lequel ?	Pour quel candidat voter ? lequel choisir ? celui de droite ? celui de gauche ? celui que je connais ? le nouveau ?	celui ... le ...
laquelle ?	Il y a deux routes possibles. Laquelle prendre ? celle-ci ? celle-là ? la départementale ? la nationale ? la plus courte ? la plus agréable ?	celle ... la ...
lesquels ?	Lesquels des tableaux de ce peintre avez-vous préférés ? ceux de la première période ? ceux de la fin de sa vie ? les abstraits ? les figuratifs ?	ceux ... les ...
lesquelles ?	Choisissez parmi ces photos celles que vous voulez. Lesquelles voulez-vous ? les petites ? les grandes ?	celles ... les ...

A. Complétez ces débuts de contes.

Passé 86

• Il y avait un roi de France qui avait un fils. **Celui-ci** dit un jour à son père qu'il voulait se marier.

1. Il y avait une fois, une pauvre veuve qui avait trois fils. .... voulaient voyager pour chercher fortune...

2. Il y avait une fois un tailleur et sa femme. Les femmes des tailleurs sont ordinairement paresseuses et .... l'était comme les autres.

3. Il y avait une fois un homme veuf qui était marié à une veuve. Ils avaient chacun une fille. .... l'homme était douce, aimable et jolie et .... la femme était laide, méchante et d'un caractère insupportable.

B. Complétez par *ce, cet, cette, ces* ou *celui, celle, celles, ceux.*

• *Devant une affiche de cinéma*
– Tu as vu *ce* film ?
– Non, pas *celui*-ci, mais *celui*-là, oui.

1. *Chez un antiquaire*
– Elle est de quelle époque ...... armoire ?
– Elle est du XVIIIe.
– Et ...... -là ?
– Toutes les autres sont du XIXe.

2. *Dans un commissariat de police*
– C'est qui ...... type ?
– ...... qui dort ? ou l'autre à côté ?
– ...... qui dort.
– C'est le type qui a piqué le portefeuille du ministre.

3. *Dans une administration*
– ...... adresse, c'est votre adresse ?
– Non, c'est ...... de mes parents

4. *Dans un restaurant désert*
– ...... table est libre ?
– ...... -ci, ... -ci, ... -ci, ... -là, elles sont toutes libres.

5. *Au téléphone dans une société*
– Alors, ... fax, tu me les apportes ?
– Lesquels ?
– ...... que tu viens de recevoir.
– Ah, oui pardon ! Tout de suite !

6. *Dans un jardin*
– C'est ...... arbre que je dois couper ?
– Coupez tous ...... qui nous cachent le soleil.

C. Reprenez les dialogues à deux.

A. Complétez ce quiz et **cochez** la ou les bonnes réponses.

1. .... de ces rois de France a été décapité ? ☐ Louis XIII. ☐ Louis XVI. ☐ Louis XVIII.	**5.** .... de ces deux chansons est l'hymne national français ? ☐ La Marseillaise. ☐ La Paimpolaise.
2. .... des villes suivantes est un port sur l'Atlantique ? ☐ Marseille. ☐ Brest. ☐ Toulon.	**6.** Des monuments français ci-dessous cités .... sont à votre avis les plus connus ? ☐ Le Pont d'Avigon. ☐ La tour Eiffel. ☐ Le palais des Papes.
3. Parmi les pays suivants .... sont officiellement bi ou trilingues ? ☐ La Belgique. ☐ Le Canada. ☐ L'Espagne. ☐ L'Italie. ☐ La France. ☐ La Suisse.	**7.** .... de ces trois sports combine cinq disciplines sportives ? ☐ Le biathlon. ☐ Le triathlon. ☐ Le pentathlon.
4. .... de ces quatre fleuves coule à Paris ? ☐ La Seine. ☐ La Loire. ☐ Le Rhône. ☐ La Garonne.	**8.** .... de ces hommes inventa l'alphabet pour aveugle ? ☐ M. Braille. ☐ M. Caille. ☐ M. Pérail.

B. Lisez, observez.

Pour travailler il accepterait **n'importe quel** travail, à **n'importe quelles** conditions. Il partirait dans **n'importe quelle** région, dans **n'importe quelle** ville et même dans un pays étranger, **n'importe lequel** ; il irait **n'importe où**, **n'importe quand** ; il ferait **n'importe quoi** pour travailler !

C. Complétez
avec *n'importe quel* + nom ou *n'importe lequel*.

- Un professeur (*aux élèves*) : « J'interrogerai ***n'importe quel élève***, au hasard. »
- Un ami (*à un ami*) : « Tu peux me prêter une veste ? ***n'importe laquelle*** ! »
1. Une cartomancienne : « Tirez une carte au hasard, ... »
2. Des cambrioleurs surpris : « Cachons-nous dans un placard, ... »
3. La mère (*au père*) : « Pour l'endormir raconte-lui une histoire, ... »
4. Deux randonneurs : « Peu importe le temps qu'il fera, on peut marcher par .... »
5. Un curieux : « Prononcez-moi quelques phrases en chinois, ... »
6. Un résolu (*à un indécis au volant*) : « Prends une des trois routes, ... »
7. Un médecin (*à un malade*) : « Appelez-moi chez moi, même la nuit, ... »
8. Un client fortuné : « Je veux absolument cette maison je l'achèterai à .... »

Pronoms : *le, la, l', les / en / y*

A. Observez les différents pronoms.

Lorsqu'un événement est survenu vous pouvez...

• vous intéresser à cet événement	vous y intéresser
• parler de cet événement autour de vous	en parler
• raconter ou cacher cet événement	le raconter ou le cacher
• vous souvenir de cet événement	vous en souvenir
• regretter cet événement	le regretter
• souffrir de cet événement	en souffrir
• vous adapter à cet événement	vous y adapter
• être fier de cet événement	en être fier
• vous désintéresser de cet événement	vous en désintéresser
• faire allusion à cet événement	y faire allusion
• repenser à cet événement	y repenser

B. Classez tous ces verbes en fonction du pronom.
Pourquoi ces différents pronoms ?

le, la, l', les	*y*	*en*
raconter *qqch*	s'intéresser à *qqch*	parler de *qqch*

C. Pronominalisez.

Lorsqu'une décision vient d'être prise, vous pouvez...

• vous soumettre à cette décision	*vous **y** soumettre*
• contester cette décision	....
• vous réjouir de cette décision	....
• refuser cette décision	....
• vous intéresser à cette décision	....
• commenter cette décision	....
• être victime de cette décision	....
• vous opposer à cette décision	....
• approuver cette décision	....
• vous désoler de cette décision	....
• accepter cette décision	....
• ignorer cette décision	....
• être le bénéficiaire de cette décision	....
• regretter cette décision	....

Rajoutez ces verbes dans le tableau ci-dessus.

Pronoms : *le, la, l', les / lui / à lui / de lui ...*

A. Observez les différents pronoms.

Un nouveau voisin vient d'emménager dans votre immeuble, vous pouvez d'abord...
- saluer ce voisin .... le saluer
- parler à ce voisin .... lui parler
- souhaiter la bienvenue à ce voisin .... lui souhaiter la bienvenue
- proposer de l'aide à ce voisin .... lui proposer de l'aide
- parler de ce voisin .... parler de lui

Puis s'il vous est sympathique...
- téléphoner à ce voisin .... lui téléphoner
- inviter ce voisin chez vous .... l'inviter
- vous intéresser à ce voisin .... vous intéresser à lui
- présenter ce voisin à vos amis .... le présenter à vos amis
- présenter vos amis à ce voisin .... lui présenter vos amis

---

B. Classez tous ces verbes en fonction du pronom.
Pourquoi ces différents pronoms ?

le, l', la, les	lui, leur	à lui, à elle à eux, à elles	de lui, d'elle, d'eux, d'elles
saluer *qqun*	parler à *qqun* souhaiter *qqch* à *qqun*	s'intéresser à *qqun*	parler de *qqun*

C. Pronominalisez.

Puis si votre voisin se révèle amical
- faire confiance à ce voisin
- confier vos clés à ce voisin
- demander à ce voisin de nourrir vos chats

Et, si un jour votre voisin déménage
- vous repenserez à votre voisin
- vous oublierez votre voisin ou vous vous souviendrez de votre voisin
- vous chercherez à revoir votre voisin ou non
- vous retéléphonerez à votre ancien voisin ou non
- vous prendrez régulièrement des nouvelles de votre voisin ou non

Mais vous pouvez aussi
- ignorer ce voisin
- vous désintéresser de ce voisin
- vous méfier de ce voisin

D. Changez *voisin* par *voisine* puis par *voisin(e)s*, et **pronominalisez**.

Attention !		
verbe + à/de qqun		même verbe + à/de qqch
je m'intéresse à lui je pense à elle je tiens à eux je renonce à lui	mais	je m'y intéresse j'y pense j'y tiens j'y renonce
je rêve de lui j'ai besoin d'elle je parle d'eux		j'en rêve j'en ai besoin j'en parle

Il vient de lui annoncer qu'il allait la quitter, qu'il ne l'aimait plus, qu'il en aimait une autre, qu'il ne voulait plus vivre avec elle. Elle ne lui répond pas. Elle ne le regarde pas. Elle semble l'ignorer. Elle ne veut pas lui dire qu'elle ne pourra pas vivre sans lui. Elle préfère se taire.

Observez.
À quel tableau pourrait correspondre ce texte ?

Écrivez un autre texte correspondant à une autre photo.
Utilisez de nombreux pronoms.

Doubles pronoms

A. Complétez les phrases comme dans l'exemple avec deux pronoms.

- *Donner? Prêter?*   Ton pull, tu *me le donnes* ou tu *me le prêtes*?
1. *Conseiller? Déconseiller?*   Ce livre, tu ......?
2. *Téléphoner? Faxer?*   Les résultats, vous ......?
3. *Présenter? Cacher?*   Ton copain, tu ......?
4. *Apporter? Envoyer par la poste?*   Ma commande, vous ......?
5. *Échanger? Donner?*   Ces timbres, tu ......?
6. *Imposer? Faire choisir?*   Les jours de vacances, on ......?
7. *Laisser? Reprendre?*   Tes clés, tu ......?
8. *Refuser? Accorder?*   Le visa, vous ......?

B. Complétez avec un verbe de votre choix et deux pronoms.

- J'ai oublié mes clés dans la voiture; tu pourrais aller *me les chercher*?
- Si tu n'as pas besoin de ta voiture demain est-ce que je peux *te l'emprunter*?
1. J'ai besoin du livre que je t'ai prêté; ça t'ennuie de ......?
2. Maman, mon pantalon est trop long. Tu peux ......?
3. Ah! vous ne connaissez pas les frères Andrieux! je vais ......
4. J'ai oublié mes lunettes de soleil chez toi; tu pourras ......?
5. Si vous ne comprenez pas l'exercice je veux bien ......
6. J'ai pris des photos de Venise, si ça vous intéresse je peux ......

C. Passez du dialogue au commentaire.

Discours rapporté 121 sv

- J'ai mal à cette dent.
– Je vais **vous** l'arracher.

    • Comme il avait mal à une dent, je **la lui** ai arrachée.

1. Je ne comprends pas ce texte.
– Je peux te l'expliquer.

    • Il ne comprenait pas le texte, je lui ai proposé de ......

2. Vous pouvez me montrer vos papiers, s'il vous plaît!
– Non!

    • Le policier lui a demandé ses papiers et elle a refusé ......

3. Je viens vous demander une augmentation.
– Je suis désolé, je ne peux pas vous l'accorder.

    • Il a demandé une augmentation à son directeur qui n'a pas voulu ......

4. Tu peux me prêter ces CD?
– Ils ne sont pas à moi, je ne peux pas te les prêter.

    • Pierre voulait m'emprunter tes CD je n'ai pas voulu ......

5. Tu ne nous as pas beaucoup écrit!
– Je vous avais écrit une longue lettre mais il a oublié de vous l'envoyer.

    • Il avait écrit une lettre à ses parents mais j'ai oublié de ......

A. Écoutez et **répétez** en respectant l'intonation puis **écrivez.**

1. ....
2. ....
3. ....
4. ....
5. ....
6. ....
7. ....
8. ....

B. Entraînez-vous à deux à ces micro-conversations.
Terminez librement par une acceptation ou un refus.

• « Tu peux me prêter de l'argent ?
– Je ...... ai déjà prêté.
– Non, tu ne ...... as pas prêté.
– Si, je ...... ai prêté lundi dernier.
– Prête-...... s'il te plaît. »

Un enfant exigeant

1. « Tu me racontes une histoire ?
– Je ...... déjà ....
– Non, tu ne ....
– Si, je ...... ce matin.
– Raconte- ...... encore ! »

2. « Tu me donnes un bonbon ?
– Je t'...... déjà ....
– Non, tu ne ....
– Mais si voyons ! je viens de ...... à l'instant.
– Donne-...... encore ...... , s'il te plaît. »

• « Tu peux me prêter de l'argent ?
– Je *t'en* ai déjà prêté.
– Non, tu ne *m'en* as pas prêté.
– Je *t'en* ai prêté lundi dernier.
– Prête-*m'en* s'il te plaît. »

3. « Fais-moi un dessin.
– Je ...... déjà ....
– Non, tu ne ....
– Qu'est-ce que tu racontes ? Je ...... il y a trois minutes !
– Fais-...... autre, s'il te plaît.
.... »

4. « Tu peux me faire mes devoirs ?
– Non, je ne veux pas ...... faire tous les soirs.
– Tu ne ...... as pas faits hier soir !
– Bon, je ...... fais encore ce soir, mais pour la dernière fois. »

TOUTES CONSTRUCTIONS				SAUF **IMPÉRATIF POSITIF**		
Il	me, te, se, nous, vous	le, la, les	lui, leur	prépare	Donne	le, la, les	moi, nous, lui

TOUTES CONSTRUCTIONS			SAUF **IMPÉRATIF NÉGATIF**			
Il	m', t', s', nous, vous, lui, leur	en	prépare	Ne	t', m', nous, vous, lui, leur	en	donne	pas

Reprises pronominales : *ça, c', en, y, le...*

A. Cochez pour chaque sujet une ou plusieurs réponses.

LE GRAND AMOUR
- [ ] j'y crois
- [ ] je l'ai rencontré
- [ ] je l'attends
- [ ] ça n'existe pas
- [ ] ça me fait rêver

LA POLITIQUE
- [ ] je m'y intéresse
- [ ] je m'en désintéresse
- [ ] ça m'ennuie
- [ ] ça me passionne
- [ ] je déteste ça
- [ ] c'est la mort

LA TÉLÉVISION
- [ ] j'adore ça
- [ ] je m'en passe facilement
- [ ] ça me fascine
- [ ] j'en suis esclave
- [ ] je la regarde rarement

LA NATURE
- [ ] je la connais mal
- [ ] je n'en profite pas
- [ ] elle m'est indispensable
- [ ] c'est mon milieu naturel
- [ ] je m'y ennuie
- [ ] ça me calme

LA MUSIQUE
- [ ] j'en écoute beaucoup
- [ ] j'en fais
- [ ] je n'en fais pas
- [ ] ça m'est nécessaire
- [ ] ça me passionne
- [ ] je n'y connais rien

DEVENIR CÉLÈBRE
- [ ] j'aimerais ça
- [ ] ça me plairait
- [ ] je n'y tiens pas
- [ ] ça ne me tente pas
- [ ] j'en suis capable
- [ ] c'est un projet excitant

B. Complétez par les formes pronominales qui conviennent : *ça, c', en, y, le / la / les.*

1. Aller sur la lune, *ça* vous tenterait ? Vous aimeriez *y* aller ?

2. La mort, vous *en* avez peur ? Vous ...... pensez parfois ?

3. Le paradis, vous aimeriez ...... visiter, vous ...... promener ?

4. Les traditions de votre pays, vous ...... respectez ?

5. Travailler, vous aimez ...... ?

6. Votre lit, vous ...... appréciez, vous ...... passez beaucoup de temps ?

7. Les photos que vous prenez, vous ...... regardez souvent ?

8. La vie de famille, ... vous plaît ?

9. La France, vous ...... connaissez, vous ...... avez séjourné ?

10. Le vélo, vous ...... utilisez comme moyen de transport ?

11. Des lettres, vous ...... écrivez beaucoup ?

12. L'histoire de votre pays, vous ...... connaissez bien ?

13. Le mauvais temps, ... vous met de mauvaise humeur ou non ?

14. La cartomancie, vous ...... croyez ?

15. Les films d'horreur, ... vous fait peur ou ...... vous fait rire ?

16. La viande, vous ...... aimez bien cuite ou saignante ?

17. Les soldes, il y ...... a dans votre pays ?

18. La mode, vous ...... suivez ou non ?

19. La politesse, ... est important ou non ?

20. L'accent français, vous ...... êtes habitué ?

3
Qualification, caractérisation

Caractérisation du verbe : adverbe, locution adverbiale

A. Complétez en reformulant avec l'adverbe correspondant au mot en italique.

Il nous faut une réponse *claire*, répondez *clairement*.

1. On vous *lit* difficilement, pourriez-vous écrire _lisiblement_ *(illisiblement)*

2. Tu manques de *méthode*, il faudrait travailler plus _méthodiquement_

3. *Prudence* sur la route ! S'il te plaît, conduis _prudemment_ !

4. Bois sans *excès*, ne bois pas _excessivement_

5. Veuillez être *poli*, veuillez me parler _poliment_

6. Soyez *franc*, répondez-moi _franchement_

7. Ne sois pas si *sérieux* ! Aborde la vie moins _sérieusement_

8. Sois *gentil*, parle-moi _gentiment_

9. Votre travail n'est pas *suffisant*, vous ne travaillez pas _suffisamment_

10. Ce n'est pas *fréquent*, ça n'arrive pas _fréquemment_

11. Soyez *bref*, répondez-moi _brièvement_

Quelle est la règle de formation des adverbes ?

B. Y a-t-il des choses que vous faites régulièrement, parfois, souvent...

- à contrecœur, sans le souhaiter, sans le désirer
- en faisant autre chose
- sans y penser, instinctivement
- à la va-vite, très rapidement
- par hasard
- par obligation, par nécessité, par devoir

- par esprit de contradiction
- avec entrain, avec joie, avec plaisir
- avec amour ou avec passion
- lentement, en prenant votre temps, sans vous presser
- avec facilité
- en vous cachant, sans vous faire voir

> **Caractérisation par le gérondif :** faire quelque chose...
> en faisant autre chose, en se cachant, en prenant son temps, en ronchonnant...

C. Dites le contraire.

Travailler *peu*, *difficilement* et *sans plaisir*. → Travailler *beaucoup*, *facilement* et *avec plaisir*.

Manger *proprement* et *sans bruit*. → Manger *salement* et *en faisant du bruit / bruyamment*.

1. Chanter *beaucoup* mais *faux*. _juste_

2. Lire les journaux *épisodiquement* et *par obligation*.

3. S'adresser à quelqu'un *de manière brutale* et *sans sourire*. _en souriant_

4. Manger *très peu* et *sans appétit*.

5. Écrire *vite* mais *mal*. _lentement bien/lisiblement_

6. Cuisiner *rarement* et *à contrecœur*.

7. Téléphoner *souvent* et *longtemps*.

8. Danser *beaucoup*, *volontiers* et *avec grâce*.

9. Se réveiller *tôt* et *facilement*.

10. Travailler *lentement* mais *à fond*.

11. Conduire *lentement* mais *imprudemment*.

Caractérisation du nom : adjectifs, propositions relatives, groupes prépositionnels

A. Lisez cet extrait des *Notes de l'oreiller*
d'une femme japonaise vivant à la cour au XIe siècle.

Choses détestables
Des corbeaux qui s'assemblent et coassent.
Une souris qui court partout.
Un bébé qui crie au moment où on voudrait écouter quelque chose.

Choses qui rendent heureux
Je trouve les morceaux d'une lettre que quelqu'un a déchirée.
Je cherche un objet et je le retrouve.

Sei Shonagon, *Notes de l'oreiller*, © Éditions Stock

Puis faites l'inventaire des...

Choses qui font battre le cœur	Choses qui passent trop vite
Choses difficiles à dire	Choses sans importance
Choses qui font rêver	Choses étonnantes
Choses dont on se lasse	Choses émouvantes
Choses étranges	Choses à oublier
Choses dont on se souvient toujours	Choses que l'on regrette longtemps
Choses qui plongent dans l'ennui	Choses que le temps efface

B. Classez les phrases précédentes dans le tableau. `Relatifs 132 sv`

Adjectifs	Choses détestables…
Préposition + nom ou verbe	Choses sans importance…
Propositions relatives	Choses qui…

Observez les titres des romans ci-dessous.

Philippe Labro
L'étudiant étranger

Jorge Semprun
Le grand voyage

Duras
La vie tranquille

Modiano
Quartier perdu

Sébastien Japrisot
Un long dimanche de fiançailles

ALBERT CAMUS
Le premier homme

Gallimard

Nina Bouraoui
La voyeuse interdite

Ionesco
La cantatrice chauve
suivi de La leçon

la bête HUMAINE
ÉMILE ZOLA

Jean Cocteau
Les enfants terribles
Le livre de poche

Giono
Les grands chemins

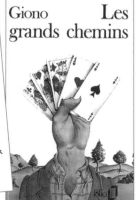

A. Écoutez et notez dans le tableau les titres de romans de ces auteurs des XIXe et XXe siècles.

	ADJECTIFS AVANT LE NOM	ADJECTIFS APRÈS LE NOM
Aragon L.	Les Beaux Quartiers	Le Roman inachevé
Aymé M.	....	....
Balzac H. de	....	....
Barjavel R.	....	....
Baudelaire Ch.	....	....
Cendrars B.	....	....
Beauvoir S. de	....	....
Breton A.	....	....
Colette	....	....
Duras M.	....	....
Flaubert G.	....	....
Gide A.	....	....
Giono J.	....	....
Ionesco E.	....	....
Maupassant G. de	....	....
Montherlant H. de	....	....
Proust M.	....	....
Queneau R.	....	....
Ramuz F.	....	....
Ségur comtesse de	....	....
Sartre J.-P.	....	....

B. Retrouvez les titres d'œuvres littéraires qui se cachent dans les phrases suivantes.

« À l'aide de sa jument verte un étudiant étranger part à la recherche du temps perdu et de son amour fou pour une cantatrice chauve. »

« Une reine morte au cœur simple chemine vers les paradis artificiels remplis de fleurs bleues. »

« Un bon petit diable aux mains sales raconte aux enfants terribles la grande peur dans la montagne du premier homme. »

À votre tour !
Écrivez d'autres textes ou paragraphes.

Place des adjectifs

Vous ne vous tromperez pas

1. en plaçant l'adjectif après le nom pour la quasi-totalité des adjectifs

- nationalité
  un étudiant espagnol, un passeport allemand, la peinture flamande
- couleur
  un oiseau noir, des roses rouges, des yeux marron, des coussins orange
- forme
  une table ronde, un visage ovale, une pièce carrée
- dérivés du participe passé
  un enfant abandonné, des idées reçues, du poulet frit, un stationnement interdit, un plat cuisiné
- adjectifs dérivés du nom
  une décision présidentielle, la direction éditoriale, la politique régionale, le campus universitaire, la bombe atomique, un style administratif, un film policier
- appréciation
  un exposé remarquable, une soirée agréable, un idée étonnante, une fortune énorme, une question idiote

2. en plaçant avant le nom les quelques adjectifs suivants

- les adjectifs numéraux
  les premiers pas, le deuxième étage, le troisième essai, le vingtième anniversaire
- petit, grand, gros, jeune, joli, beau, belle, bon, mauvais, vieux, vieille
  un petit restaurant, un grand jardin, un joli livre d'enfant, un gros paquet, un beau regard, une belle journée, une bonne note, un vieux journal, un mauvais film

Mais sachez que

1. quelques adjectifs peuvent changer de sens en changeant de place

- grand
  un grand homme (*homme célèbre*)
- ≠ un homme grand (*de grande taille*)
- brave
  un brave homme (*un homme gentil*) 隨善
- ≠ un homme brave (*un homme courageux*)
- faux, fausse
  une fausse adresse (*erreur volontaire*)
- ≠ une adresse fausse (*erreur*)
- pauvre
  un pauvre garçon (*un garçon à plaindre*)
- ≠ un garçon pauvre (*sans argent*)
- propre
  ma propre maison (*la mienne*) mine
- ≠ ma maison propre (*pas sale*) unclean dirty
- sale
  un sale type (*pas sympathique*)
- ≠ un type sale (*pas propre*) dirty
- curieux
  un curieux bonhomme
  (*un drôle de bonhomme*)
- ≠ un bonhomme curieux
  (*qui veut savoir*)

2. les places inhabituelles peuvent être parfois utilisées

Pour des raisons expressives, stylistiques ou phonétiques, des adjectifs généralement placés après le nom peuvent être placés avant le nom dans la langue littéraire, écrite ou même parlée.

On pourra par exemple entendre des adjectifs appréciatifs placés avant le nom :

- un remarquable exposé
- une agréable soirée
- une étonnante performance.

Place des adjectifs

A. Placez un adjectif avant le nom et l'autre après le nom.

une maison / abandonnée, vieille — *une vieille maison abandonnée*
des résultats / bons, inattendus — *de bons résultats inattendus*

1. un roman / mal écrit, mauvais ....
2. des yeux / noirs, grands ....
3. un sportif / dynamique, jeune ....
4. une journée / longue, pluvieuse ....
5. un restaurant / bon, pas cher ....
6. un appartement / beau, moderne ....
7. un bol / grand, plein de café ....
8. un dimanche / beau, ensoleillé ....
9. une femme / blonde, jeune ....
10. une rue / obscure, petite ....
11. des oiseaux / bleus, jolis ....
12. un monsieur / fatigué, vieux ....
13. une route / droite, très longue ....
14. une voiture / américaine, grosse, rouge ....
15. un chat / affamé, noir, petit ....

Salvador Dali,
Jeune fille à la fenêtre.

B. Imaginez.
Que voit-elle de sa fenêtre ?
de la position où elle est ?
et en se penchant ?
Qu'entend-elle ?
Que sent-elle ?

C. Écoutez
et **écrivez**.

D. Que voyez-vous depuis
la fenêtre de votre chambre ?

Les phrases suivantes peuvent-elles s'appliquer à un des personnages ?
Si c'est le cas, **notez** le numéro du personnage en face de la phrase.

very careful, cautious

6 est une personne très soigneuse.

est quelqu'un de rêveur.

semble de mauvaise humeur.

6 a peut-être le sens de l'humour.

n'est pas très grand(e).

a un visage plutôt sympathique.

n'a pas l'air très en forme.

7 semble de bonne humeur.

a l'air doux.

est probablement assez énergique.

est peut-être de santé fragile.

est de taille moyenne.

a un cou relativement long.

est d'un tempérament sans doute
mélancolique. *easy-going*

n'a pas l'air commode.

est d'un tempérament extraverti.

semble fatigué(e).

paraît plus âgé(e) que les autres.

a des traits fins.

4 est plutôt belle femme.

a les cheveux en bataille.

1 a du charme.

est d'origine asiatique.

a les yeux dans le vague.

a un joli sourire.

est d'humeur sombre.

est sans doute d'un naturel méfiant.

© Alain Guillemin/Roxane Casaviva

Souvenez-vous des constructions

`Opposition 230`

• Être, sembler, paraître, avoir l'air	autoritaire, rêveur, soigneux…
• Avoir un / des / les	un long cou, des traits fins, un joli sourire, des cheveux en bataille…
• Être quelqu'un d'	autoritaire, de soigneux…
• Avoir le… de…	le sens de l'humour…
• Être une personne	soigneuse, autoritaire, douce…
• Avoir du / de la / de l'	avoir du charme…
• Être, sembler, paraître de / d'	de bonne humeur, de santé fragile…

Adjectifs : description, portraits

Desposoria est grasse et belle avec des yeux toujours splendidement tournés vers son mari...

J. Supervielle, *Le Voleur d'enfant*

Au physique Grandet était un homme de cinq pieds*, trapu, carré...

H. de Balzac, *Eugénie Grandet*

Madame Grandet était une femme sèche et maigre, jaune comme un coing...

H. de Balzac, *Eugénie Grandet*

Il s'appelait Loulou. Son corps était vert, le bout de ses ailes rose, son front bleu et sa gorge dorée...

G. Flaubert, *Un cœur simple*

C'était un petit jeune homme de dix-huit à dix-neuf ans, faible en apparence, avec des traits irréguliers, mais délicats, et un nez aquilin...

Stendhal, *Le Rouge et le Noir*

L'homme, qui entra tenant un journal à la main, avait les traits mobiles et le regard fixe.

M. Schwob, *La Machine à parler*

* **Pied** : ancienne unité de mesure de longueur (32,4 cm).

Elisabeth Orlowska – la Belle Polonaise comme tout le monde l'appelle dans le quartier – est une femme d'une trentaine d'années, grande, majestueuse et grave, avec une lourde chevelure blonde le plus souvent relevée en chignon, des yeux bleu sombre, une peau très blanche, un cou charnu s'attachant sur des épaules rondes et presque grasses.

G. Perec, *La vie mode d'emploi*

© Photothèque Hachette

[...] devant le guéridon un homme était assis, de quarante à quarante-cinq ans, petit, gros, trapu, rougeaud, en bras de chemise, avec des caleçons de flanelle, une forte barbe courte et des yeux flamboyants ; d'une main il tenait un livre, de l'autre il brandissait une énorme pipe à couvercle de fer...
Cet homme, c'était Tartarin, Tartarin de Tarascon.

A. Daudet, *Tartarin de Tarascon*

57

Verbes + adjectif

A. Qu'en pensez-vous?

Qu'est-ce	Qu'est-ce
– qui rend les gens nerveux?	– qui vous rend malheureux?
– qui les laisse indifférents?	– qui vous paraît facile?
– qui fait devenir les gens fous?	– qui vous met de bonne humeur?
– qui leur paraît inacceptable?	– qui vous met de mauvaise humeur?
– qui les laisse sans voix?	– qui vous met en colère?
– qui les rend intelligents?	– qui vous rend malade?
– qui les rend méchants?	– qui vous semble ridicule?

B. Complétez avec un adjectif qui vous semble approprié. `Cause 207`

• **Rester** + adjectif

1. Il s'est marié tardivement, il est resté *célibataire* jusqu'à 40 ans. **2.** Ne bougez pas, restez ...... **3.** Vingt personnes sont restées ...... toute une nuit dans un ascenseur. **4.** Ce bar reste ...... très tard dans la nuit. **5.** L'issue des négociations reste .... Rien n'est encore définitif.

• **Devenir** + adjectif

1. Si on épouse un Suisse est-ce qu'on devient ...... automatiquement? **2.** Sous l'effet de l'alcool certains deviennent ...... et d'autres .... **3.** La situation économique peut devenir .... **4.** Il était pauvre et modeste; il est devenu ...... et .... **5.** Si on a été volé ou trompé plusieurs fois, on devient .... **6.** La plupart des colonies françaises sont devenues ...... dans les années 60.

• **Rendre** + adjectif

1. L'hypoglycémie peut rendre ...... , dit-on. **2.** Le dernier roman de cet écrivain l'a rendu .... **3.** Écouter de la musique trop fort peut rendre .... **4.** Le café me rend ...... je n'en bois pas. **5.** L'humour rend la vie plus ....

• **Tomber** + *malade, amoureux*

1. Ça a été le coup de foudre! ils sont tombés ...... au premier regard. **2.** Elle est tombée gravement ...... après une déception amoureuse.

• **Sembler, avoir l'air, paraître** + adjectif

1. Il faut discuter le prix! ça paraît ......! **2.** Le temps semble parfois ...... et parfois .... **3.** Votre enfant paraît bien ...... pour son âge! **4.** Vous paraissez ...... , vous avez des soucis? **5.** Votre proposition est inacceptable, elle me semble ...... à accepter. **6.** À première vue, le nouveau professeur a l'air .... **7.** Sur les photos publicitaires l'hôtel semblait ...... mais en fait, il ne l'était pas du tout. **8.** Tu sembles ...... de ton examen. Je me trompe? **9.** Ça sent bon, ça a l'air ...... ce que tu nous prépares!

• **Se sentir** + adjectif ou adverbe *bien*

1. Tout le monde est parti; je me sens .... **2.** Nous avons beaucoup marché je me sens .... **3.** J'ai bien dormi, je me sens ....

Groupe prépositionnel : *à... de... en...*

A. Écoutez et **classez** selon la construction.

Qu'est-ce qu'on met dans une trousse de toilette ?

DE : un tube de dentifrice   À : une brosse à dents   EN : des mouchoirs en papier

....

....

Sur une grande et belle table de réception sont disposés

DE : des carafes d'eau   À : des verres à eau   EN : des verres en cristal

....

....

B. Supprimez dans ce texte tout ce qui caractérise
les objets mentionnés. Que reste-t-il ?

Se plaisent chez nous : les poupées, les kaléidoscopes, les bocaux vides (sans couvercle), les bouteilles de formes étranges [...], les chaussures (dont aucune paire, même usée, ne se décide jamais à nous quitter) [...] les ficelles, les tubes de Scotch, les paniers en osier défoncés, les tentures multicolores, [...] les agrafes métalliques, les chassis sans toiles, les toiles sans cadre, les shakers à cocktail rouillés et les pelles à tarte d'origine mystérieuse, les médicaments que personne ne prend. Les clous tordus. Les classeurs où rien n'est classé.

Françoise Mallet-Joris, *La Maison de papier*, Grasset

C. Trouvez l'objet caractérisé.

ANNONCES•DIVERS

1. un ....
- de première, de seconde
- plein tarif, demi-tarif, à prix réduit
- aller, aller-retour

2. une ....
- ronde, rectangulaire, ovale
- en bois, en plastique
- de jardin, de salon, de cuisine
- à quatre pieds, à pieds, à rallonges

3. une ....
- à col, sans col
- en coton, en soie, en lin

- unie, à fleurs, à carreaux, à rayures
- à manches longues ou courtes

4. des ....
- de vue, de soleil
- à monture plastique ou métallique
- à verres teintés

5. une ....
- ronde, carrée, plate
- en or, en argent
- à aiguilles, à quartz
- à bracelet métallique, à bracelet en cuir ou en plastique

6. une ....
- allemande, italienne, japonaise...
- confortable, fiable, silencieuse, économique
- de location
- neuve ou d'occasion
- à trois portes, à cinq portes

7. des ....
- de ville, de sport, de tennis
- de bonne qualité
- solides, légères, souples
- en cuir, en toile, en plastique
- en solde
- plates, à talons

Faites la liste d'autres objets que vous pourriez avoir à acheter ou à vendre.

Amplifiez les phrases suivantes.
S'il le faut **modifiez** les articles.

1. Une voiture roule sur une route.
  • Une *grosse* voiture *décapotable* roule *à une vitesse folle* sur une route *bordée d'arbres.*

2. Sur un banc un homme dort.
  • Sur l'*unique* banc *en bois d'un jardin public,* un homme *d'une trentaine d'années, étendu de tout son long,* dort *profondément.*

3. Dans une salle de cinéma deux étudiants commentent une scène.
  • ....
  ....

4. Dans un jardin, autour d'une table, quatre femmes et un homme parlent.
  • ....
  ....

5. Deux hommes sortent d'une banque.
  • ....
  ....

6. Sur la piste d'un cirque, un singe regarde une petite fille.
  • ....
  ....

7. Un journaliste cherche à interviewer une actrice qui monte les marches du palais du Festival.
  • ....
  ....

A. Lisez ce texte
en soulignant les indéfinis.

Interrogation 66

Un certain jour,
quelque part,
à une certaine heure,
dans un certain lieu,
à un certain endroit
quelqu'un
a abordé quelqu'un d'autre
et lui a glissé d'une certaine manière
quelque chose dans la poche
et lui a demandé de porter pour une certaine raison
ce quelque chose
chez une certaine personne
un certain jour
à une certaine heure
et de lui dire certaines choses
de la part d'une certaine personne

M.L.C.

B. Réécrivez l'histoire
en remplaçant les indéfinis.

Un certain jour,	Un lundi soir d'hiver	ou	Le mercredi 1er avril 2000
quelque part,	au Mexique	ou	en plein centre ville de Grenoble
à une certaine heure,	au petit matin	ou	en plein après-midi
dans un certain lieu	sur la place d'un village endormi	ou	sur la place du palais de Justice
à un certain endroit	près d'une fontaine	ou	devant la statue équestre de Bayard

C. Écoutez.

Qu'en pensez-vous ?

*« L'aventure la plus ambitieuse
commence toujours par un simple pas. »*

LES ÉTUDIANTS
sont quelquefois les meilleurs professeurs.

LES BONS DISQUES
ne coûtent pas plus cher que les mauvais.

LES ENFANTS
sont plus logiques que les adultes.

LE CINÉMA
c'est plus facile que le théâtre.

LA FRANCE
est le pays où il est le plus agréable de vivre.

Notre bien le plus précieux :
LE TEMPS !

La meilleure école pour apprendre l'anglais c'est
L'ANGLETERRE.

ON A REÇU LES NOUVELLES DIRECTIVES :
VOUS ALLEZ TRAVAILLER MOINS,
MAIS PLUS.

PESSIN

Comparatif

Constructions comparatives

	+	–	=		
Je suis	plus	moins	aussi	grand(e),	que...
Je cours	plus	moins	aussi	vite, loin, souvent...	que...
J'ai	plus d(e)	moins d(e)	autant d(e)	argent, amis, livres...	que...
Je dors	plus	moins	autant	que...	

A. Est-ce vrai ou faux pour vous ?

Opposition 230

1. *Je suis plus grand(e)...*
- que mes parents.
- le matin que le soir.
- que la plupart des gens.
- que mon voisin de gauche.
- maintenant qu'il y a dix ans.

2. *Je cours plus vite...*
- que beaucoup de gens.
- pieds nus qu'en chaussures.
- dans le sable que sur une route.
- après un repas qu'avant un repas.
- actuellement qu'il y a quelques années.

3. *J'ai plus d'argent...*
- que mon voisin de droite.
- en poche qu'à la banque.
- qu'il ne m'en faut pour vivre.
- au début du mois qu'à la fin du mois.
- qu'il y a quelques mois.

4. *Je dors plus...*
- en été qu'en hiver.
- la nuit que le jour.
- que la moyenne des gens.
- en vacances que lorsque je travaille.
- cette année que l'année dernière.

B. Complétez librement.

J'ai plus de/moins de... que de... → J'ai **moins de** *défauts* **que** *de qualités.*

→ J'ai **plus de** *paires de chaussures* **que** *de pantalons.*

1. Je me sens mieux .... que ....
2. J'aime tout autant .... que ....
3. J'ai plus de raisons de .... que de ....
4. J'ai tout autant de plaisir à .... qu'à ....
5. J'écoute aussi volontiers .... que ....
6. Je passe autant de temps à .... qu'à ....

C. Complétez les phrases suivantes.

Ils sont arrivés plus tôt que *je **ne*** le pensais.
1. Maintenant qu'elle travaille, elle est moins insouciante ....
2. Depuis qu'il a eu un accident de voiture, il roule moins vite ....
3. Il se rétablit moins vite ....
4. Vous êtes plus jeune ....
5. Le prix était beaucoup moins élevé ....
6. Il a trouvé du travail beaucoup plus rapidement ....

* Notez dans ces phrases la présence d'un ***ne*** non négatif, dit *explétif* (langue soutenue). *cf* 181, 201, 211

Superlatif : *le plus... le moins... le mieux...*

Préparez un questionnaire
à partir des affirmations suivantes.
Chaque phrase contiendra une formulation superlative.

Subjonctif 167

- On fait des séjours à l'étranger plus ou moins longs.
  – Quel a été *votre* **plus long** *séjour à l'étranger*?
- On prépare plus ou moins, et plus ou moins bien un voyage
  – Quel est le voyage *que vous avez* **le plus** / **le mieux** / **le moins** / **le moins bien** *préparé*?

1. On a plus ou moins envie de visiter tel ou tel pays.
  – Quel est le pays ....
  .... ?

2. Il y a des voyages plus ou moins aventureux.
  – Quel a été votre voyage ....
  .... ?

3. Les voyages marquent plus ou moins.
  – Quel est le voyage ....
  .... ?

4. On ne garde pas d'aussi bons souvenirs de tous les lieux où l'on loge en voyage.
  – De quel lieu de séjour ....
  .... ?

5. On ne trouve pas toutes les nationalités également hospitalières.
  – Quelle est la nationalité ....
  .... ?

6. On n'est pas accueilli partout de la même manière.
  – Où ....
  .... ?

7. Selon les pays où l'on voyage on a plus ou moins de problèmes pratiques ou administratifs.
  – Dans quel pays ....
  .... ?

8. On reste plus longtemps dans certains musées que dans d'autres.
  – Dans quel musée ....
  .... ?

9. Les voyages sont plus ou moins coûteux ou économiques.
  – Quel est le voyage ....
  .... ?

10. On revient de voyage plus ou moins chargé de bagages.
  – De quel voyage ....
  .... ?

4
Interrogation

© Philippe Geluck

Structures interrogatives : inversion du sujet

A. Formulez des questions avec inversion du sujet.

Pourquoi *les girafes ont-elles un long cou* ?   *girafes   long cou*
1. Oui ou non les dauphins ...... ?   *dauphins   communiquer entre eux*
2. Comment les castors ...... ?   *castors   construire des barrages*
3. Combien de temps ...... ?   *ours   hiberner*
4. Pourquoi ...... ?   *lamas   cracher*
5. Oui ou non ...... ?   *poissons   entendre*
6. Quand et pourquoi ...... ?   *caméléons   changer de couleur*
7. Combien ...... ?   *chameaux et dromadaires   bosse*

B. Reformulez les questions suivantes dans un langage plus formel.

• Vous auriez une cigarette ?   *Auriez-vous une cigarette ?*
   Vous n'auriez pas aussi du feu ?   *N'auriez-vous pas aussi du feu ?*
1. Tu es arrivé quand ?
   Tu restes combien de temps ?   ˶ ˶ restes-tu
   Tu loges où ?   Où loges-tu
2. Vous êtes invité chez Serge ?
   Vous y allez comment ?   Comment (y) allez-vous ?
   Vous pourriez passer me prendre ?   ✗ ?
3. Il s'appelle comment ?   Comment s'appelle-t-il ?
   Il a quel âge ?
   Il habite où ?
4. Nous vous devons combien ?   Combien vous devons-nous ?
   Nous pouvons vous faire un chèque ?   Pouvons-nous vous faire un ... ?
5. Vous prenez des vacances ?
   Vous allez où ?
   Vous revenez quand ?
6. Tu fais quoi ce soir ?
   Tu veux venir à la maison ?
7. Vous aimez les animaux ?
   Vous en avez ?   En avez-vous ?
   Je peux vous laisser mon chien   Puis-je vous laisser
   pendant les vacances ?
8. Tu es convaincu ?   Es-tu
   Tu as quelque chose à ajouter ?   As-tu

C. Reprenez les phrases de la version familière et insérez des réponses. Travaillez à deux.

– Vous auriez une cigarette ?   – Vous n'auriez pas aussi du feu ?
– *Oui, tenez !*   – *Si bien sûr, voilà.*

Formules interrogatives

Reformulez ces questions.
Aidez-vous du tableau du bas de la page.

Demande
d'explication 206

- Quel est l'inventeur du téléphone ?
– *Qui a inventé le téléphone ? À qui doit-on l'invention du téléphone ?*

- Quelle est la date de la première télécopie ?
– *De quand date la première télésc.*

- Quelle est l'origine des ronflements ?
– *D'où proviennent les ronflements.*

- Quel est le fonctionnement de cette machine ?
– *Comment fonctionne/ marche cette machine*

- Quelle est la définition du mot « culture » ?
– *Que signifie/ Que veut dire le mot <   > ?*

- Quelle est la composition de l'air ?
– *De quoi ¿est composé l'air ?*
   ¡ se compose

- Quels sont les dangers / les risques de l'énergie nucléaire ?
– *En quoi l'énergie nucléaire est-elle dangereuse ?*

- Quel est le nombre d'étoiles dans l'univers ?
– *Combien y a-t-il d'étoiles dans l'univers ?*

- Quels sont les effets du temps sur notre humeur ? $n \Rightarrow v.$
– *En quoi le temps influe-t-il sur l'humeur des gens*

- Quelles sont les raisons / les causes des tremblements de terre ? $n, \Rightarrow v.$
– *Pourquoi les la terre tremble-t-elle ?*

- Quelle explication donner à certains phénomènes paranormaux ?
– *Comment s'explique-t-on les phénomènes paranormaux.*
   expliquer

- Quelle est la fonction / l'utilité des rêves ?
– *À qui doit servent les rêves / Les rêves ont-ils une fonction une utilité ?*

- Quel est l'avenir de l'humanité ?
– *Où va l'humanité ? / Que va devenir l'humanité ?*

Reformulations		
	Comment marche…	Pourquoi…
	D'où provient…	Que deviendra…
À qui doit-on…	D'où proviennent…	Que va devenir…
À quoi sert / servent…	De quand date…	Qu'est ce qu'un…
Combien…	De quoi est composé…	Que signifie…
Comment explique-t-on…	De quoi se compose…	Que veut dire…
Comment expliquer…	En quoi… est-elle…	… a-t-il un effet…
Comment fonctionne…	Où va…	… influe-t-il sur…

Interrogation

Développez les questions suivantes (*plusieurs formulations sont souvent possibles*).
Mettez ensuite vos réponses en commun.

• Nécessité de dire la vérité ?

Est-il nécessaire de dire la vérité ?
Faut-il toujours dire la vérité ?

• Chance ou malchance des enfants uniques ?

Les enfants uniques ont-ils de la chance ?
Est-ce une chance d'être enfant unique ?

1. Nécessité de la réglementation de la circulation dans les villes ? ....

2. Quantité de sommeil nécessaire ? ....

3. Langues parlées en France ? ....

4. Résolution des problèmes de l'humanité par le progrès scientifique ? ....

5. Nombre de satellites ? ....

6. Manipulation de l'opinion par les médias ? ....

7. Fonction de l'école ? ....

8. Durée idéale de vacances ? ....

9. Interdire les sectes ? oui ? non ? ....

10. Acquisition de la sagesse avec l'âge ? ....

11. Enfance : période heureuse ? ....

12. Importance de l'entraînement de la mémoire ? ....

13. Universalité des tabous ? ....

14. (In)utilité de la haute couture ? ....

15. Existence du monstre du loch Ness ? ....

16. De l'eau sur la lune ? ....

Pour répondre

(In)certitude 164

OUI	NON	?
(Oui), bien sûr	Non, bien sûr	Peut-être
Bien sûr que oui / si	Bien sûr que non	Sans doute
Évidemment	Pas du tout	Pourquoi pas ?
Certainement	Absolument pas	Qui sait ?
Naturellement	Certainement pas	On verra
Sans aucun doute	Sûrement pas	C'est possible
Cela ne fait pas de doute	En aucun cas	Ce n'est pas impossible
C'est certain / évident / clair	Non, c'est clair / évident	Probablement
Il est évident / clair que oui	Il est évident / certain que non	Cela dépend
Je pense / je crois que oui	Je pense / je crois que non	Ça dépend

A. Observez les formulations indirectes de questionnement.

DEMANDE DE PRÉCISIONS POUR ORGANISER UN STAGE

- Nous aimerions (bien) savoir
- Nous voudrions savoir
- Pourriez-vous me faire savoir
- Dites-nous
- Pouvez-vous nous dire
- Pourriez-vous me dire
- Je vous demande de me dire

– *ce que* vous voulez faire précisément
– *ce que* vous attendez de nous
– *si* le stage doit durer longtemps
– *si* les stagiaires parlent plusieurs langues
– *si* vous serez nombreux
– *quand* vous arriverez
– *à qui* ce stage est destiné
– *combien de temps* vous resterez
– *où* vous voulez loger
– *quelle* est la formation de vos stagiaires
– *quelles* sont leurs motivations
– *quel* est votre budget

Posez les questions directement.
Quelles sont les modifications
de la formulation directe à la formulation indirecte ?

Discours rapporté 122 sv

B. Complétez.

1. Qui est-ce ? Allez, dis-moi ...qu'est-ce qui est-ce
2. Qu'est-ce que c'est que ça ? Tu peux m'expliquer ...qu'est-ce que c'est sa
3. Pourquoi est-ce que tu ris ? Réponds ! Je te demande ...pourquoi...
4. Il est comment ton copain ? Ne fais pas de mystère ! Tu peux bien me dire .... est-ce qu'il est comment ..
5. Mais qu'avez-vous fait ? Je me demande vraiment qu'est-ce qu'avez-vous
6. Qui te l'a dit ? Je serais curieux de savoir ...qu'est-ce qui
7. Alors ? Tu te maries ou non ? Tu ne veux pas nous dire ...est-ce que tu te m..
8. Pensez-vous revenir, et à quelle heure ? J'aimerais que vous me disiez ...est-ce que vous pe.
9. Où allez-vous ? Hé ! Où est-ce que vous allez ? Répondez-moi ! Je vous demande ....
10. Tu as vu l'heure qu'il est ? D'où viens-tu ? Dis-moi ....
11. Qu'est-ce que vous décidez ? On aimerait savoir ....
12. Qu'est-ce qu'il t'a raconté ? Tu peux bien me dire ....

C. Écoutez
et **écrivez**.

69

A. Lisez cet extrait de texte
et **mémorisez** les questions.

COMBIEN DE FEMMES A-T-IL AIMÉES ? Préfère-t-il les femmes rousses ou les femmes brunes ? Que mange-t-il au repas de midi ? Quelles maladies a-t-il eues ? Est-il sujet aux grippes, à l'asthme, aux furoncles, à la constipation ? Quelle est la couleur de ses cheveux ? De sa peau ? Comment marche-t-il ? Se baigne-t-il ou prend-il des douches ? Quels journaux lit-il ? Dort-il facilement ? Est-ce qu'il rêve ? Est-ce qu'il aime les yaourts ? Qui est sa mère ? Dans quelle maison, quel quartier, quelle chambre vit-il ? Aime-t-il avoir un traversin, un oreiller, les deux, ni l'un ni l'autre ? Est-ce qu'il fume ? Comment parle-t-il ? Quelles sont ses manies ? Si on l'insulte comment réagit-il ? Est-ce qu'il aime le soleil ? La mer ? Est-ce qu'il parle seul ? Quels sont ses vices ? ses désirs ? ses opinions politiques ? Aime-t-il voyager ? Si un vendeur de camelote sonne chez lui à l'improviste chez lui, que fait-il ? Est-ce qu'il aime le cinéma ? Comment s'habille-t-il ? Quels noms a-t-il donné à ses enfants ? Quelle est sa taille ? Son poids ? Sa tension ? Son groupe sanguin ? Comment se coiffe-t-il ? Combien de temps met-il à se laver le matin ? Est-ce qu'il aime à se regarder dans une glace ? Comment écrit-il les lettres ? Qui sont ses voisins ? ses amis ?

J.-M. G. Le Clézio, L'*Extase matérielle*, © Éditions Gallimard

B. Simulez une interview

- **A** choisit une identité fictive :
  *détective, chanteur, homme politique,
  espion, femme au foyer, jeune touriste,
  détenu, tueur à gages, miss monde,
  champion sportif, astronaute, clown…*

- **B, C, D** l'interrogent.

QUELQUES FORMULATIONS INDIRECTES

- J'aimerais savoir…
- Ça me / nous intéresserait de savoir…
- Pouvez-vous me dire…
- Puis-je vous demander…
- Est-ce que je peux me permettre de vous demander…
- Est-il indiscret de vous demander…

5
Négation, structures négatives

défense de marcher sur les pelouses !

A. Complétez avec les expressions proposées.

Fais-moi confiance

- ne pas s'en faire   *ne t'en fais pas*
- ne pas s'inquiéter   *ne t'inquiète pas*
- ne pas avoir peur   *n'aie pas peur*

1. *C'est votre affaire*

- ne pas être le problème de *qqun*   *ce n'est pas mon problème*
- ne pas concerner *qqun*   *ça ne me concerne pas,*
- ne pas regarder *qqun*   *ça* ....
- ne rien y pouvoir   *je* ....

2. *Ça ne va pas*

- ne pas être bien   *il* ....
- ne pas être de bonne humeur   *il* ....
- ne pas se sentir en forme   *il* ....

3. *J'ai oublié*

- ne pas se souvenir   *je* ....
- n'avoir aucun souvenir de ça   *je* ....

4. *Je suis incapable de répondre*

- ne rien y connaître   *je* ....
- ne jamais avoir étudié ça   *je* ....
- ne pas savoir   *je* ....

5. *Il l'a promis*

- ne plus recommencer   *il* ....

6. *Je suis de passage*

- ne faire que passer   *je* ....
- ne pas rester longtemps   *je* ....

7. *Je vais réfléchir*

- ne pas être encore décidé   *je* ....
- ne pas pouvoir se décider   *je* ....

8. *C'est incroyable*

- ne pas être vrai   *ce* ....
- ne pas être possible   *ce* ....
- ne pas en croire ses oreilles   *je* ....

9. *Ce n'est pas de sa faute*

- ne pas être responsable   *elle* ....
- n'y être pour rien   *elle* ....

10. *J'ai trouvé facilement*

- ne pas chercher longtemps   *je* ....
- n'avoir aucune difficulté   *je* ....

B. Vérifiez en écoutant puis redites chaque phrase
en faisant tomber le **ne** de la négation (oral familier et courant).

A. Répondez par une négation renforcée.
Utilisez **aucun(e)** ou **pas du tout** selon le cas.

• Tu n'as pas d'amis étrangers ?
– Je *n'*ai *aucun* ami étranger.
• Il n'a pas eu de problèmes à la frontière ?
– Il *n'*a eu *aucun* problème.
• Vous comprenez ce qui se passe ?
– Non, je *ne* comprends *pas du tout*.
• Vous avez aimé le film ?
– On *n'*a *pas du tout* aimé / On *n'*a *pas* aimé *du tout*.

1. Vous avez des diplômes ?
– Non, je…

2. Vous avez de l'imagination ?
– Absolument pas, je…

3. La nouvelle secrétaire parle espagnol ?
– Hélas non, elle…

4. On a des pistes de recherche ?
– Non, la police…

5. Vous ne regrettez pas votre décision ?
– Non vraiment, je…

6. Est-ce que des clés vous ont été rapportées ? J'ai perdu mon trousseau de clés.
– Non, …

7. Ses arguments vous ont convaincu ?
– Non, ils…

8. Vous avez été contents de l'organisation du congrès ?
– Non, nous…

9. Vous trouvez que j'ai intérêt à vendre ?
– Non, vous…

10. Est-ce que des modifications ont été apportées au projet ?
– Non, …

11. Vous savez pour qui vous allez voter ?
– Pas encore ! je…

12. J'ai peut-être commis une erreur ?
– Absolument pas, vous…

13. Excusez-moi, je vous ai dérangé(e).
– Mais non, vous…

14. Ça t'a plu ?
– Non, …

15. Vous vous êtes peut-être un peu ennuyés ?
– Absolument pas, nous…

16. On vous a posé des questions ?
– Non, on…

17. Ce tableau vous inspire ?
– Non, il…

18. Les cambrioleurs n'ont pas laissé d'empreintes ?
– Non, ils…

B. Vrai ? faux ? À nuancer ? Qu'en pensez-vous ?

• Aucun oiseau ne parle. • Aucune enfance ne dure assez longtemps. • Aucun chat n'aime les chiens. • Aucun amour ne dure toujours. • Aucun pays n'est plus grand que le Canada. • Aucune langue ne s'apprend facilement. • Aucune banque ne fait crédit sans enquête. • Aucune poule n'a de dents. • Aucune machine n'est totalement fiable. • Aucune journée n'a la même longueur. • Aucune guerre n'est survenue en Europe depuis 1945. • Aucun animal n'aime vivre en cage.

C. Complétez en formulant une opinion générale, puis **écoutez**.

Aucun homme politique…, aucun journaliste…, aucun étudiant…, aucun pays…, aucune religion…, aucun être humain…, aucune enfance…, aucune odeur…

A. Faites des phrases avec les verbes proposés. Utilisez jamais, jamais rien et/ou jamais personne.

- *Remarquer*
  Il est distrait, il ne remarque *jamais rien*, il ne remarque *jamais personne*.

1. *Faire, entreprendre*
   Elle est paresseuse, ...
2. *Voir, parler à, inviter*
   Ils sont très sauvages, ...
3. *Dire, manifester*
   Elle est introvertie, ...
4. *Se plaindre de, demander, exiger*
   Il n'est pas exigeant, ...
5. *Critiquer*
   Il est bienveillant, ...
6. *Prévoir, préparer*
   Il est imprévoyant, ...
7. *Se refuser, se priver de*
   Ils sont insouciants et dépensiers, ...
8. *Décider seule*
   Elle est de tempérament indécis, hésitant, ...

B. Transformez au passé composé. Utilisez toujours et jamais.

- Je dis la vérité, je ne mens pas, je suis comme ça.
- J'ai *toujours* dit la vérité, je *n'ai jamais menti*, j'ai *toujours été* comme ça.

1. Il est honnête, il ne triche pas, il ne vole pas ......
2. Il ne travaille pas, il ne fait rien, il est rentier ......
3. Nous passons nos vacances en France, nous n'allons pas à l'étranger. ......
4. La viande me dégoûte, je n'en mange pas, je suis végétarien(ne) ......
5. Tout lui réussit, il ne rate rien, la vie lui sourit, il a de la chance.......
6. Je n'aime pas les cartes, je ne joue pas aux cartes, je n'ai pas un tempérament joueur ......
7. Je ne suis pas sportif(ve), je n'aime pas l'effort, je ne fais pas de sport. ......
8. Elle n'a pas de voiture, elle ne conduit pas ; elle a peur de conduire. ......
9. Elle ne peut pas rester sans rien faire. Elle est très active. ......
10. Il ne sait pas contrôler ses émotions, il se met facilement en colère, il est impulsif. ......
11. Je suis un gros dormeur ; je ne peux pas me passer de dormir, j'ai besoin de beaucoup de sommeil. ......
12. Elle est athée, elle ne croit pas en Dieu, elle n'a aucune notion de religion.......

Ne... que

A. Écoutez,
puis **complétez** de mémoire.

Tout les oppose

Lui. – Je ne suis plus tout jeune.

Elle. – Je n'ai que 20 ans.

Lui. – Je suis grand, fort et corpulent.

Elle. – Je ......

Lui. – Je suis un grand buveur. Je ne bois jamais d'eau, excepté quand je suis malade.

Elle. – Je ......

Lui. – Hormis les bandes dessinées, je ne lis jamais.

Elle. – Je ......

Lui. – J'aime la charcuterie et les viandes en sauce.

Elle. – Je ......

Lui. – Je me nourris souvent de conserves.

Elle. – Je ......

Lui. – Je parle tout le temps, à tort et à travers.

Elle. – Je ......

B. Complétez.
Utilisez *ne... que*.

• C'était très copieux nous n'avons pas terminé le plat... *nous n'en avons mangé que la moitié.*

• Je n'aborderai pas tous les points... *je n'aborderai que le premier point.*

1. Le peintre a presque fini de repeindre l'appartement ......

2. Je n'ai pas fini le livre que tu m'as prêté ......

3. Je suis loin de connaître toutes les œuvres de ce peintre. ......

5. Je ne connais pas tout le texte par cœur ......

4. Je ne critique pas l'ensemble du spectacle ......

5. Nous n'avons pas eu le temps de visiter toute l'Italie ......

6. La famille était presque au complet ......

7. L'huissier a emporté presque tous ses meubles ......

8. Je ne pourrai pas vous rendre la totalité de la somme que vous m'avez prêtée ......

9. Le projet de loi a été adopté tard dans la nuit ; l'hémicycle était presque vide ......

10. Je ne reste pas longtemps ......

C. Écoutez
et **écrivez**.

75

A. Complétez
avec un mot contraire.

Faites-vous partie des gens...

• qui ne sont ni bons ni *mauvais en mathématiques* ?

• qui ne manifestent ni leur joie ni .... ?

• qui ne craignent pas la chaleur, ni .... ?

• qui ne disent jamais ni oui ni .... ?

• qui ne sont ni riches ni .... ?

• qui ne paraissent ni gros ni .... ?

B. Complétez
avec un mot complémentaire.

Faites-vous partie des gens...

• qui ne ressemblent ni à leur père ni *à leur mère* ?

• qui ne disent pas bonjour, ni .... ?

• qui ne mangent pas de viande ni .... ?

• qui ne savent ni lire .... ?

• qui prennent leur café ou leur thé sans sucre ni .... ?

• qui n'ont pas de chien ni .... ?

C. Complétez avec un mot pris dans la liste suivante.

passionnant • gai • sévère • troublé aimable • vraisemblable • objectif relaxantes • insurmontable • révolutionnaire

1. Elle n'est ni expansive ....

2. La situation n'est ni catastrophique ....

3. Vous ne semblez ni ému ....

4. Ce garçon n'est ni poli ....

5. Ce journaliste ne me paraît ni sérieux ....

6. Je trouve cette histoire ni logique ....

7. Ce film n'est ni palpitant ....

8. Ce sont des vacances ni reposantes ....

9. Ce nouveau produit n'est ni fantastique ....

10. Je trouve ce règlement ni trop strict ....

D. Reformulez oralement chaque phrase comme dans l'exemple.

• Je n'ai pas de formation, *ni même* d'aptitude je crois pour le travail qui m'est proposé.

• *Non seulement* je n'ai pas de formation pour ce travail *mais* je crois que je n'ai *même pas* d'aptitude.

1. Il ne semble pas inconsolable *ni même* attristé du départ de son amie.

2. Je ne suis pas un révolutionnaire, contrairement à ce que vous dites *ni même* un contestataire.

3. Elle ne paraît pas être en colère, *ni même* agacée.

4. Il ne se sent pas coupable de ce qui s'est passé, *ni même* responsable.

5. Je ne suis pas capable de le critiquer *ni même* de porter un jugement sur son attitude.

E. Écoutez et écrivez.

76

Ce n'est pas...

A. Transformez en mettant en relief et **écoutez**.

Mise en relief
208-209, 227

Dissiper les malentendus

Je ne t'ai pas dit ça ! *Ce n'est pas ça que je t'ai dit.*

Je n'ai pas voulu dire ça ! *Ce n'est pas ça que j'ai voulu dire.*

Je ne t'en veux pas pour ça ! ....

Je ne t'appelle pas pour ça ! ....

Je ne vous demande pas ça ! ....

Changer de méthode

Il ne faut pas faire comme ça ! ....

On ne doit pas travailler comme ça ! ....

Tu n'y arriveras pas avec ça ! ....

Il ne faut pas faire la tête pour ça ! ....

Il ne faut pas s'y prendre comme ça ! ....

B. Utilisez la structure *ce n'est pas... que... (mais) c'est...*
comme dans les exemples pour corriger, rectifier.

• À quelle heure vous arrivez *à Orly* ?
– Ce n'est pas *à Orly* qu'on arrive *mais* à Roissy [autre aéroport de Paris].

• À tout à l'heure ! Je vous rejoins *au café du commerce* !
– Ce n'est pas *au café du commerce qu'on va, c'est au café de la gare* !

1. Vous avez rendez-vous *avec le directeur* ?
– Ce n'est pas...

2. C'est bien lundi que vous partez *au Chili* ?
– C'est bien lundi que je pars, mais ....

3. Comment ont-ils appelé *leur fille* ?
– Ce n'est pas ....

4. Je vous remercie des fleurs que *vous* m'avez fait envoyer !
– Ce n'est pas ....

5. Je te rends les 100 *francs* que je t'ai empruntés.
– Ce n'est pas ....

6. Ils sont intéressants *les cours de danois* que tu suis ?
– Ce ne sont pas ....

7. Rendez-vous *demain* matin comme prévu ?
– Ce n'est pas ....

Toutes formes de négation

A. Dites le contraire.

- Toutes les photos sont réussies.
  Aucune photo *n'*est réussie.
- Le magasin est ouvert le samedi et le dimanche.
  Le magasin *n'*est ouvert *ni* le samedi, *ni* le dimanche.

1. J'ai presque *tout* compris.

....

2. Elle a cherché *partout*.

....

3. J'ai *quelque chose* à ajouter. J'ai trouvé *une* idée intéressante.

....

4. Je sais *tout*. On m'a *tout* raconté. *Tout le monde* m'en a parlé.

....

5. Il lit *de nombreux* quotidiens.

....

6. Il viendra *avec* sa femme *et* ses enfants.

....

7. J'ai *beaucoup* aimé mon dernier voyage, j'ai *tout* aimé, le pays, le climat, les gens.

....

8. Il revient *encore souvent* revoir ses amis.

....

9. Il lui arrive *souvent* de se tromper, il fait *fréquemment* des erreurs.

....

10. Pour vivre ils ont leur salaire *et* d'autres revenus.

....

B. Imaginez des personnages parlant d'eux-mêmes n'employant que des phrases négatives. Que pourraient-ils dire ?

1. UN CÉLIBATAIRE ENDURCI : – ......

2. UNE AUTODIDACTE : – ......

3. UNE ORPHELINE : – ......

4. UN RETRAITÉ : – ......

5. UNE FUTURE COMÉDIENNE : – ......

Puis, écoutez une ou deux fois
et **reconstituez** de mémoire chaque paragraphe.

6
Formes verbales du passé
Récit au passé

Coll. part.

Imparfait

A. Formulez des questions à partir des mots proposés
puis **échangez** vos expériences.

Formation 26

Souvenirs d'école primaire ou secondaire

• Moyen de transport pour l'école ?   *Comment alliez-vous à l'école ? à pied ? en voiture ?...*

• Accompagnement des parents ?   *Vos parents vous accompagnaient à l'école ou vous y alliez seul ?*

• Distance école-domicile ?   ....

• École privée ? publique ?   ....

• Pensionnaire ? externe ?   ....

• Nombre d'heures de cours ?   ....

• Nombre d'élèves par classe ?   ....

• Date du début de l'année scolaire ?   ....

• Heure du retour à la maison ?   ....

• Travail à la maison après l'école ?   ....

• Port de l'uniforme ?   ....

• Type de jeux à la récréation ?   ....

• Batailles avec les autres élèves ?   ....

• Respect envers les professeurs ?   ....

• Crainte des professeurs ?   ....

• Punitions (corporelles ou non) ?   ....

• Récompenses ?   ....

• Plaisir d'aller à l'école ou non ?   ....

• Durée des vacances d'été ?   ....

• Matières préférées ?   ....

• Cours de religion ?   ....

• Remise de prix ou de diplômes
à la fin de l'année scolaire ?   ....

• Importance de la réussite scolaire
dans votre famille ?   ....

B. Pourquoi utilise-t-on l'imparfait dans ces phrases ?

C. Écoutez
et **écrivez** quelques informations
sur les années 60.

Temps imparfait 190

Imparfait, passé composé

A. Observez.

Au moment où on a annoncé les résultats des élections, le candidat...

- venait (juste) de sortir
- était en train de sortir
- sortait

- allait sortir (d'un moment à l'autre)
- était sur le point de sortir
- est sorti prévenir sa famille

Quand la sonnerie d'alarme a retenti, le gardien...

- venait de s'endormir
- venait de sortir
- était en train de s'endormir
- buvait un café à la cafétéria du musée

- allait s'endormir
- était sur le point de fermer le musée
- s'est réveillé immédiatement
- a bloqué les issues du musée.

B. Imaginez plusieurs déroulements possibles.

Lorsque nous sommes arrivés dîner chez nos amis avec trois heures de retard

- ils venaient de ......
- ils étaient en train de ......
- ils allaient ......
- ils étaient sur le point de ......
- ils ......

duratif 183

C. Barrez les phrases qui vous paraissent impossibles.

- *Dès que je vous ai vu,*
  je vous reconnaissais.
  je vous ai reconnu.

- *Quand il m'a frappé,*
  je l'insultais
  je l'ai insulté.

1. *Après son mariage,*
   il commençait à boire.
   il a commencé à boire.

2. *Quand nous avons épluché les oignons,*
   nous pleurions.
   nous avons pleuré.

3. *Quand le garçon a apporté l'addition,*
   nous allions l'appeler.
   nous l'avons appelé.

4. *Quand j'ai claqué la porte,*
   je me coinçais le doigt.
   je me suis coincé le doigt.

5. *Quand les hommes masqués sont entrés dans la banque,*
   je sortais.
   je suis sorti(e).

6. *Quand le comédien est entré sur scène,*
   il avait le trac.
   il a eu le trac.

7. *Quand elle est rentrée chez elle*
   son chat miaulait.
   son chat a miaulé.

8. *Quand le contrôleur m'a demandé mon billet,*
   je dormais profondément.
   j'ai dormi profondément.

9. *Quand il a appris qu'il allait être grand-père,*
   il plantait un arbre.
   il a planté un arbre.

81

Imparfait, passé composé

Choisissez le temps qui convient.

1. *Quand je suis entré dans la classe,*
  - tout le monde (*applaudir*) ; c'était mon anniversaire !
  - tout le monde (*applaudir*) parce qu'un étudiant (*venir de*) faire un excellent exposé.

2. *Au moment où la bombe a explosé,*
  - nous (*courir*) pour attraper notre bus.
  - nous (*courir*) pour chercher du secours.

3. *Le jour de son mariage,*
  - il (*avoir*) une crise cardiaque et on (*devoir*) l'hospitaliser.
  - il (*avoir*) la jambe dans le plâtre depuis cinq jours.

4. *Quand elle a appris la réussite de son fils,*
  - elle (*être*) très surprise et (*ne pas y croire*) tout de suite.
  - elle (*être*) chez elle et (*travailler*).

5. *Quand je suis sorti du cinéma,*
  - ma voiture n'(*être*) plus là.
  - il y (*avoir*) quelqu'un dans ma voiture qui (*essayer*) de la faire démarrer.

6. *Quand les joueurs sont entrés sur le terrain,*
  - tous les spectateurs (*chanter*) et (*hurler*) depuis déjà une demi-heure.
  - tous les spectateurs (*entonner*) l'hymne national.

7. *Quand Juliette est rentrée à 3 heures du matin,*
  - ses parents se (*demander*) où elle (*être*) et (*être sur le point de*) téléphoner à la police.
  - ses parents lui (*demander*) d'où elle (*venir*).

8. *Quand les policiers sont venus hier soir,*
  - ils (*devoir*) sonner trois fois, nous (*ne pas entendre*) tout de suite car nous (*écouter*) de la musique.
  - nous (*devoir*) aller faire des courses et nous (*aller*) partir ; nous (*devoir*) donc rester.

Passé composé et imparfait

Choisissez le temps qui convient.

XIIIᵉ siècle

Le papier (*faire son apparition*) en Europe au XIIIᵉ siècle ; avant on (*écrire*) sur du parchemin.

a fait son apparition
on écrivait

XIVᵉ siècle

Le verre n'(*apparaître*) aux fenêtres qu'au XIVᵉ siècle ; auparavant on y (*mettre*) du parchemin huilé.

....
....

XVᵉ siècle

Avant le XVᵉ siècle en Europe, tous les livres (*être*) manuscrits ; c'est en 1455 que Gutenberg (*inventer*) l'imprimerie. Christophe Colomb (*découvrir*) l'Amérique en 1492 ; auparavant les Espagnols ne (*savoir*) pas que ce continent (*exister*).

....
....
....
....
....

XVIᵉ siècle

C'est au XVIᵉ siècle que Copernic (*démontrer*) le mouvement des planètes autour du soleil ; auparavant on (*croire*) que c'(*être*) le soleil qui (*tourner*) autour de la terre.

....
....
....
....

XVIIᵉ siècle

Jusqu'en 1691 les horloges n'(*avoir*) qu'une aiguille pour les heures. On (*ajouter*) une aiguille pour les minutes cette année-là. C'est en 1694 que l'Académie française (*publier*) le premier dictionnaire de français ; avant l'orthographe des mots n'(*être*) pas codifiée. Jusqu'au XVIᵉ siècle, les Français n'(*utiliser*) pas de fourchette. C'est à cette époque que la fourchette (*faire son apparition*) à la cour du roi. On (*commencer*) à utiliser des bouchons pour fermer les bouteilles à la fin du XVIIᵉ siècle ; jusque-là on les (*fermer*) avec de la cire à cacheter.

....
....
....
....
....
....
....
....
....

XXᵉ siècle

La sécurité sociale (*créer*) en 1936. Auparavant les Français n'(*avoir*) pas de protection sociale. Avant 1944 les Françaises ne (*voter*) pas. Elles (*obtenir*) le droit de vote en 1944 et elles (*voter*) pour la première fois le 21 octobre 1945.

Jusqu'en 1969 aller sur la lune (*être*) un rêve ; ce rêve (*devenir*) réalité le 20 juillet 1969. Avant la loi du 4 juin 1970 le père, en France, (*exercer*) seul l'autorité sur ses enfants. Par cette loi la mère (*obtenir*) officiellement de partager cette responsabilité.

....
....
....
....
....
....
....
....

Passé composé et imparfait

A. Choisissez le temps qui convient.

1

je n'as pas entendu

– Excuse-moi, je suis en retard je (*ne pas entendre*) le réveil ce matin.

– Tu (*bien dormir*) ? *Tu as bien dormi ?*

– Oui, très bien et j'en (*avoir besoin*). *j'en avais besoin*

2

– Comment ça (*se passer*) ? *Ça s'est passé ?*

– Ça (*bien se passer*) *Ça s'est bien passé.*

– Tout (*bien se terminer*) ? *T s'est bien t..é ?*

– Ça ne (*pouvoir*) pas mieux se terminer. *Ça ne pouvait pas mieux termin*

– Tant mieux !

3

– Je (*se faire voler*) mon portefeuille. *me suis fait voler*

– Tu (*avoir*) beaucoup d'argent ? *avais*

– Ben oui, pas mal, je (*venir*) d'en retirer *venais*

– Tu (*porter plainte*) ? *as porté*

– Pour quoi faire ? c'est inutile !

4

– Il (*venir*), le serveur ? *il est venu*

– Oui, je (*commander*) pour moi. *j'ai commandé*

– Et pour moi ?

– Je ne (*savoir*) pas ce que tu (*vouloir*) *Je ne savais pas* *tu voulais*

– Qu'est-ce que tu (*prendre*) ? *as pris*

– Un poulet-frites.

5

– Allô, je suis inquiète Lucie (*ne pas rentrer*). *n'est pas rentrée*

– Elle (*devoir*) rentrer à quelle heure ? *devait*

– Elle (*devoir*) me téléphoner. *devait*

– Elle (*devoir*) avoir un empêchement, *devait* *a dû* elle va t'appeler ! Ne t'inquiète pas.

6

j'ai rencontré

– Je (*rencontrer*) le directeur avec sa femme ?

– Il (*avoir l'air*) bien ? *avait*

– Il (*sembler*) fatigué, pourquoi ?

– Pour rien ! *Semblait*

7

j'ai eu

– Je (*avoir*) un accrochage.

– Comment ça t'(*arriver*) ? *c'est arr* *était gliss~*

– Il (*pleuvoir*) et la route (*être glissante*), *pleuvait* je (*freiner*) trop tard et je (*rentrer*) dans la voiture de devant. *j'ai freiné* *suis rentré*

– Tu (*aller*) vite ? *allais*

– Non, heureusement.

8

n'avez pas pu venir

– Vous (*ne pas pouvoir*) venir hier ?

– J'(*avoir*) un empêchement. *J'ai eu / j'avais*

– On vous (*regretter*). *a regretté*

9

j'ai vendu

– Je (*vendre*) ma voiture ! enfin !

– Tu (*bien la vendre*) ? *tu l'as bien vendu*

– Non ! elle (*avoir*) plus de 130 000 km ! *avait*

– Mais elle (*marcher*) encore pas mal ! *marchait* tu (*s'en acheter*) une autre ? *tu t'en es acheté*

– Pas encore.

10

étiez

– Vous (*être sur le point*) de partir ?

– Oui, j'(*aller*) partir. *j'allais*

– Je ne vous retiens pas ; je repasserai.

– Merci, car je suis pressé.

B. Entraînez-vous à deux,
en dialoguant.

Récit au passé

A. Lisez le texte sans les phrases à l'imparfait. Puis **écoutez** le texte dans sa version intégrale adaptée et **écrivez** les phrases à l'imparfait.

PASSÉ COMPOSÉ	IMPARFAIT
Trame chronologique du récit, séquence d'événements	Commentaires, arrière-plan, situation
J'ai passé mon enfance dans un village de la frontière espagnole	• *On était cinq enfants, c'* ....
Une nuit, ... je suis partie pour Paris dans la voiture d'un client. J'y suis restée un an. Au bout d'un an j'ai eu assez de Paris, je suis partie pour Marseille	*j'avais 19 ans,* J'...................................... ....
J'ai pris une place de barmaid sur un yacht. On a mis le cap sur l'Atlantique. Quelques heures après le départ, le lendemain vers dix heures un matelot a vu sur la mer un petit point insolite. Le patron a pris des jumelles et il a vu un homme à l'avant d'un canot.	il ....
On a arrêté les machines, on a abaissé la passerelle, un matelot l'a hissé sur le pont.	Il ....
Puis il s'est évanoui. On l'a ranimé avec des gifles, du vinaigre, on lui a fait boire de l'alcool. Il a bu puis il s'est endormi là, sur le pont. Il a dormi huit heures. Je suis passée souvent à côté de lui, souvent.	Il ....
Je l'ai beaucoup regardé, ...	La peau de sa figure ....
Le soir, je suis allée le retrouver dans sa cabine. J'ai allumé	Il ....
Il m'a reconnue, il s'est relevé et il m'a demandé si c'était pour qu'il quitte la cabine. Je lui ai dit non. C'est comme ça que cela a commencé.	

D'après M. Duras, *Le Marin de Gibraltar.*

Récit, conte

A. Notez l'usage de l'imparfait pour décrire la situation, le décor dans ces débuts de contes.

LE LOUP

Caché derrière la haie, le loup surveillait les abords de la maison.

LE MOUTON

Assises au bord de la route, les pieds au revers du fossé Delphine et Marinette caressaient un gros mouton blanc que leur oncle Alfred un jour qu'il était venu à la ferme leur avait donné. Il posait sa tête tantôt sur les genoux de l'une, tantôt sur les genoux de l'autre et ils chantaient tous les trois une petite chanson qui commençait ainsi : « Y a un rosier dans mon jardin. »

LE CANARD ET LA PANTHÈRE

À plat ventre dans le pré, Delphine et Marinette étudiaient leur géographie dans le même livre et il y avait un canard qui allongeait le cou entre leurs deux têtes pour regarder les cartes et les images. C'était un joli canard. Il avait la tête et le col bleu, le jabot couleur de rouille et les ailes rayées bleu et blanc. Comme il ne savait pas lire, les petites lui expliquaient les images et lui parlaient des pays dont le nom était marqué sur la carte...

M. Aymé, *Les Contes du chat perché*

B. Lisez ces contes en mettant les verbes à l'imparfait.

IL Y AVAIT UNE FOIS, un enfant orphelin qui n'(*avoir*) ni père ni mère et (*aller*) mendier de porte en porte [...].

IL Y AVAIT UNE FOIS, dans l'île d'Ouessant, une belle jeune fille de 16 à 17 ans qui (*s'appeler*) Mona Kerbili. Le père de Mona (*être*) pêcheur et (*passer*) presque tout son temps en mer ; sa mère (*cultiver*) un petit coin de terre [...].

IL Y AVAIT UNE FOIS une dame riche, qui (*demeurer*) dans un beau château et qui (*avoir*) une fille et une belle-fille. Sa fille (*s'appeler*) Catho et (*être*) laide, sale et méchante. Sa belle-fille, nommée Jeanne, (*être*) jolie, gracieuse, sage et bonne. La dame n'(*aimer*) que sa fille, à qui elle (*donner*) tout ce qu'elle (*désirer*), de beaux habits et des bijoux et elle (*détester*) Jeanne qui (*être*) habillée et traitée comme une servante [...].

IL Y AVAIT UNE FOIS, un magicien et une magicienne. Ils n'(*avoir*) pas d'enfants et ils (*désirer*) en avoir [...].

IL ÉTAIT UNE FOIS, deux soldats qui (*être*) amis. Ils (*être*) de la même commune et on les (*voir*) presque toujours ensemble. L'un (*s'appeler*) Iann et l'autre Iouenn [...].

IL ÉTAIT UNE FOIS trois jeunes gens, trois frères, qui (*habiter*) un vieux manoir avec leur mère qui (*être*) veuve. Depuis la mort de leur père, on (*entendre*) chaque nuit du bruit dans la chambre où il était décédé et on ne (*savoir*) pas quelle (*pouvoir*) en être la cause. Personne n'(*oser*) coucher dans cette chambre et la veuve (*parler*) d'abandonner le manoir [...].

Contes populaires de Bretagne

C. Imaginez la suite de l'un de ces contes.

A. Choisissez le temps qui convient puis **vérifiez** en écoutant.

« Je *(commencer)* [j'ai commencé] des études de droit mais, comme c'*(être)* [c'était] facile à l'époque on *(apprendre)* [apprenait] un aide-mémoire quinze jours avant l'examen, mais on n'*(aller)* [allait] pas au cours. Je *(faire)* [je l'ai fait / je l'ai fait] en même temps une licence de philosophie et puis, je *(s'apercevoir)* [me suis aperçu] que c'était plutôt vers la philosophie que je *(aller)* [j'allais]. Alors, je *(devenir)* [suis devenu] professeur de philosophie dans un lycée de province à Mont-de-Marsan. Je *(commencer)* [j'ai commencé] à Mont-de-Marsan le 1er octobre 1932 et je *(prendre)* [j'ai pris] ma retraite le 1er octobre 1982 c'est-à-dire jour pour jour cinquante ans après.

Mais, le sentiment que je *(aller)* [allais] passer ma vie à répéter un cours ne *(être)* [n'était] pas possible surtout qu'en même temps je *(avoir)* [j'avais] un grand goût de l'aventure ; sous des formes très modestes, mais enfin, dès l'enfance j'*(essayer)* [essayais] régulièrement de transformer le paysage français urbain ou rural en terre d'aventures. Avec mes camarades quand nous *(être)* [étions] au lycée, le jeudi ou le dimanche – le jeudi c'*(être)* [c'était] le jour de congé à l'époque – on *(partir)* [on partait] de tel endroit de Paris et on *(marcher)* [marchait] tout droit en direction de la banlieue aussi loin que nos jambes *(pouvoir)* [pouvaient] nous porter. Ça nous *(emmener)* [emmenait] dans des aventures extraordinaires.

Donc, il s'*(agir)* [s'agissait] pour moi d'associer une profession qui *(être)* [était] celle de professeur de philosophie et le goût de l'aventure.

J'*(faire savoir)* [j'ai fait savoir] à mes maîtres que j'aimerais un poste à l'étranger. Ce n'*(être)* [n'était] pas très recherché à l'époque. Les universitaires n'*(aimer)* [n'aimaient] pas tellement voyager, et un beau matin le directeur de l'École normale me *(téléphoner)* [m'a téléphoné] et me *(dire)* : "Est-ce que vous voulez partir pour le Brésil?" Et je *(partir)* [je suis parti] pour le Brésil ! »

© Pelletier/Gamma.

D'après une émission d'*Apostrophes* de B. Pivot consacrée à Claude Levi-Strauss, anthropologue renommé.

B. Formulez les questions suivantes et **répondez-y**.

- Par l'étude de quelle discipline Lévi-Strauss *(commencer)* ?   *a-t-il commencé*
- Qu'est-ce qui l'*(conduire)* à entreprendre d'autres études ? ....
- Finalement quelle discipline il *(choisir)* d'enseigner ? ....
- En quelle année il *(commencer)* à enseigner ? ....
- Quand il *(prendre)* sa retraite ? ....
- Pour quelles raisons il *(abandonner)* son poste en France ? ....
- Comment *(se manifester)* son goût pour l'aventure lorsqu'il *(être)* lycéen ? ....
- Comment il *(faire)* pour partir à l'étranger ? ....
- Cela lui *(être facile)* ? ....
- Pour quel pays il *(partir)* ? ....

A. Lisez, observez les verbes au plus-que-parfait et les marques temporelles qui accompagnent parfois le plus-que-parfait.

Bonne surprise

Antériorité 181-182

Samedi dernier mes amis m'ont fêté mes 30 ans.

Ils **s'étaient concertés** et **s'étaient mis** d'accord *une semaine avant.*

Ils **étaient** tous **venus** chez moi en mon absence *la veille.*

Ils **avaient** tout **préparé.**

Ils **avaient déménagé** les meubles.

Ils **avaient décoré** la maison.

Ils **avaient préparé** un buffet froid.

Nous avons passé une excellente soirée et nous nous sommes couchés vers 3 heures ; et quand je me suis levé le matin vers 11 heures,

ils **étaient** *déjà* tous **revenus.**

ils **avaient** *déjà* tout **nettoyé.**

ils **avaient remis** les meubles en place.

et ils m'**avaient préparé** un petit-déjeuner.

Mauvaise surprise

Je suis rentrée de voyage la semaine dernière ;

pendant mon absence j'**avais prêté** ma maison à des amis.

Quand je suis revenue chez moi j'ai été stupéfaite :

ils **étaient partis** comme prévu la veille de mon arrivée mais

ils **avaient laissé** les fenêtres ouvertes en partant,

ils **avaient vidé** ma cave et mon congélateur,

ils ne **s'étaient pas soucié** d'arroser les plantes – qui étaient mortes –

et ils **n'avaient pas donné** à manger au chat – qui était squelettique –

et, quand je les ai appelés pour leur demander si leur séjour **s'était** bien **passé**

ils m'ont dit que la ville leur **avait manqué** et qu'ils **s'étaient ennuyés** à la campagne !

B. Complétez le tableau des formes du plus-que-parfait.

avoir + participe passé	être + participe passé	se + être + participe passé
j'avais prêté	j'étais parti(e)	je m'étais renseigné(e)
tu		
il		
ils		
nous		
vous		

Plus-que-parfait

A. Reconstituez de mémoire
les deux récits de la page précédente.

BONNE SURPRISE

Samedi dernier mes amis / *me fêter* /
30 ans

- ils / *se concerter et se mettre d'accord* /
  une semaine avant
- ils /*venir chez moi*/ la veille
- ils / *préparer* / tout
- ils / *déménager*
- ils / *décorer*
- ils / *préparer*
- nous / *passer* / une bonne soirée / *se
  coucher*
- et quand je / *se lever* le lendemain
- ils / *revenir* / déjà
- ils / *nettoyer* / déjà
- ils / *remettre* les meubles en place
- et ils / *préparer* le petit-déjeuner

MAUVAISE SURPRISE

- Je / *rentrer de voyage* / la semaine dernière
- pendant mon voyage je / *prêter* /
  ......
- quand je / *revenir* / je / *être stupéfaite* /
- ils / *partir la veille* / ......
  mais
- ils / *laisser* / les fenêtres ouvertes
- ils / *vider* / ......
- ils / *ne pas se soucier de* / ......
- ils / *ne pas donner à manger* / ......
- et quand je / *appeler* / pour leur
  demander si leur séjour ......
- ils m'ont dit que la ville / *manquer*
- et qu'ils / *s'ennuyer* / à la campagne

B. Complétez
avec le plus-que-parfait.

Nous revenons d'un long voyage sportif et aventureux, mais tout s'est très
bien passé car :

- nous l'(*préparer*) pendant des semaines et des semaines
  avant de partir ;
- nous (*se renseigner*) auprès de plusieurs personnes
  qui y (*aller*) l'année précédente ;
- nous (*étudier*) les cartes, les itinéraires ;
- nous (*lire*) de nombreux guides ;
- nous (*ne pas sous-estimer*) les problèmes ;
- et nous (*bien s'entraîner*) physiquement.
- De plus, nous (*se faire vacciner*) ;
- et nous (*souscrire*) une assurance rapatriement.

Si vous voulez des renseignements et des conseils sur ce voyage,
téléphonez-nous avant de partir !

A. Complétez chaque phrase
avec un imparfait et un plus-que-parfait
comme dans l'exemple.

• Ils (*habiter*) dans le même immeuble
depuis des années
et (*ne jamais se rencontrer*) jusqu'au jour où...

ils habitaient dans le même...

et ne s'étaient jamais rencontrés

1. Ils (*vivre*) sous le même toit depuis cinq ans
et (*ne jamais se disputer*). Mais, un jour...

....
....

2. Ils (*se téléphoner*) tous les jours
mais (*ne jamais se voir*). Un jour...

....
....

3. Les familles (*se détester*) depuis toujours
et ils (*ne jamais se parler*) jusqu'au jour où...

....
....

4. Ils (*être*) frères jumeaux mais
(*ne pas se connaître*) ; en effet ils
(*ne jamais vivre ensemble et
ne jamais se rencontrer*). Un beau jour...

....
....
....

5. Elles (*prendre*) le même ascenceur tous
les jours depuis un mois, mais (*ne jamais
s'adresser la parole*) jusqu'au jour où...

....
....
....

6. Il (*rêver*) de voir la mer
et (*ne jamais la voir*). Un jour...

....
....

B. Continuez les récits
comme dans l'exemple.

ILS HABITAIENT LE MÊME immeuble depuis dix ans et ne s'étaient jamais rencontrés jusqu'au jour où elle a laissé couler l'eau de son bain et a inondé l'appartement du dessous qu'il occupait. Il a téléphoné, elle est descendue constater les dégâts et elle n'est jamais remontée.

A. Mettez les verbes
au plus-que-parfait.

1. Je t'ai appelé cinq fois hier soir.
– J'(*débrancher*) le téléphone.

2. Pourquoi vous n'êtes pas passé nous voir dimanche ?
– Vous ne m'(*donner*) votre adresse.

3. Comment s'est passé votre entretien d'embauche ?
– Bien je crois, vous m'(*bien préparer*).

4. Je t'ai attendu à la gare hier soir.
– Je n'(*pas promettre*) de venir te chercher.

5. Je n'ai pas pu rentrer chez moi cette nuit.
– Pourquoi ?
– J'(*perdre*) mes clés.

6. Tu avais mauvaise mine hier.
– J'(*très peu dormir*) la nuit d'avant

7. Je vous ai réservé une chambre à l'hôtel du Nord.
– Mais pourquoi ? J'(*demander*) qu'on me réserve à l'hôtel du Port !
– C'est une erreur, excusez-moi !

8. On vous a attendu hier à la réunion.
– Personne ne m'(*avertir*) qu'il y avait une réunion.

9. Je suis désolé de vous avoir posé cette question.
– Personne ne vous (*prévenir*) de la situation, vous ne pouviez pas deviner.

10. Tu étais de bien mauvaise humeur hier matin.
– Les voisins m'(*empêcher*) de dormir.

B. Même exercice.

1. J'aime Cécile.
– Je l'(*deviner*).

2. Aïe ! je me suis brûlé !
– Je t'(*avertir*) !

3. Notre visite les a dérangés ; nous aurions dû téléphoner avant.
– Je vous l'(*suggérer*).

4. Elle a raté son permis de conduire.
– Je te l'(*dire*) !

5. Zut! il pleut !
– La météo l'(*annoncer*) !

6. Le nouveau directeur n'est pas commode.
– Je vous (*prévenir*) !

C. Complétez
avec un verbe au plus-que-parfait.

1. Ah tu es encore là ! je pensais que tu ……

2. Tu n'as pas compris ? Il me semblait que ……

3. Vous habitez toujours rue de la Poste ? Ah bon! je croyais que vous ……

4. Il est toujours célibataire ? J'étais persuadé qu'il ……

5. Vous n'étiez pas au courant ? désolé ! Je croyais qu'on ……

6. Je ne vous ai pas présenté Robert ? Excusez-moi, j'avais l'impression que je vous ……

91

A. Lisez le texte puis **amplifiez-le**.
Rajoutez des phrases à l'imparfait,
passé composé et / ou plus-que-parfait.

P<small>LACE DU</small> C<small>HÂTELET</small>, elle a voulu prendre le métro. C'était l'heure de pointe. Nous nous tenions serrés près des portières. À chaque station ceux qui descendaient nous poussaient sur le quai. Puis nous remontions dans la voiture avec de nouveaux passagers ; elle m'a dit en souriant que « personne ne pourrait nous retrouver dans cette foule ».
À la station Gare du Nord nous avons traversé le hall de la gare et, dans la salle des consignes automatiques, elle a ouvert un casier et en a sorti une valise en cuir noir... La valise pesait assez lourd. Je me suis dit qu'elle contenait autre chose que des vêtements.

P. Modiano, U*n cirque passe*
Gallimard, adaptation

P<small>LACE DU</small> C<small>HÂTELET</small>, *elle a changé d'avis, elle a voulu prendre le métro ; nous avons renvoyé le taxi...* C'était l'heure de pointe. *Je craignais de la perdre. Je l'avais déjà perdue, un jour, dans la foule.* Nous nous tenions serrés près des portières...

Patrick Modiano
Un cirque passe

B. Il manque des passages à ce récit de Simenon.
Imaginez les parties manquantes marquées par **[...]**.

Il était sept heures du soir. Il faisait froid et il pleuvait. Il y avait peu de passants dans la rue. Un homme étrange habillé en noir rôdait autour du bâtiment. Il avait l'air mystérieux. **[...]** Je parlais au concierge quand il est entré **[...]**. Quelques minutes après j'ai entendu un coup de fusil. Nous sommes montés au premier étage. La lampe éclairait mal. Le couloir était sombre. **[...]** Nous ne savions que faire **[...]**.

G. Simenon, M*aigret se fâche*,
Presses de la Cité.

Infinitif passé

A. **Complétez** les dialogues.

Subjonctif 160

• Vous m'avez bien compris ?
– Oui, je crois *vous avoir bien compris.*

1.
– Vous avez convaincu vos partenaires ?
– Oui, je crois …

2.
– Vous avez participé à la discussion ?
– Oui et je suis ravi …

3.
– Tu as fini de passer tes examens ?
– Oui, et je ne suis pas mécontent …

4.
– Tu m'as bien donné les billets d'avion ?
– Oui, je suis sûr de …

5.
– Vos propos m'ont blessé.
– Je suis sincèrement désolé de …

6.
– Tu n'as pas vu mes clés ?
– Je ne sais pas où mais je suis sûre de …

7.
– Votre père a pris sa retraite?
– Oui, et il est enchanté de …

8.
– Vous n'étiez pas à la cérémonie ?
– Non et je regrette de …

9.
– Tout le monde est prévenu ? Vous n'avez oublié personne ?
– J'espère …

B. **Même exercice**.

• Nous ne sommes pas déjà passés par là ?
– Si il me semble *être déjà passé* par là.

• Vous avez noté mon numéro de téléphone ?
– Oui, je pense *l'avoir noté.*

1.
– Vous nous avez fait attendre, mon cher.
– Je suis désolé de ……

2.
– Comment se fait-il que tu ne te sois pas endormi ?
– En effet, je suis étonné de ……

3.
– Tu as refusé de partir ?
– Oui mais je ne regrette pas de ……

4.
– Je suis désolé, j'ai oublié de vous prévenir.
– Une autre fois, je souhaiterais ……

5.
– Vous n'avez rien entendu ?
– Je suis sûr de ……

6.
– Tu t'es énervé hier soir !
– C'est vrai. Je suis ridicule de ……

7.
– Vous ne vous seriez pas trompé de date ?
– Je pense en effet ……

8.
– Quel dommage que tu n'aies pas accepté !
– Non, je ne regrette pas de ……

9.
– Je crois que je l'ai déjà rencontré.
– Pas moi, je suis sûr de ……

10.
– Tu ne t'es pas servi des ciseaux ?
– Je suis certaine de ne pas ……

Infinitif passé

Reformulez. Utilisez l'infinitif passé.

Présenter des excuses

- Je vous ai dérangé. Excusez-moi.   Excusez moi de *vous avoir dérangé.*
- Je me suis énervé, pardon.   Pardon de *m'être énervé.*
- Je vous ai fait attendre. Désolé.   Je suis désolé de …
- Je ne vous ai pas reconnu.   Je suis confuse de …
  Je suis confuse.
- Je n'ai pas répondu à ta lettre.   Excuse-moi de …
  Excuse-moi.
- Nous ne vous avons pas   Nous sommes impardonnables de …
  prévenus. C'est impardonnable.

Remercier, féliciter

- Merci de votre confiance.   Merci *de nous avoir fait confiance.*
- Je te remercie pour l'argent que   Merci beaucoup de …
  tu m'as prêté.
- Je vous remercie de votre   Je vous remercie de …
  intervention en ma faveur.
- Bonne réaction! Bravo !   Bravo d'…
- Merci encore de tes si bons   Encore merci de m'…
  conseils.

Exprimer des sentiments

- J'ai réussi !   Je suis fou de joie d'*avoir réussi.*
- J'ai participé à la préparation   Je suis enchanté d'…
  de la fête ! c'était sympathique !
- Je n'ai pas pu joindre Clara,   Je suis déçu de …
  dommage !
- Je ne me suis pas ennuyé.   Je m'étonne de …
  C'est étonnant.
- Je suis venu et j'ai bien fait !   Je ne regrette pas …
- Je me suis trompé d'heure et je suis   Je suis furieux de …
  arrivé trop tard. C'est trop bête !

Exprimer la certitude, l'incertitude...

- Je vous ai déjà vu. J'en suis sûr.   Je suis sûr de vous *avoir déjà vu.*
- Vous ai-je convaincu ? J'en doute.   Je ne suis pas sûr de …
- Je me suis trompé, c'est certain.   Je suis convaincu de …
- Je vous ai déjà raconté cette   J'ai le sentiment de …
  histoire, non ?
- J'ai compris, je crois.   Je crois …
- Je vous ai déjà rencontré quelque   Il me semble …
  part, il me semble.

Ils se croisèrent
en Angleterre
puis se quittèrent
Ils se retrouvèrent
À Madère
Et s'épousèrent
Lorsqu'elle partit
pour Tahiti
Il la suivit
Quand elle s'en alla
À Cuba
Il la quitta
Puis elle revint
Un jour de juin
Il la retint
Elle repartit
Un jour de pluie
Il la maudit
Elle écrivit
De Namibie
Il la rejoignit
Elle disparut
À peine revue
Il n'y crut plus
Il repartit
Tout amaigri
et dépérit
Elle parcourut
Honolulu
Puis reparut
Il l'ignora, elle pleura
Il tempêta, elle cajola
Il exigea, elle accepta
Elle sourit, il s'attendrit
Et à midi...
Elle repartit

MLC

Passé simple

Formation

Aller	
j'	all ai
tu	all as
il, elle	all a
nous	all âmes
vous	all âtes
ils, elles	all èrent

• **Tous les verbes
au participe passé en -é**
(sauf être)
il marcha / ils marchèrent
il envoya / ils envoyèrent
il épousa / ils épousèrent...

Emploi

Le passé simple est un temps complètement coupé du présent de celui qui parle. Il met les faits relatés ou racontés à distance du locuteur. Il est surtout utilisé dans les écrits littéraires.
La langue orale ne fait généralement pas usage du passé simple mais du passé composé.

Faire	
je	f is
tu	f is
il, elle	f it
nous	f îmes
vous	f îtes
ils, elles	f irent

• **La majorité des verbes
au participe passé en -i**
il partit/ils partirent
il vieillit/ils vieillirent
il acquit/ils acquirent
il bâtit/ils bâtirent
il prit/ils prirent
il mit / ils mirent
il conquit / ils conquirent
etc.

• **Un certain nombre de verbes
au participe passé en -u**
il vit / ils virent
il vainquit / il vainquirent
il battit / ils battirent
il vit / ils virent
Verbes en -endre, -ondre, -ompre, -ordre, -erdre :
il répondit / ils répondirent
il entendit / ils entendirent

• **Autres participes passés**
Verbes offrir, ouvrir, couvrir
et composés
il offrit / ils offrirent

Verbes en -(a)indre, -oindre
il éteignit / ils éteignirent
il joignit / ils joignirent

Être	
je	f us
tu	f us
il, elle	f ut
nous	f ûmes
vous	f ûtes
ils, elles	f urent

• **La majorité des verbes
au participe passé en -u**
il voulut / ils voulurent
il lut / ils lurent
il plut / ils plurent
il se tut / ils se turent
il reçut / ils reçurent
il sut / ils surent
il parut / ils parurent, etc.

• **Autres participes passés**
Verbe mourir
il mourut / ils moururent

Venir	
je	v ins
tu	v ins
il, elle	v int
nous	v înmes
vous	v întes
ils, elles	v inrent

• **Deux verbes
au participe passé en -u**
Verbes venir, tenir
et composés
il tint / ils tinrent
il vint / ils vinrent

A. Lisez les deux textes suivants.
Soulignez les passés simples.

Une nuit, en novembre, à Paris

Je regagnais la rive gauche, et mon domicile, par le pont Royal. Il était une heure après minuit, une petite pluie tombait, une bruine plutôt, qui dispersait les rares passants. [...] Sur le pont, je passai derrière une forme penchée sur le parapet, et qui semblait regarder le fleuve. De plus près je distinguai une mince jeune femme, habillée de noir. [...] je poursuivis ma route, après une hésitation. Au bout du pont, je pris les quais en direction de Saint-Michel où je demeurais. J'avais déjà parcouru une cinquantaine de mètres à peu près, lorsque j'entendis le bruit qui malgré la distance, me parut formidable dans le silence nocturne, d'un corps qui s'abat sur l'eau. Je m'arrêtai net, mais sans me retourner. Presque aussitôt j'entendis un cri, plusieurs fois répété, qui descendait lui aussi le fleuve puis s'éteignit brusquement. Le silence qui suivit, dans la nuit soudain figée, me parut interminable. Je voulus courir et je ne bougeai pas. Je me disais qu'il fallait faire vite et je sentais une faiblesse irrésistible envahir mon corps. J'ai oublié ce que j'ai pensé alors. «Trop tard, trop loin...» ou quelque chose de ce genre. J'écoutais toujours, immobile. Puis à petits pas, toujours sous la pluie, je m'éloignai. Je ne prévins personne.

A. Camus, La Chute, © Éditions Gallimard.

Deux ou trois ans plus tard

C'était un beau soir d'automne, encore tiède sur la ville, déjà humide sur la Seine. J'étais monté sur le pont des Arts. La nuit venait, le ciel était encore clair à l'ouest, mais s'assombrissait. Les lampadaires brillaient faiblement. Je remontais les quais de la rive gauche vers le pont des Arts. [...] Il y avait peu de monde sur les quais : Paris mangeait déjà. [...] Je goûtais le silence revenu, la douceur du soir, Paris vide. J'étais content. La journée avait été bonne. [...] J'étais monté sur le pont des Arts, désert à cette heure, pour regarder le fleuve [...]. J'allais allumer une cigarette, la cigarette de la satisfaction, quand, au même moment, un rire éclata derrière moi. Surpris je fis une brusque volte-face : il n'y avait personne. J'allai jusqu'au garde-fou : aucune péniche, aucune barque. Je me retournai [...] et, de nouveau, j'entendis le rire dans mon dos, un peu plus lointain comme s'il descendait le fleuve. Je restais là, immobile. Le rire décroissait, mais je l'entendais encore distinctement derrière moi, venu de nulle part, sinon des eaux.

A. Camus, La Chute, © Éditions Gallimard.

B. Reprenez ces textes et **transformez-les** en récit oral.
Utilisez des passés composés.

Construisez votre version du récit de la création
à l'aide des questions suivantes.
Exposez-la par oral ou **écrivez- la**.

Le moment

Quel jour Dieu a-t-il créé le premier homme et la première femme ? À quel moment de la journée cela s'est-il passé ? Quelle heure était-il ?

Le temps

Quel temps faisait-il ce jour-là ? Il pleuvait ? il neigeait ? il faisait beau ? le vent soufflait ?

L'état d'esprit

De quelle humeur était Dieu ce jour-là ? Dans quel état d'esprit se trouvait-il ?

La maturation de la décision

Y avait-il longtemps qu'il avait pris cette décision ? En avait-il parlé autour de lui ? Avait-il hésité ? Si oui, qu'est-ce qui l'avait décidé ?

Le lieu

Dans quel endroit du Paradis cela s'est-il passé ?
Pourquoi là plutôt qu'ailleurs ?

Le plan et son exécution

Avait-il bien réfléchi à la manière dont il allait s'y prendre ?
Avait-il un plan bien établi ou bien s'est-il laissé guider par le hasard ?
Comment la création s'est-elle déroulée ? Des incidents sont-ils survenus ? Tout s'est-il passé comme prévu ?

Les premières réactions à l'événement

Quelles ont été les premières pensées de Dieu en voyant ses créatures ?
Ses créatures lui ont-elles plu ? Les a-t-il touchées ?
Leur a-t-il parlé ? Que leur a-t-il dit ?
Quelles ont été les premières réactions d'Adam et Eve ?

Le premier jour

Qu'ont fait les uns et les autres au cours des heures qui ont suivi la création ?

Les témoins

Y avait-il des témoins ?

7
Formes verbales en **r**

Tante Lau**r**e a de l'or
Mais nous ne l'au**r**ons pas
Ca**r** elle ne dira pas
Où elle cache son o**r**
La chè**r**e Tante Laure
Tante Lau**r**e a de l'or
Mais un jou**r** elle mourra
Et elle ne pou**r**ra pas
Empo**r**ter tout son or
La pauv**r**e Tante Laure
Qui l'au**r**a ? Qui l'aura ?
Qui en hé**r**itera ?
De l'o**r**
De Tante Lau**r**e ?
Qui sau**r**ait ? Qui saurait ?
Où elle l'au**r**ait caché
Son o**r**
La Tante Lau**r**e

MLC

A. Énumérez ce que cette femme fera demain.

• *Elle se lèvera avant son mari et ses enfants ; elle ira préparer le petit déjeuner puis …*

MOI, C'EST SIMPLE: SI TU ME TROMPES, JE TE TUE !

REISER

Futur, futur antérieur

A. Soulignez les futurs antérieurs dans les phrases suivantes.
Notez aussi les expressions de temps.

Temps 180

- Demain elle se lèvera *dès que* le réveil <u>aura sonné</u> et ira préparer le petit-déjeuner.
- *Quand* elle aura mis le petit-déjeuner en route elle ira réveiller ses enfants et son mari.
- *Dès que* les enfants seront sortis de leur lit et que son mari se sera installé à table elle leur servira leur petit-déjeuner.
- *Quand* ils auront déjeuné elle donnera un coup de balai et d'aspirateur dans l'appartement puis fera un brin de toilette, lavera du linge, le mettra à sécher et s'habillera.
- *Quand* elle se sera habillée elle enfilera leur manteau à ses enfants et conduira l'un à la crèche et l'autre à l'école.
- *Aussitôt qu'*elle les aura déposés, elle courra attraper son bus.
- *Une fois qu'*elle sera montée dans le bus elle aura peut-être quelques minutes de tranquillité.
- *Arrivée* dans son bureau, elle tapera le courrier en retard jusqu'à 6 heures et à 6 heures sa journée de bureau sera finie. Mais pas sa journée de travail !

B. Continuez le commentaire pour la fin de la journée de cette femme.
Alternez futur antérieur et futur simple.

....
....
....

Emploi

Le futur antérieur exprime :
- une **action** considérée comme **accomplie** à un moment du futur ;
  > Dans trois heures il sera arrivé.
  > Nous aurons terminé d'ici une heure ou deux.
- une **action** accomplie **antérieure** à une autre action :
  > Quand vous arriverez, je serai déjà partie.
  > Dès que vous aurez pris votre décision, vous nous le direz.

Formation : futur de *être* ou *avoir* + participe passé

j'aurai préparé	je serai parti(e)	je me serai installé(e)
tu auras préparé	tu seras parti(e)	tu te seras installé(e)
il / elle aura préparé	il / elle sera parti(e)	il / elle se sera installé(e)
nous aurons préparé	nous serons parti(e)s	nous nous serons installé(e)s
vous aurez préparé	vous serez parti(e)s	vous vous serez installé(e)s
ils / elles auront préparé	ils / elles seront parti(e)s	ils / elles se seront installé(e)s

A. **Utilisez** le futur antérieur.

- Je te téléphonerai dès qu'elle (*partir*)   *dès qu'elle sera partie*
  dès que nous (*se mettre d'accord*)   *dès que nous nous serons mis d'accord*
  dès qu'on m'(*installer*) le téléphone   *dès qu'on m'aura installé le téléphone*

1. Je prendrai une décision
   dès que j'en (*parler*) à mes associés. ....
2. Nous vous communiquerons notre décision
   dès que nous (*se décider*). ....
3. Il partira en vacances dès qu'il (*passer*) son examen. ....
4. Je prendrai la commande dès que vous (*choisir*). ....
5. Les enfants ! Vous viendrez à table
   quand vous (*se laver*) les mains ! ....
6. Tu ne sortiras de table que lorsque tu (*manger*)
   toute ta viande. ....
7. Nous sortirons aussitôt que la pluie (*cesser*). ....
8. Dès que nous (*s'expliquer*) il n'y aura plus de malentendu. ....
9. On pique-niquera quand on (*arriver*) au sommet, pas avant. ....
10. Va dormir un peu, ça ira mieux quand tu (*se reposer*). ....
11. Tu comprendras pourquoi je l'aime quand tu l'(*voir*). ....
12. Je répondrai à votre question quand je l'(*comprendre*). ....

B. **Complétez** au futur ou au futur antérieur.

RÊVE D'ENFANT

Quand je (*être*) grand je (*travailler*) pour m'acheter un bateau. ....
Quand je (*gagner*) assez d'argent pour m'acheter un bateau ....
je m'(*acheter*) un bateau et je (*faire*) le tour du monde. ....

PROMESSE

Dès que je (*arriver*) je te (*téléphoner*) ....
et je (*passer*) chez toi aussitôt que j'(*défaire*) mes valises. ....

MENACE

Tant que vous (*ne pas dire*) ce que vous savez, ...
vous (*ne pas sortir*) pas du commissariat de police ! ....

INSTRUCTION

Quand vous (*rappeler*) notre client ....
et qu'il vous (*donner*) une réponse définitive, ...
vous me (*prévenir*) immédiatement. ....

ESPOIR

Dans quelques mois tout (*aller*) bien : ....
il (*faire*) beaucoup de progrès en français, ...
il (*s'habituer*) à la vie en France et il (*se faire*) des amis. ....

Conditionnel présent

A. Complétez.

DEMANDE

COURTOISE

- (*pouvoir*)-vous m'aider, s'il vous plaît ?   *Pourriez-vous m'aider ?*
1. Tu (*avoir*) 50 francs à me prêter ?   ....
2. Vous (*avoir*) du feu s'il vous plaît ?   ....
3. Vous (*être*)-il possible de passer me chercher ?   ....
4. Est-ce que quelqu'un (*savoir*) où a lieu la réunion ?   ....
5. Qui (*être*) assez aimable pour me raccompagner ?   ....
6. (*accepter*)-vous que j'enregistre votre cours ?   ....
7. Ça te (*déranger*) qu'on change de place ?   ....
8. (*avoir*)-vous la gentillesse de fermer la fenêtre ?   ....

ORDRE ATTÉNUÉ

1. (*vouloir*)-vous vous taire !   ....
2. Est-ce que tu (*pouvoir*) me répondre quand je te parle !   ....
3. Ça t'(*ennuyer*) de retirer tes pieds de la table ?   ....
4. Vous (*être*) bien aimable de faire un peu moins de bruit.   ....

CONSEIL

1. Tu (*devoir*) faire un sport d'équipe.   ....
2. Vous (*ne pas devoir*) vous coucher aussi tard.   ....
3. Il (*valoir*) mieux prendre une autre route !   ....
4. Tu (*faire*) mieux de changer de travail !   ....

SUGGESTION, PROPOSITION

1. Nous (*pouvoir*) peut-être nous revoir ?   ....
2. Ça te (*plaire*) que je t'emmène à Venise ?   ....
3. Vous (*ne pas avoir envie de*) jouer aux cartes ?   ....
4. On (*pouvoir*) se dire « tu » ?   ....
5. On n'(*aller*) pas faire un tour ? Ça nous (*faire*) du bien !   ....
6. On ne lui (*faire*) pas une surprise pour son anniversaire ? ....

B. Reprenez les phrases de CONSEIL et de SUGGESTION.
Reformulez-les.
Utilisez Si + imparfait
et Pourquoi ne + ... + pas ?

`Hypothèse 196`

1. Tu (*devoir*) faire un sport d'équipe.
   - **Si** tu *faisais* un sport d'équipe ?
   - **Pourquoi ne** ferais-tu-**pas** un sport d'équipe ?
2. Vous ne (*devoir*) pas vous coucher si tard.
   - **Si** vous vous *couchiez* plus tôt ?
   - **Pourquoi ne** vous coucheriez-vous **pas** plus tôt ?

Conditionnel présent

A. Lisez, puis **répondez** en explicitant vos raisons, vos objectifs et éventuellement vos conditions.

- Vous aimeriez être immortel ?

- Vous trouveriez plus commode de marcher à quatre pattes ?

- Ça vous plairait d'avoir beaucoup de gens à votre service ?

- Ça vous tenterait d'avoir quelques années de plus ou de moins ?

- Vous aimeriez vivre quelque temps dans un monastère ? Combien de temps ?

- Ça vous intéresserait de suivre le tournage d'un film ?

- Ça vous tenterait de pouvoir vous passer de dormir ou de manger ?

- Vous aimeriez être polyglotte ?

- Vous seriez tenté par la traversée de l'Atlantique à la voile en solitaire ?

- Ça vous plairait d'être surdoué ?

- Ça vous dirait de devenir célèbre ?

- Aimeriez-vous n'avoir aucune contrainte ?

- Ça vous conviendrait de ne pas être obligé de gagner votre vie ?

- Vous aimeriez aller au paradis ?

- Ça vous plairait d'être un élément de la nature ?

- Vous accepteriez de participer à un voyage expérimental dans l'espace ?

- Vous aimeriez être ailleurs en ce moment ? Où ?

B. Souvenez-vous de ces formulations.

• Vous aimeriez … ?	• Ça vous amuserait de … ?
• Vous voudriez … ?	• Ça vous conviendrait de … ?
• Vous souhaiteriez … ?	• Ça vous ferait plaisir de … ?
• Vous accepteriez … ?	• Ça vous intéresserait de … ?
• Vous seriez d'accord pour … ?	• Ça vous plairait de … ?
• Vous auriez envie de … ?	• Ça vous tenterait de … ?
• Vous trouveriez … ?	• Ça vous dirait de … ?

A. Observez les différentes formulations de la même question.

1
— Pardon, Monsieur, vous n'auriez pas vu un petit chat gris avec un collier jaune ?

2
— Excusez-moi, Monsieur, mais n'auriez-vous pas vu un petit chat gris avec un collier jaune ?

3
— S'il vous plaît, Monsieur l'Agent, auriez-vous vu un petit chat gris avec un collier jaune ?

4
— Dis-moi, mon mignon, as-tu vu un petit chat gris avec un collier jaune ?

5
— Dites, mon ami, auriez-vous vu un petit chat gris avec un collier jaune ?

6
— Par hasard, vous n'auriez pas vu un petit chat gris avec un collier jaune ?

7
... un petit chat gris...

8
— ! ! ! ! !

9
— Ce monsieur voudrait savoir si nous n'avons pas vu un petit chat gris avec un collier de couleur ?

10
— Non, c'est pour savoir si des fois vous n'auriez pas vu un petit chat gris avec un collier jaune ?

11
— Vous n'auriez pas vu passer un petit chat gris avec un collier jaune ?

12
— Votre Majesté aurait-elle daigné s'apercevoir de la présence d'un petit chat gris avec un collier jaune ?

13
— Vous pas avoir vu petit little cat with un yellow collar, non ?

14
— J'espère, mon brave, que vous n'avez pas rencontré un petit chat gris avec un collier jaune ?

15
— Puis-je vous demander ce que vous transportez dans ce panier, Monsieur ?

16
... un petit chat jaune avec un collier gris

B. Passez d'une formulation à une autre (plus hypothétique).

- Vous n'avez pas vu un petit chat ?   *Vous n'auriez pas vu un petit chat ?*
- N'avez-vous pas vu un petit chat ?   *N'auriez-vous pas vu un petit chat ?*
- Vous n'avez pas trouvé un portefeuille ?
- Vous n'avez pas vu passer un individu étrange ?
- Ce n'est pas toi qui as laissé la porte de la voiture ouverte ?
- Ce n'est pas vous qui avez oublié d'éteindre l'ordinateur ?
- Tu ne t'es pas trompé de clés ? Tu n'as pas pris les miennes ?
- Vous n'avez pas fait une erreur dans le calcul ? Vous ne vous êtes pas trompé ?

Conditionnel présent et passé

A. Passez du conditionnel présent au conditionnel passé.

Je devrais	*J'aurais dû*	Je souhaiterais	....
Je pourrais	....	Je serais prêt à	....
Il faudrait	....	Ça me plairait de	....
Il vaudrait mieux que	....	Ça m'intéresserait de	....
Je ferais mieux de	....	Ça me serait facile de	....
Je voudrais	....	Ça me ferait plaisir de	....
J'aimerais	....	Ça me serait égal de	....

B. Complétez avec le conditionnel passé.

1. Je ne suis pas parti avec eux mais j'(*aimer*) partir. ....

2. Il n'a pas réussi mais il (*pouvoir*) réussir. ....

3. Il a fait des études de droit mais ça l'(*intéresser*)
de faire médecine. ....

4. Nous ne lui avons pas téléphoné mais nous (*devoir*) le faire. ....

5. Pourquoi ne pas avoir retenu des places. Il (*falloir*) réserver ! ....

6. Elle a oublié notre rendez-vous. J'(*devoir*) le lui rappeler. ....

7. Je suis devenu cuisiner mais j'(*aimer*) être photographe. ....

8. On ne nous a pas invités mais ça nous (*faire plaisir*)
d'être invités. ....

C. Complétez.

- **AVANT** L'ACCIDENT   ***devoir / rouler***
  – Attention ! Tu roules trop vite ! Tu *ne devrais pas rouler si vite.*
  APRÈS L'ACCIDENT
  – Tu roulais trop vite, *tu n'aurais pas dû rouler aussi vite.*

1. **AU DÉBUT** DE LA FÊTE   ***devoir / boire***
  – Il boit trop ; ce n'est pas raisonnable, il ....
  À LA FIN DE LA FÊTE
  – Il a beaucoup trop bu, il ....

2. **AVANT** UNE RÉUNION   ***faire mieux / aller à la pêche***
  – Une réunion de plus qui ne servira à rien. Nous ....
  APRÈS LA RÉUNION
  – Encore une réunion inutile ; nous ....

3. **L'AVANT-VEILLE** D'UN CONCERT   ***falloir / réserver***
  – Il n'y a peut-être plus beaucoup de place, il ....
  LE JOUR DU CONCERT À L'ENTRÉE
  – Il n'y a plus aucune place, il ....

Conditionnel passé

Dans ce texte, Georges Perec rêve une enfance qu'il n'a pas eue.

Moi, j'aurais aimé aider ma mère à débarrasser la table de la cuisine après le dîner. Sur la table, il y aurait eu une toile cirée à petits carreaux bleus ; au-dessus il y aurait eu une suspension avec un abat-jour presque en forme d'assiette, en porcelaine blanche ou en tôle émaillée, et un système de poulies avec un contrepoids en forme de poire. Puis je serais allé chercher mon cartable, j'aurais sorti mon livre, mes cahiers et mon plumier de bois, je les aurais posés sur la table et j'aurais fait mes devoirs. C'est comme ça que ça se passait dans mes livres de classe.

G. Perec, W ou le souvenir d'enfance, © Éditions Denoël

Formulez oralement ou par
écrit un texte amplifié inspiré de Perec.

- J'aurais aimé aider ma mère à débarrasser la table…
- elle / faire la vaisselle

....

- je / aider à l'essuyer

....

- Sur la table il y / avoir une toile cirée au-dessus il y / avoir un abat-jour

....

- elle / essuyer la table

....

- je / aller chercher mon cartable

....

- je / sortir mon livre, mes cahiers et mon plumier en bois

....

- je / les poser sur la table

....

- je / faire mes devoirs

....

- puis je / prendre mon cahier de poésie

....

- je / lire et apprendre un poème

....

- je / lui demander de me le faire réciter

....

- elle / s'essuyer les mains dans son tablier

....

- elle / s'asseoir près de moi

....

- et elle / me faire réciter mon poème

....

- Puis nous

....

Conditionnel

A. Observez la forme des verbes.
Pourquoi le conditionnel est-il utilisé ?

ORIGINE DES LANGUES

■ Il y a cinq mille ans, nos ancêtres utilisaient peut-être tous le même langage. Telle est l'hypothèse d'un linguiste américain, Meritt Ruhlen.

Selon lui, les cinq à six mille langues répertoriées dans le monde *dériveraient* d'un idiome préhistorique unique.

d'après *Le Monde*,
23 janvier 1997

ZÈBRES

■ Selon une théorie récente, les rayures du zèbre *seraient* un moyen de se reconnaître entre eux. Chaque zèbre *porterait* des rayures permettant aux autres membres du troupeau de l'identifier.

D'après un numéro hors série d'*Okapi*, 1995

POLÉMIQUE SUR UN TABLEAU DE VAN GOGH

■ Une des versions des *Tournesols* de Van Gogh *serait* un faux. Il *aurait été réalisé* peu de temps après la mort du peintre par le copiste Claude Emile Schuffenecker. Cette thèse d'une journaliste britannique, est contestée par nombre de spécialistes.

D'après *Le Monde*, 29 octobre 1998

VICTIMES CIVILES

■ Les mines anti-personnel *auraient déjà blessé ou tué* plus de 600 000 civils dans le monde.

D'après *France Inter*,
octobre 1997

COCAÏNE INSECTICIDE

■ En vaporisant un nuage de cocaïne sur une culture on *éliminerait* en deux jours tous les insectes qui envahissent la plante. Cette découverte *pourrait* relancer la culture du coca dans de nouvelles perspectives.

D'après *Ça m'intéresse*,
mai 1994

46 000 ANS

■ Un arbuste découvert sur l'Ile de Tasmanie *serait* la plus vieille plante vivante du monde. Ce specimen unique de *Lomatia Tasmanica* qui vit dans le lit d'une rivière et fleurit rouge en été *aurait*, selon les spécialistes, 46 000 ans.

Janvier 1997

MYTHOLOGIE

■ Selon une légende, les perles *seraient* des gouttes de rosée ou de pluie gobées par des poissons qui les *métamorphoseraient*.

REMARQUEZ LES FORMULATIONS :

Cette thèse …, cette hypothèse …, une telle hypothèse …, selon …

B. Écoutez. Écrivez.

8
Actif, passif, nominalisation

Rêvé par
Jules Verne
en 80 jours,
le tour du monde
en ballon
a été réalisé
en 20 jours
par un Suisse et
un Britannique.

© Nicolas Le Corre/Gamma.

Construction active ou passive ?

A. Observez les constructions actives et passives.
Soulignez les formes passives.

Un jour, dans une grande ville,
quelque part dans le monde

- Une employée municipale *a trouvé* un nouveau-né dans un jardin public.
- Un autre nouveau-né *a été trouvé* dans une église.
- Un ministre *a battu* sa femme.
- Un autre ministre *a été battu* par sa femme.
- Une voiture de pompiers a pris feu.
- La fille d'un riche banquier a été enlevée.
- Un lion, une girafe et un hippopotame se sont échappés d'un zoo.
- Deux piétons ont glissé sur une feuille de salade.
- Deux bébés sont nés dans un taxi.
- Trois nouveaux bâtiments ont été inaugurés par le maire de la ville.
- Quatre hommes masqués ont attaqué une banque.
- Plusieurs personnes sont restées bloquées dans des ascenseurs.

- Douze enfants se sont perdus et onze ont été retrouvés.
- Les quinze voitures d'un cortège officiel ont traversé la ville.
- Vingt-deux personnes ont été interpellées par la police.
- Une trentaine d'arbres ont été plantés et une centaine arrachés.
- Plus de cinquante personnes ont voyagé en bus sans ticket.
- Quelques dizaines de serments d'amour ont été échangés sur des bancs de jardin public.
- Plusieurs dizaines de poubelles ont été renversées involontairement et une dizaine volontairement.
- Trois mille trois cents sandwichs ont été vendus et la plupart ont été mangés.
- Plusieurs milliers de lettres ont été distribuées et la plupart d'entre elles ont été ouvertes et lues.
- Des millions de mots ont été prononcés et une grande partie d'entre eux n'ont pas été entendus.

> Une même réalité peut s'exprimer à la « **voix active** » ou à la « **voix passive** » selon que l'on veut mettre en évidence :
> - l'auteur, l'agent, la cause de l'action : **actif**
>   La femme d'un ministre a battu son mari.
> - le patient qui subit, supporte, reçoit cette action : **passif**
>   Un ministre a été battu par sa femme.

B. Relisez les phrases passives : lesquelles pourriez-vous transformer en phrases actives ; lesquelles préférez-vous garder à la voix passive ? Pourquoi ?

C. Continuez cette liste ou faites-en une autre pour un autre lieu : village, école, université, immeuble, administration…

Lisez ces titres de presse.
Pourquoi à votre avis le journaliste choisit-il
une formulation passive?

Anaïs, 11 ans, arrachée à son père

Victime innocente d'un imbroglio juridico-international, la petite Anaïs a été arrachée à son père et confiée au consul de Suisse à Lyon avant d'être bientôt rendue à sa mère.

Anaïs rendue à sa mère

Victime d'un imbroglio juridico-international, la petite Anaïs a été retirée à son père hier, pour être confiée au consul de Suisse à Lyon, avant d'être rendue à sa mère qui réside en Suisse.

Dauphiné libéré, septembre 1997

Ce qui sera retenu

La formulation passive permet de passer sous silence, de ne pas évoquer l'agent, soit parce qu'il est déjà connu, soit parce qu'il est ou semble inutile, soit pour ne pas le nommer.

- Le projet de loi sera débattu à l'Assemblée (par les députés, bien sûr).
- Les auteurs de l'attentat sont activement recherchés (par la police).
- Les résultats vont être affichés dans une heure (peu importe par qui).
- Votre portefeuille a été retrouvé / est retrouvé (peu importe par qui).
- Votre candidature a été retenue / est retenue (mise en évidence du seul résultat).
- Pendant la guerre plusieurs personnes ont été torturées (non citation des auteurs).

Passé composé passif

A. Observez les formulations actives et passives.

Voix active	Voix passive
1. On m'a interrogé(e).	1. J'ai été interrogé(e).
2. Quelqu'un t'a prévenu(e)?	2. Tu as été prévenu(e)?
3. Le public l'a applaudi?	3. Il a été applaudi (par le public)?
4. Tous ses amis l'ont félicitée.	4. Elle a été félicitée par tous ses amis.
5. On nous a bien renseigné(e)s.	5. Nous avons été bien renseigné(e)s.
6. On vous a cambriolé(s).	6. Vous avez été cambriolé(s)?
7. La banque les a remboursés.	7. Ils ont été remboursés par la banque.
8. On les a invitées.	8. Elles ont été invitées.

B. Répliquez en utilisant le verbe proposé au passé composé passif.

• Vous pleurez?
 – j'(*émouvoir*) par votre récit.
 – j'ai été ému(e) par votre récit.

1. Du champagne! mais pourquoi?
 – J' (*promouvoir*) à un poste plus important!

2. Tu es seul? personne ne te suit?
 – Non, je (*ne pas suivre*).

3. Ils ont gagné?
 – Eh oui! Nous (*battre*), malheureusement.

4. Alors? vous acceptez?
 – Oui, nous (*convaincre*) par vos arguments.

5. Vous avez accepté?
 – Impossible de faire autrement nous y (*contraindre*).

6. Votre roman a du succès?
 – Il (*traduire*) en plusieurs langues.

7. Qu'est-ce que c'est que cette blessure?
 – Je (*mordre*) par un chien.

8. Ton cousin ne fait plus partie du RPR*?
 – Non, il (*exclure*).

9. Bravo pour votre élection!
 – Ça n'a pas été facile, j'(*élire*) de justesse.

10. Tu arrives bien tard!
 – Désolé, je (*retenir*) par le directeur.

11. Les secours sont arrivés rapidement?
 – Oui, nous (*secourir*) très vite!

12. Vous avez aimé le spectacle?
 – J'(*conquérir*) par la beauté de l'actrice.

* RPR : *Rassemblement pour la République, parti politique de droite* (*gaulliste*).

C. Complétez comme dans l'exemple puis posez ces questions.

Inviter ou recevoir / personnalité	Avez-vous déjà été invité ou reçu par une personnalité?
1. Gronder ou punir / parents	....
2. Cambrioler ou dévaliser	....
3. Arrêter ou poursuivre / police	....
4. Piquer ou mordre / animal	....
5. Renverser ou heurter / voiture	....
6. Hospitaliser ou opérer	....

113

Passé composé passif

A. Formulez les questions correspondant aux informations.
Utilisez le passif.

* Rétablissement des Jeux olympiques
  –par P. de Coubertin
  –en 1896

  Par qui et en quelle année les Jeux olympiques ont-ils été rétablis ?

1. *Fondation de l'Académie française*
  – sous Louis XIII (1635)
  – pour contrôler et normaliser la langue française

  ....
  ....
  ....
  ....

2. *Édification du château de Versailles*
  – sous Louis XIV
  – sur l'emplacement d'un petit rendez-vous de chasse

  ....
  ....
  ....
  ....

3. *Prise et destruction de la Bastille*
  – le 14 juillet 1789
  – par le peuple de Paris

  ....
  ....
  ....

4. *Fondation de la Croix-Rouge en 1864*
  – grâce à H. Dunant, banquier suisse
  – pour faciliter les soins aux blessés sur les champs de bataille

  ....
  ....
  ....
  ....

5. *Construction du canal de Suez*
  – fin du XIXe siècle
  – pour faciliter les échanges maritimes entre l'Europe et l'Asie

  ....
  ....
  ....
  ....

6. *Inauguration de la tour Eiffel*
  – à l'occasion de l'exposition universelle de 1900

  ....
  ....
  ....

7. *Création de l'ONU*
  – après la seconde guerre mondiale
  – pour préserver la paix dans le monde

  ....
  ....
  ....

8. *Mise en place de la Sécurité sociale en France*
  – en 1945

  ....
  ....

9. *Élection régulière du président de la République française au suffrage universel*
  – à partir de 1962

  ....
  ....
  ....

B. Essayez de mémoriser les questions ou informations.
Posez-vous les questions et répondez-y.

Nominalisation et forme passive

A. À votre avis, ces informations sont-elles
vraies, fausses, vraisemblables ou invraisemblables ?

■ Cambriolage à l'Élysée !

■ Interdiction du port des jupes courtes

■ Découverte d'un trésor sous un des autels de Notre-Dame

■ Transfert du pont du Gard à Avignon

■ Détournement du TGV Lyon-Marseille par Bruxelles

■ Interdiction de la circulation des voitures à numéro pair dans Paris

■ Interruption de la circulation à Genève entre 10 heures et midi pour le passage d'un troupeau de moutons

■ Découverte du gène de la bêtise

■ Réouverture de la grotte de Lascaux au public

■ Mise au point d'un vaccin anti-cauchemars

■ Suppression des impôts pour les couples mariés depuis plus de vingt ans

■ Lancement d'un réveil qui endort

B. Reformulez chaque titre avec un verbe
à la voix active ou passive. **Choisissez !**

C. Développez un des titres
pour la Une d'un journal qui sort le 1er avril.

A. Dans chaque série un mot au moins ne peut pas être remplacé par un verbe à la forme passive forme passive. **Barrez-le(s)**.

Organisation < > Organiser >… a été organisé …

~~Compétition~~ pas de verbe correspondant

Victoire < > Vaincre >… a été vaincu…

~~Départ Arrivée~~ les verbe correspondants ne sont pas utilisés au passif

SPORT	CINÉMA	ART ŒUVRES D'ART	ÉDIFICES MONUMENTS
Organisation	Tournage	Création	Commande
~~Compétition~~	Montage	Découverte	Coût
Victoire	Lancement	Exposition	Conception
~~Départ~~	Festival	Beauté	Construction
Arrivée	Scénario	Transformation	Interruption des travaux
Inauguration	Acteurs	Disparition	Inauguration
Défaite	Collaboration	Achat	Achat
Domination	Réalisation	Vente	Vente
Applaudissements	Doublage	Legs	Transformation
Félicitations	Projection	Vol	Rénovation
Interruption	Critique	Rénovation	Restauration
Exclusion	Accueil du public	Restauration	Démolition
Disqualification			Destruction
			Reconstruction

FAITS DIVERS	POLITIQUE	MÉDECINE SANTÉ
Vols	Nomination	Examen
Viols	Renouvellement	Diagnostic
Cambriolages	Proposition	Prescription
Pertes	Annonce	Médicaments
Abandons	Décision	Hospitalisation
Attaques	Discours	Opération
Tapages nocturnes	Signature	Vaccination
Morsures	Vote	Remboursement
Blessures	Approbation	Découverte
Détournements d'avion	Adoption	Soins
Découvertes	Critique	
Disparition	Inauguration	
	Rupture	
	Invitation	
	Réception	

B. Choisissez une ou plusieurs rubriques et **préparez** en groupes des titres d'information.

***

C. Passez du verbe au nom :
un étudiant donne un verbe, l'autre nominalise.

Suffixes :	-tion, -sion, -ure, -ée -	Le nom est féminin
Suffixes :	-ement, -age	Le nom est masculin

Plus-que-parfait, passé composé passif

A. Lisez ces textes. **Soulignez** les plus-que-parfait passifs.

En bref

Évasion en direct

Un cameraman danois qui <u>avait été averti</u> d'une évasion par un coup de téléphone anonyme s'est rendu à l'adresse indiquée, une prison de Copenhague. En direct, devant l'objectif de sa caméra un bulldozer a démoli le mur d'enceinte de la prison, permettant à douze dangereux détenus de s'évader. Le cameraman imprudent a été inculpé de « complicité d'évasion ».

En bref

Disparition

Un enfant de 12 ans qui avait disparu du domicile familial depuis six jours a été retrouvé à Disneyland. Il avait « emprunté » une somme coquette dans la caisse de ses parents et avait réservé une chambre à Disneyland pour dix jours. Son trésor avait <u>déjà été bien entamé</u> lorsqu'il a été retrouvé. L'histoire ne dit pas comment le fugitif a été accueilli à son retour.

En bref

La police britannique a la dent dure

Une dentiste britannique qui <u>avait été surprise en train de se</u> brosser les dents alors qu'elle roulait à plus de 110 km/heure a été condamnée à payer une amende de 500 livres.

D'après
Les Clés de l'actualité,
1996-1997

B. Comment cela s'est-il terminé ?

LONDRES. Un Britannique a passé plus de vingt-quatre heures coincé sous son piano qui s'était écroulé...

A-t-il été secouru ou non ? Par qui ? Au bout de combien de temps ? Était-il indemne ou blessé ? A-t-il été hospitalisé ?

FRANCE. Un cambrioleur qui s'était introduit dans un appartement situé au premier étage d'un petit immeuble du centre de Lyon a été surpris par le retour inopiné du propriétaire.

A-t-il été arrêté, blessé, tué par le propriétaire ? Le propriétaire a-t-il eu peur ? A-t-il été attaqué par le cambrioleur, dépouillé de son argent ? Le voleur s'est-il enfui ?

FRANCE / PAYS-BAS. Une vieille dame française a parcouru en voiture plusieurs dizaines de kilomètres à contresens sur l'autoroute et une vieille dame hollandaise a fait la même chose sur un canal gelé.

S'en sont-elles aperçues ? Comment ? Ont-elles été arrêtées par quelqu'un ? Ont-elle provoqué des accidents ?

C. Écoutez le dénouement des deux premiers faits divers.

117

Passif : tous temps

A. Utilisez le plus-que-parfait et le passé composé passif comme dans l'exemple.

1. RÉSULTATS ANNONCÉS PUIS CONFIRMÉS
   Les résultats qui *avaient été annoncés officieusement ont été confirmés officiellement*
2. MESURES DÉCIDÉES MAIS JAMAIS APPLIQUÉES
   Les mesures qui *avaient été décidées n'ont jamais été appliquées.*
3. CONSIGNES DE VOTE DONNÉES ET SUIVIES
   Les consignes de vote qui . *avaient été données ont été suivies*
4. MATÉRIEL COMMANDÉ ET LIVRÉ EN TEMPS VOULU
   Le matériel qui … *avait été commandé a été livré*
5. VOITURE ACCIDENTÉE ET RÉPARÉE RAPIDEMENT
   La voiture qui . *avait été accidentée a été réparée rapid—*
6. BIJOUX VOLÉS JAMAIS RETROUVÉS
   Les bijoux qui . *avait été volés n'ont jamais été retrou*
7. IMMEUBLE DÉTRUIT MAIS NON RECONSTRUIT
   Un immeuble qui … *avait été détruit n'a pas été re*
8. BOÎTE DE NUIT FERMÉE POUR TAPAGE NOCTURNE PUIS RÉOUVERTE
   Une boîte de nuit qui . *avait été fermée …… n'a jamais été réou-verte*

B. Développez comme dans l'exemple.
Utilisez le plus-que-parfait, le passé composé et le futur.

- porte enfoncée   *La porte qui avait été enfoncée a été provisoirement réparée.*
- provisoirement réparée   *Elle sera remplacée ultérieurement*
- remplacée

1.	2.	3.	4.
• élève renvoyé	• idée lancée	• conférence annoncée	• candidats sélectionnés
• pas encore réintégré	• non retenue	• puis annulée	• auditionnés
• probablement exclu définitive- ment	• peut-être reprise	• sans doute reportée	• avertis par courrier des résultats un peu plus tard

L'élève qui avait été renvoyé du lycée n'a pas encore été réintégré. Il sera prob. exclu défi.

C. Mettez les verbes à la forme et au mode qui conviennent.

SAUVETAGE RÉUSSI. Trois spéléologues grenoblois qui (*s'égarer*) [*s'étaient égarés*] dans un réseau de 52 kilomètres de galeries souterraines, après (*perdre*) [*avoir perdu*] leur carte topographique ont (*retrouver*) [*été retrouvés*] sains et saufs par les sauveteurs. Ceux-ci (*entamer*) [*avaient entamé*] dès les premières heures de la matinée une course contre la montre pour les retrouver.

UNE TORTUE GÉANTE S'ÉCHOUE EN BRETAGNE. Une tortue géante de 250 kg et de 2 mètres de long (*retrouver*) morte dimanche sur une plage bretonne. Elle (*s'échouer*) la veille sur une plage voisine mais (*ne pas remettre*) à l'eau.

Rédigez des titres ou résumés d'informations
à partir des éléments proposés.

1. … a été recruté(e)… par… pour…
Un clown **a été recruté par** une banque britannique **pour** dérider son personnel.
Une étudiante franco-japonaise **a été recrutée** comme guide **pour** l'été **par** la
Ville de Paris **pour** guider ses compatriotes.

2. … a été interdit(e)… pendant…
La circulation automobile **a été interdite pendant** une journée pour les voitures
à numéro pair dans la capitale.
La vente des boissons alcoolisées **a été interdite** dans la ville de Milan **pendant**
la durée de la Coupe du monde.

3. … sera inauguré(e) … par … en présence de
....
....

4. … a été découvert(e)
....

5. … serait peut-être élu(e) au poste de
....
....

6. La création de … a été annoncée … par
....
....

7. … ont été détruit(e)s à la suite de
....

8. Le / la meilleur(e) … sera récompensé(e) par
....
....

9. … ont été choisi(e)s pour expérimenter
....

10. La décision de … à laquelle s'était opposé … a finalement été prise par
....
....

11. Des … qui … s'étaient perdu(e)s … ont été retrouvé(e)s
....
....

12. La plainte de … qui demandait des dommages-intérêts pour … a été rejetée
....

13. Les… le mot d'ordre de grève devrait donc être levé
....
....

Se faire + infinitif

A. Que peuvent dire les personnes suivantes dans ces situations ?
Utilisez la construction *se faire* + infinitif

Un élève qui vient d'être renvoyé du collège :   *Je viens de me faire renvoyer !*

1. Quelqu'un dont le portefeuille vient d'être
   piqué[1] :   *Je ...*
2. Quelqu'un qui vient d'être collé à un examen :   *Je ...*
3. Quelqu'un qui vient d'être roulé[2] par
   un escroc :   *Je ...*
4. Des acteurs qui ont été sifflés et hués par
   le public :   *Nous ...*
5. Quelqu'un qui a peur d'être licencié :   *Je ...*
6. Quelqu'un qui a été agressé lors d'une réunion :   *Je me demande pourquoi ...*
7. Un automobiliste qui a été arrêté par la police :   *Une fois de plus ...*
8. Un pickpocket qui a été pris la main dans le sac :   *C'est la première fois ...*
9. Une mère qui craint que son enfant ne se fasse
   renverser par une voiture :   *Fais attention de ...*

B. Lisez, échangez.

Cela vous est-il arrivé de :

- vous faire apporter votre petit-déjeuner au lit ?
- vous faire chouchouter par vos parents ?
- vous faire réveiller par le téléphone ?
- vous faire consoler par un(e) inconnu(e) ?
- vous faire couper les cheveux par un ami ?
- vous faire apporter votre journal par votre chien ?
- vous faire rectifier une partie du corps par un chirurgien plastique ?
- vous faire prendre en stop par un chauffeur de camion ?
- vous faire prédire votre avenir ?
- vous faire livrer des pizzas à domicile ?
- vous faire inviter dans un palace ?

ou bien encore de :

- faire suivre quelqu'un par un détective ?
- faire mettre quelqu'un sur écoute téléphonique par la police secrète ?
- faire réparer votre vélo par un ami ?
- faire repeindre votre appartement au noir[3] ?
- faire sortir votre chien par un étudiant ?

C. Écoutez, notez et dites si à votre avis c'est vrai ou non.

---

1. Piquer (*qqch*) : voler (langue familière).
2. Rouler (*qqun*) : escroquer (langue familière).
3. Au noir : se dit du travail non déclaré, clandestin.

9
Discours rapporté

© Philippe Geluck

Du discours rapporté au dialogue

A. Lisez le texte.

Le soir, Marie est venue me chercher et m'a demandé si je voulais me marier avec elle. J'ai dit que cela m'était égal et que nous pourrions le faire si elle le voulait. Elle a voulu savoir alors si je l'aimais. J'ai répondu comme je l'avais déjà fait une fois, que cela ne signifiait rien mais que sans doute je ne l'aimais pas. « Pourquoi m'épouser alors ? », a-t-elle dit. Je lui ai expliqué que si elle le désirait, nous pourrions nous marier. D'ailleurs, c'était elle qui le demandait et moi je me contentais de dire oui. Elle a observé alors que le mariage était une chose grave. J'ai répondu : « Non. » Elle s'est tue un moment et elle m'a regardé en silence. [...]

Comme je me taisais, n'ayant rien à ajouter, elle m'a pris le bras en souriant et a déclaré qu'elle voulait se marier avec moi. J'ai répondu que nous le ferions dès qu'elle le voudrait.

A. Camus, L'Étranger, coll. « Folio », © Éditions Gallimard.

B. Écrivez un dialogue correspondant à ce récit.

Marie [...] m'a demandé si je voulais me marier avec elle.	MARIE. – *Tu veux bien te marier avec moi ? Tu veux bien m'épouser ?*
J'ai dit que cela m'était égal et que nous pourrions le faire si elle le voulait.	MEURSAULT. – ....
Elle a voulu savoir alors si je l'aimais.	MARIE. – ....
J'ai répondu [...] que cela ne signifiait rien mais que sans doute je ne l'aimais pas.	MEURSAULT. – ....
« Pourquoi m'épouser alors ? » a-t-elle dit.	MARIE. – ....
Je lui ai expliqué que si elle le désirait, nous pourrions nous marier. [...]	MEURSAULT. – ....
Elle a observé alors que le mariage était une chose grave.	MARIE. – ....
J'ai répondu : « Non. »	MEURSAULT. – ....
Elle s'est tue un moment et elle m'a regardé en silence. [...] Comme je me taisais, n'ayant rien à ajouter, elle m'a pris le bras en souriant et a déclaré qu'elle voulait se marier avec moi.	MARIE. – ....
J'ai répondu que nous le ferions dès qu'elle le voudrait.	MEURSAULT. – ....

Discours rapporté : concordance des temps

Propos énoncés	Propos rapportés
• au présent	• à l'imparfait
« Tu regrettes de partir ? »	Je lui ai demandé s'il regrettait de partir.
« Je suis d'accord, avec toi, je te le répète. »	Elle m'a répété qu'elle était d'accord avec moi.
« On vous attend en bas de chez nous. »	Ils ont téléphoné pour dire qu'ils nous attendaient en bas de chez eux.
• au futur proche	• à l'imparfait du verbe aller
« Je vais donner ma démission. »	Il nous a annoncé qu'il allait donner sa démission.
• au passé récent	• à l'imparfait du verbe venir
« Je viens de donner ma démission. »	Il nous a annoncé qu'il venait de donner sa démission.
• au passé composé	• au plus-que-parfait
J'ai regretté de ne pas vous voir.	Elle m'a écrit qu'elle avait regretté de ne pas me voir.
On vous a attendus.	Ils m'ont répété plusieurs fois qu'ils nous avaient attendus.
Je suis à la maison ! Je suis revenue !	X a téléphoné qu'elle était revenue.
• au futur	• au conditionnel présent
« Tu regretteras mon absence ? »	Il m'a demandé si je regretterais son absence.
« On vous attendra. »	Ils ont promis qu'ils nous attendraient.
« Nous repasserons ! »	Tes copains ont dit qu'ils repasseraient.
• à l'impératif	• par construction avec l'infinitif
	• ou au subjonctif
« Les enfants ! éteignez la télé ! »	Maman nous a demandé d'éteindre la télé.
	Maman a demandé que nous éteignions la télé.
« Ne sortez pas ! »	La police nous a <u>interdi</u>t de sortir.
	La police a interdit que nous sortions.
« Que tout soit prêt pour 10 heures ! »	Le directeur m'a demandé de tout préparer pour 10 heures.
	Le directeur a demandé que tout soit prêt pour 10 heures.
Propos énoncés aux autres temps	**Propos rapportés aux mêmes temps**
• à l'imparfait	• à l'imparfait
« J'étais malade, hier »	Il m'a dit qu'il était malade.
• au conditionnel présent	• au conditionnel présent
Ça te plairait d'y aller ?	Jacques m'a demandé si ça me plairait d'y aller.
• au plus-que-parfait	• au plus-que-parfait
Je vous avais prévenus !	Elle m'a rappelé qu'elle nous avait prévenus.

que

A. Complétez avec les formes verbales qui conviennent.

- Je regrette, je suis désolé, je ne peux pas. → Il m'a dit qu'il regrettait, qu'il était désolé mais qu'il ne pouvait pas.

1. Je vais voir, je vais réfléchir. → Elle m'a promis…

2. Ça ne fait rien, ça n'a pas d'importance. → Il m'a répondu…

3. Je suis désolé, je ne savais pas. → Il m'a répété…

4. Ça m'a fait plaisir de vous voir, j'ai été heureux de vous rencontrer. → Il nous a dit…

5. Tu as bonne mine ! tu as l'air en forme ! → Tout le monde m'a dit…

6. Je ne me souviens plus, j'ai oublié. → Elle a prétendu…

7. Je ne suis pas libre, j'ai du travail. → Il nous a fait remarquer…

8. J'ai eu tort. → Il a reconnu…

9. On verra plus tard. On s'en occupera quand on aura le temps. → Elle m'a fait savoir…

Si

B. Même exercice.

- Je ne te dérange pas ? Je peux te parler ? → Il m'a demandé si je ne le dérangeais pas, s'il pouvait me parler.

1. Ça vous convient ? Ça vous plaît ? → Elle a voulu savoir… *[ann.: me convenait / ne plaisait]*

2. Je peux vous payer en deux fois ? Ça ne vous dérange pas ? → Elle a demandé… *[ann.: si elle pouvait payer en… m']*

3. Qu'est-ce que vous avez fait hier soir ? Où êtes-vous allés ? → Il a cherché à savoir… *[ann.: ce qu'on avait, où j'étais allé]*

4. Tu es au courant ? Tu sais ce qui se passe ? → Ils m'ont demandé…

5. Tu as fini ? Tu seras bientôt prêt ? → Elle a voulu savoir… *[ann.: serais]*

6. Tu sais qui c'est ? Tu le connais ? → Ils m'ont interrogé pour savoir…

7. Vous comprenez ? Ça vous semble clair ? → Le professeur a voulu savoir… *[ann.: nous semblriez / me semblais]*

8. Où vas-tu ? Je peux t'accompagner ? → Mon père m'a demandé…

dire • répéter • annoncer • informer • déclarer • expliquer • rappeler • promettre assurer • faire savoir • faire remarquer • répondre • reconnaître • prétendre • affirmer demander • vouloir savoir • chercher à savoir • interroger pour savoir

Discours rapporté : verbes rapporteurs

A. Transformez les phrases.

{de +infinitif} à (handwritten annotation)

- Taisez-vous !
  Ne me dérange pas !

  Il m'a dit de me taire.
  Il m'a demandé de ne pas le déranger.

1. Suivez la route
  et prenez la première à droite !

  (conseiller de) Il m'a conseillé de suivre la route et de prendre ...

2. Ne dites rien,
  ne parlez pas !

  (demander de) Il m'a demandé de ne rien dire, de ne pas parler.

3. Asseyez-vous, installez-vous,
  mettez-vous à l'aise.

  (inviter à) Elle m'a invité à m'asseoir, à m'installer, à me mettre à l'aise.

4. Ralentissez !
  Ne roulez pas si vite !

  (supplier de) Je l'ai supplié de ralentir, de ne pas rouler si vite.

5. Ne t'inquiète pas !
  N'aie pas peur !

  (dire de) de ne pas m'inquiéter, de ne pas avoir peur

6. Préviens tout le monde !
  N'oublie pas !

  (rappeler de) de prévenir, de ne pas oublier de la faire. ?

7. Attention !
  Fais bien attention !

  (répéter de) de faire attention, de bien faire attention

8. Crois-moi,
  fais-moi confiance !

  (supplier de) de le croire, COD
  de lui faire confiance COI

9. Dépêche-toi !
  Ne me fais pas attendre !

  (demander de) de ne pas la faire attendre ?

B. Formez des phrases à partir des éléments proposés.

- police   autoriser ... à ...   automobilistes   *passer*
  La police a autorisé les automobilistes à passer.
- capitaine   ordonner à ... de ...   troupes   *attaquer*
  Le capitaine a ordonné à ses troupes d'attaquer.

1. le gardien *a* interdit à *aux enfants* de *jouer* enfants   *jouer sur la pelouse*

2. préfet   *autoriser ... à ...*   syndicats   *manifester*

3. propriétaire   *permettre à ... de ...*   locataires   *abattre une cloison*

4. médecin   *prescrire à ... de ...*   patient   *prendre du repos*

5. dentiste   *supplier ... de ...*   client   *ne pas crier*

6. professeur   *prier ... de ...*   élèves   *se taire*

7. président   *suggérer à ... de ...*   premier ministre   *démissionner*

8. copilote   *conseiller à ... de ...*   pilote   *ralentir*

9. hôtesse   *recommander à ... de ...*   voyageurs   *boucler leur ceinture*

10. supporters   *encourager ... à ...*   joueurs   *continuer la partie*

Discours rapporté : verbes rapporteurs

Rapportez ces propos
en utilisant un verbe indiquant la nature du propos.

*accepter • assurer • avouer • (dé)conseiller • expliquer • féliciter • interdire
menacer • rassurer • recommander • reconnaître • refuser • annoncer
reprocher • se • plaindre • souhaiter • supplier*

• C'est moi qui ai tué !
Le suspect **a avoué**
qu'il avait tué.

1. Bravo d'avoir conclu ce marché !
Son directeur…

2. Non, non et non ! Pas question que tu sortes encore ce soir !
Son père…

3. S'il vous plaît monsieur l'agent, je vous en prie ! Soyez compréhensif !
L'automobiliste…

4. Tu sais qu'on va se marier ? Non ?
Ils…

5. Bon d'accord ! J'ai tort !
Il…

6. On ne passe pas !
La police…

7. Je ne dirai rien. Je ne peux encore faire aucune déclaration.
Le ministre…

8. Encore un mot et j'arrête le cours !
Le professeur…

9. Bon voyage !
Mes amis…

10. Ne vous inquiétez pas ! Votre état n'est pas grave.
Son médecin…

11. Faites attention ! N'abusez pas de l'aspirine.
Mon pharmacien…

12. Ce colloque est vraiment mal organisé !
Les participants…

13. Voilà comment il faut faire cuire les pâtes : vous… puis vous…
Un ami italien…

14. Prenez le plat du jour. Il est parfait.
Le serveur…

15. Ne partez surtout pas à cette période !
Notre agence de voyage…

16. Mais vous pouvez réussir le concours ! Bien sûr ! Vous avez le niveau, c'est sûr.
Mon professeur de dessin…

17. Pourquoi tu n'as rien dit ? Tu aurais dû intervenir.
On…

18. Bon ! D'accord ! Je recevrai la délégation !
Le premier ministre…

Du dialogue au discours rapporté

Rapportez les dialogues

1.

Le directeur. – Est-ce que monsieur Badin est venu ?

Ovide. – Oui, monsieur le directeur.

PINGET, *Architruc*

• *Ovide raconte à Badin* : « Le directeur m'a demandé *si vous étiez venu* et je lui ai répondu *que oui*. »

2.

LN. – Alors on va dîner. Tu m'invites ?

Icare. – Il faut d'abord que je compte mes sous.

QUENEAU, *Le Vol d'Icare*

• LN *raconte* : « Cet Icare est incroyable ! Je lui ai proposé .... je lui ai demandé en riant si .... Vous savez ce qu'il m'a répondu ? Il m'a répondu .... »

3.

Le comte. – Je m'en vais.

La marquise. – Où allez-vous ?

Le comte. – Je n'en sais rien.

MUSSET, *Il faut qu'une porte*

• *Le comte rapporte sa courte entrevue avec la marquise* : « Quand j'ai annoncé à la marquise .... elle a voulu savoir .... Je lui ai répondu .... »

4.

La comtesse. – Ne venez-vous pas avec moi ?

Le marquis. – Non, je ne sortirai pas aujourd'hui. J'attends quelqu'un à qui j'ai à parler.

MUSSET, *Il faut qu'une porte*

• *La comtesse raconte* : « J'ai proposé au marquis .... mais il a refusé .... et a prétexté .... »

5.

Martha. – Je suppose que vous avez une pièce d'identité ?

Jan. – Oui, je peux vous la montrer.

Martha. – Ce n'est pas la peine. Il suffit que j'indique si c'est un passeport ou une carte d'identité.

Jan. – Un passeport. Le voilà ! Voulez-vous le voir ?

CAMUS, *Le Malentendu*

• *Jan témoigne* : « La femme m'a demandé .... je lui ai répondu .... et je lui ai proposé .... Elle m'a dit .... et a ajouté .... Je lui ai dit .... et lui ai demandé .... »

6.

L'architecte. – Êtes-vous bien consciente des dangers qui vous guettent ?

Dany. – Oui, monsieur, personne n'est mieux placé que moi pour le savoir.

L'architecte. – Vous assumez les risques ?

Dany. – Je les assume, oui, monsieur.

IONESCO, *Tueurs sans gages*

• *L'architecte fait part de sa conversation avec Dany* : « J'ai voulu savoir .... elle m'a répondu nettement que .... et a précisé .... Je lui ai alors demandé .... et elle m'a assuré .... »

A. **Rapportez** les dialogues

7.

> BÉRANGER. – Je suis glacé. [...] C'est l'émotion.
> L'ARCHITECTE. – C'est le froid aussi [...].
> Mettez votre pardessus vous allez vous enrhumer.
>
> IONESCO, *Tueurs sans gages*

• Béranger évoque sa rencontre avec l'architecte : « J'ai murmuré à l'architecte que .... et que .... Il a ajouté .... et m'a suggéré .... »

8.

> MARIE. – Ne lui dites pas: Non, non, je vous en prie. Ne lui dites rien, je vous en supplie.
> MARGUERITE. – Laissez-moi faire !
>
> IONESCO, *Le roi se meurt*

• La reine Marguerite raconte au médecin du roi : « Marie m'a supplié plusieurs fois .... mais je lui ai demandé .... »

9.

> Un jeune employé montre sa tête à une porte du fond.
> L'HUISSIER. – Qu'est-ce que vous désirez?
> L'EMPLOYÉ. – Un autographe! J'ai un stylo.
> L'HUISSIER. – Voulez-vous filer !
>
> GIRAUDOUX, *Tessa*

• L'employé raconte : « L'huissier m'a interpellé pour me demander .... Je lui ai expliqué .... mais lui, il n'a rien voulu entendre; il m'a ordonné .... »

10.

> ALARICA. – Vous êtes étrange. Vous ne semblez plus le même! Vous ai-je déplu?
> F.. – Vous m'agacez. Vous m'agacez de plus en plus.
>
> AUDIBERTI, *Le mal court*

• Alarica se confie à un ami : « Je lui ai avoué .... et .... et puis, timidement je lui ai demandé .... Et lui, d'un ton sec, il m'a répondu .... »

B. **Choisissez** le personnage qui raconte le dialogue du texte 11.

11.

> JÉRÔME. – Vous attendez Florence, Monsieur?
> LE PRÉSIDENT. – Oui, j'attends mademoiselle Florence.
> JÉRÔME. – Je me présente. Je suis Jérôme... Je suis son fiancé.
> LE PRÉSIDENT. – Florence se marie !
> JÉRÔME. – Les bans sont publiés.
> LE PRÉSIDENT. – Je vous félicite. Vous épousez la femme la plus charmante qui existe.
>
> GIRAUDOUX, *Le Cantique des cantiques*

A. Rapportez leurs propos.
Que viennent-ils de se dire ?

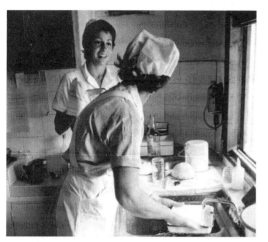

B. Écoutez, dites si c'est vrai !

- Quelqu'un lui a dit qu'elle avait l'air en forme.
- Sa fille lui a téléphoné pour lui demander de ses nouvelles.
- Quelqu'un lui a conseillé d'aller chez le coiffeur.
- Des amis lui ont téléphoné qu'ils passeraient chez elle le week-end suivant.
- Un collègue lui a rappelé qu'ils avaient un rendez-vous de travail la semaine suivante.
- Une amie lui a annoncé qu'elle s'était mariée.
- Son mari l'a prévenue qu'il rentrerait très tard.
- Quelqu'un lui a proposé d'aller au cinéma.

Puis **essayez de vous souvenir** de ce qui vous a été dit dans la journée.

Imaginez puis **rapportez** leur dialogue.

Qu'est-ce que vous faites ? Dépêchez-vous ! On vous attend.

10
Constructions relatives

Maudit !
soit le père de l'épouse
du forgeron qui forgea le fer de la cognée
avec laquelle le bûcheron abattit le chêne
dans lequel on sculpta le lit
où fut engendré l'arrière-grand-père
de l'homme qui conduisit la voiture
dans laquelle ta mère
rencontra ton père

Robert Desnos, *Corps et biens*,
© Éditions Gallimard

Qui, que, où, dont

Lisez et **observez** les constructions relatives puis **échangez** vos opinions.

- *j'aime, j'aime bien, j'aime beaucoup, j'adore…*
- *Je n'aime pas beaucoup, je n'aime pas tellement, je n'aime pas du tout,*
  je ne supporte pas, je déteste, j'ai horreur de, j'ai peur de…

Les... qui

- ☐ Les enfants qui font du bruit.
- ☐ Les fleurs qui sentent fort.
- ☐ Les épices qui piquent.
- ☐ Les sujets qui provoquent des polémiques.
- ☐ Les gens qui ronflent.
- ☐ Les sports qui demandent de l'endurance.
- ☐ Les lieux qui grouillent de monde.
- ☐ Ce qui brille.
- ☐ Ceux qui me résistent.

Les... que

- ☐ Les objets que le temps a usés.
- ☐ Les actions que la morale réprouve.
- ☐ La politique que mènent nos dirigeants.
- ☐ Le temps qu'il fait aujourd'hui.
- ☐ Les gâteaux que fait ma mère.
- ☐ Les occasions qu'on saisit au passage.
- ☐ Les moments que l'on passe à ne rien faire.
- ☐ Le nom que je porte.
- ☐ Ce que je fais en ce moment.

Les... où

- ☐ Les repas où l'on traîne à table.
- ☐ Les appartements où tout est à sa place.
- ☐ Les fauteuils où l'on s'enfonce.
- ☐ Les restaurants où il y a beaucoup de monde.
- ☐ Les villes où l'on se perd.
- ☐ Les soirées où l'on aborde des sujets sérieux.
- ☐ Les voyages où tout est organisé.

Les... dont

- ☐ Les objets dont on ne se sert jamais.
- ☐ Les professeurs dont on a peur.
- ☐ Les gens dont le rire est communicatif.
- ☐ Les pièces dont les murs sont blancs.
- ☐ Les arbres dont les feuilles tombent à l'automne.

© CRDP de Grenoble

Que pensez-vous qu'ils aiment ou qu'ils n'aiment pas ?

pron.
7. direct 再度 b次 es. reprise d'une pièce de théâtre
3次も à plusieurs reprises
viens [venir] de + inf.

Qui, que

Soulignez les pronoms de reprise puis, **reformulez** en utilisant **qui** ou **que**.

adv.

- Je viens de voir passer **un homme** ;   Je viens de voir passer un homme
  je ne **le** connaissais pas ;   **le** = complément → **que** je ne connaissais pas
  il m'a semblé étranger.   **il** = sujet → et **qui** m'a semblé étranger.

  a.m.
- Merci de vos conseils.   Merci de vos conseils
  Ils nous seront précieux   **Ils** = sujet → **qui** nous seront précieux
  et nous **les** suivrons.   **les** = complément → et **que** nous suivrons

1. Écoute ce disque !
   Je viens de l'acheter ;   → *que je viens d'acheter*
   je le trouve excellent.   → *et que je trouve excellent*

2. Désolé de ce départ !
   Il n'était pas prévu   → *qui*
   et nous le regrettons.   → *et que nous regrettons*

3. Tu as gagné un jeu vidéo !
   Tu ne le connais pas,   → *que je ne connais pas*
   il va t'amuser.   → *et qui*

4. On te donnera l'adresse d'un hôtel,
   nous l'avons trouvé par hasard   → *que nous avons*
   et il nous a plu.   → *et qui*

5. Nos voisins ont un chien jaune.
   On le trouve affreux   → *qui on trouve affreux*
   et en plus il mord et il aboie.   → *et qui en plus mord et aboie*

6. Essaie cette veste ;
   je viens de l'acheter   → *que ...*
   et elle est trop petite pour moi.   → *et qui*

7. Le gouvernement prépare une réforme ;
   elle n'est pas populaire ;   → *qui*
   il faudra l'imposer.   → *et que il faudra imposer.*

8. Nous avons dîné dans un bon petit restaurant.
   Il vient d'ouvrir   → *qui*
   et nous voulions le connaître.   → *et que*

9. C'est un film divertissant.
   Il est très bien joué   → *que*
   et j'irai le revoir.   → *et que j'irai revoir.*

10. Goûte ces chocolats ;
    ils sont délicieux ;   → *qui ;*
    on ne les trouve qu'en Suisse.   → *et que on ne trouve qu'en Suisse.*

"ne ... que" : only

A. **Complétez** avec *qui* ou *que*.

*Voici quelques sujets d'histoires
à raconter ou déjà racontées
dans des livres ou des films.*

L'histoire

• d'une famille *qui* se déchire ;

• d'une famille *que* la vie sépare.

1. de quelqu'un ...... personne n'aime.

2. de quelqu'un ...... n'aime personne.

3. de quelqu'un ...... vend son âme au diable.

4. de quelqu'un ...... son propre fils tue.

5. de quelqu'un ...... cherche en vain un trésor.

6. de quelqu'un ...... ses proches dépouillent de ses biens.

7. d'un roi ...... devient fou.

8. d'un tour du monde ...... dure quatre-vingts jours.

9. d'une marionnette ...... devient un petit garçon.

10. d'une femme terrible ...... son mari réussit à dompter.

© Collection Viollet

11. d'une princesse ...... son père veut marier à quelqu'un ...... elle n'aime pas.

12. d'une princesse ...... la femme de son père veut tuer.

13. de deux personnes ...... la vie réunit après une longue séparation.

14. d'un enfant ...... ses parents abandonnent par amour.

15. d'un être paisible ...... le destin pousse à devenir criminel.

16. d'une petite fille ...... est habillée en rouge et ...... le loup voudrait dévorer.

17. d'un gangster ...... un policier veut remettre dans le droit chemin.

18. d'un pays ...... tout le monde veut quitter.

19. d'une ville ...... est sauvée par un enfant.

20. d'un royaume ...... est dirigé par un animal.

Coll. part.

B. **Trouvez** quelques autres sujets de récits.

Où, dans lequel, sur lequel...

A. À votre avis est-ce **vrai ou faux** ?

- Une salle d'attente est *une pièce où* l'on fait attendre les gens. .... ☑Vrai ☐Faux
- Un chalet est *un lieu où* se réfugient les chats. .... ☐Vrai ☑Faux
1. Un parloir est *un endroit où* l'on se rencontre pour parler. .... ☐Vrai ☐Faux
2. Un boudoir est *un lieu où* les gens se retirent pour bouder. .... ☐Vrai ☐Faux
3. Un dortoir est un lieu *dans lequel* plusieurs personnes dorment. .... ☐Vrai ☐Faux
4. Un fumoir est *une pièce où* l'on se réunissait pour fumer. .... ☐Vrai ☐Faux
5. Un saloir est une *pièce dans laquelle* on salait la viande. .... ☐Vrai ☐Faux
6. Un cellier est *un endroit où* l'on garde le sel à l'abri de l'humidité. . ☐Vrai ☐Faux
7. Un vestiaire est *un lieu où* l'on dépose les vestes et manteaux. ...... ☐Vrai ☐Faux
8. Un dressoir est *un établissement où* l'on dresse les animaux. .... ☐Vrai ☐Faux
9. Une porcherie est *un bâtiment dans lequel* on élève des porcs. .... ☐Vrai ☐Faux
10. Une lingerie est *une pièce où* l'on repasse et range le linge. .... ☐Vrai ☐Faux
11. Un grenier est *un lieu où* l'on conservait le grain. .... ☐Vrai ☐Faux

12. Une salle de réanimation est *une salle où* les gens déprimés réapprennent à rire. .... ☐Vrai ☐Faux
13. Une garçonnière est une *chambre où* dorment les bébés de sexe masculin. .... ☐Vrai ☐Faux
14. Une alcôve, c'est *l'endroit où* l'on boit de l'alcool. .... ☐Vrai ☐Faux
15. Un cagibi est *une cage où* l'on enferme les oiseaux de petite taille. .... ☐Vrai ☐Faux

B. Remplacez la forme simple avec *où* par une forme composée.

- Attention ! La *chaise où* tu es assise n'est pas solide !

La *chaise sur laquelle* tu es assise n'est pas solide.

1. J'ai perdu *la feuille où* j'avais noté ton numéro de téléphone.
....
....

2. Cherche dans le tiroir *où* je range mes papiers !
....

3. Je ne trouve plus *le livre où* j'avais glissé ta lettre.
....

4. Ils ont coupé *l'arbre où* nous avions gravé nos deux noms.
....
....

5. Nous avons dans le jardin *deux cerisiers où* il n'y a jamais une seule cerise.
....
....

6. Ferme bien *le placard où* l'argent est caché !
....

7. J'ai acheté *des chaussures où* je suis comme dans des chaussons.
....
....

135

Dont : construction verbale

A. Notez en face de chaque phrase
ce qui vous vient à l'esprit,
puis **échangez** vos points de vue.

Il y a des choses, des gens, des moments…

- **dont** il faut se méfier . . . .   *des courants d'air, des moments de colère,*
                                                        de la fatigue au volant, des voleurs…

1. dont les enfants ont peur . . . .
2. dont on se fatigue vite . . . .
3. dont il est préférable de rire . . . .
4. dont il est difficile de se consoler . . . .
5. dont il ne faut pas trop parler . . . .
6. dont on se souvient toute sa vie . . . .
7. dont il faut s'occuper toute sa vie . . . .
8. dont beaucoup de gens manquent . . . .
9. dont certaines personnes rêvent . . . .
10. dont on est parfois privé . . . .
11. dont personne n'est certain . . . .
12. dont on peut devenir esclave . . . .
13. dont les jeunes ont envie . . . .
14. dont il ne faut pas avoir honte . . . .
15. dont les professeurs
    se plaignent souvent . . . .
16. dont on se sert plusieurs fois
    par jour . . . .
17. dont les jeunes sont fous . . . .

B. Notez l'infinitif des verbes
et leur construction.

• se méfier **de** qqch ou qqn …	9. . . . .
1.	10. . . . .
2.	11. . . . .
3.	12. . . . .
4.	13. . . . .
5.	14. . . . .
6.	15. . . . .
7.	16. . . . .
8.	17. . . . .

Dont : construction nominale

A. Lisez et répondez.

Comptez-vous parmi vos amis, connaissances, relations, ou parmi vos proches…

- *une personne dont vous aimez beaucoup le prénom*
- *une personne dont le prénom est à votre avis démodé*
- *un ami dont vous appréciez l'humour*
- *un ami dont l'humour ne vous fait pas rire*
- une personne dont l'énergie vous surprend
- une vieille personne dont la sagesse vous est précieuse
- un voisin dont le comportement vous est insupportable
- une famille dont les enfants sont adoptés
- un artiste dont le talent est reconnu ou au contraire méconnu
- une personne dont le principal plaisir est de manger
- une amie dont la générosité est sans limites
- quelqu'un dont la richesse fait le malheur
- quelqu'un dont la photo est à la une des journaux

B. Complétez les questions.

- Oublier le titre d'un film — Avez-vous vu cette année des films *dont vous avez oublié le titre* ?

1. Apprécier particulièrement la cuisine d'un pays — Quel est le pays ....
....
2. Détester le cri d'un animal — Y a-t-il un animal ....
....
3. Aimer la ligne d'une voiture — Quelles sont les voitures ....
....
4. Trouver l'uniforme d'une profession magnifique — Y a-t-il une profession ....
....
5. Ne lire que les premières pages d'un livre — Avez-vous déjà acheté des livres ....
....
6. Regarder souvent les émissions d'une chaîne de télévision — Y a-t-il une chaîne de télévision ....
....
....
7. Pouvoir citer la capitale des pays européens — Quels sont les pays européens ....
....
8. Ne pas aimer le goût d'un aliment — Quel est l'aliment ....
....

137

A. Faites des phrases en utilisant
un des noms proposés ou un autre de votre choix.

- L'équipage, la forme,
la conception, le prix …
d'un bateau

Elle a fait le tour du monde sur un bateau…
– *dont l'équipage* était exclusivement féminin.
– *dont la construction* avait duré dix ans.

- Le nombre d'habitants,
le plan, le maire, l'activité
économique… **d**'une ville

J'habite une ville…
– *dont le maire* est en prison
– *dont le plan* est géométrique

1. le visage, le caractère,
la vie, la personnalité, les
aventures… **d**'une personne

Je viens de rencontrer quelqu'un…
– ....
– ....

2. l'auteur, le style, le sujet,
l'originalité, l'action…
d'un roman

L'académie Goncourt a couronné un roman…
– ....
– ....

3. les goûts, les idées, les activités, les principes, les habitudes… **de mes** amis

J'ai des amis…
– ....
– ....

B. Écoutez et complétez le texte
avec des noms qui conviennent.

Je suis à ma table de travail. Je suis dans *une pièce dont le plafond* est très haut et *dont les murs* sont peints en blanc. Je suis assis sur *une chaise dont* ....
et .... sont en bois et .... en paille. J'ai devant moi *une machine à écrire dont* .... ne marche plus. Sur le mur en face de moi trône *une horloge ronde dont* .... marquent 10 heures 10. À ma gauche, sur *un canapé dont* .... est déchiré somnole *un chat noir dont* .... me charme. Par la fenêtre je vois *le ciel dont* .... est en train de changer, et *les montagnes dont* .... sont enneigés.

Je réfléchis. Je suis en train d'écrire un *roman policier dont* .... se passe en Italie et *dont* .... est un détective amateur d'opéra. Ce *roman dont* je ne connais pas encore .... m'a été inspiré par *une personnalité dont* je ne peux dévoiler .... et *dont* .... est connu de beau-coup de lecteurs de la presse à scan-dale.

Dont : construction nominale

A. Soulignez les *dont*.

Une commande à s'arracher les cheveux

Ils étaient huit et ils ont commandé :

EN ENTRÉE
- Cinq salades composées dont deux sans sel,
  une sans vinaigre et une sans huile.
- Trois salades de tomates dont une sans sel.

COMME PLAT PRINCIPAL
- Huit steaks-frites dont deux bien cuits, deux à point,
  un saignant, un cuit sans huile et un sans frites.

COMME DESSERT
- Quatre salades de fruits dont une sans banane,
  une sans sucre et une sans alcool.
- Deux tartes aux pommes à la crème dont une sans crème.
- Deux sorbets au citron dont un avec vodka.

COMME BOISSON
- Cinq bières dont deux sans alcool et une à la température ambiante.
- Trois eaux minérales dont deux gazeuses.

ET POUR TERMINER
- Huit cafés dont trois déca, deux cafés allongés,
  deux cafés serrés et un avec une larme de lait.

B. Barrez les phrases impossibles.

- Ils ont cinq enfants dont une fille
  - **oui** : un de leurs enfants est une fille
- Ils ont six filles ~~dont un petit garçon~~
  - **non** ! impossible

1. Ils ont trois maisons dont trois à la campagne.
  - ....

2. Ils ont six enfants dont une seule fille.
  - ....

3. Il connaît de nombreux pays dont l'Europe.
  - ....

4. Il connaît beaucoup de pays dont le mien.
  - ....

5. Il a trois paires de lunettes dont une de soleil.
  - ....

6. Les ministres, dont deux sont communistes, sont tous socialistes.
  - ....

7. J'ai trois ordinateurs dont aucun ne fonctionne.
  - ....

Dont : construction nominale

A. Lisez ces extraits, vus dans la presse en 1997.

LE TANGO ARGENTIN A 100 ANS !
cette danse née dans le port de Buenos Aires attire en Europe un public de plus en plus important, dont de nombreux jeunes.

SOIXANTE-DIX PERSONNES ONT ÉTÉ TUÉES DEPUIS LE DÉBUT DE L'ANNÉE, À PARIS, DANS DES ACCIDENTS DE VOITURE, DONT LA MOITIÉ SONT DUS À L'ALCOOL.

La loi impose aux radios nationales de diffuser 40 % *de chansons françaises, dont* 20 % *de nouveautés.*

Dix-huit mois de prison dont six ferme, tel a été le jugement du tribunal de Bar-le-Duc (Meuse) pour un homme qui avait exigé une rançon de 50 000 francs pour restituer... une petite chienne qu'il avait kidnappée alors que celle-ci faisait des avances à son berger allemand. Le ravisseur s'est fait prendre en allant chercher l'argent.

B. Reformulez en utilisant *dont*.

1. Il parle couramment huit langues. *Parmi ces langues* : le chinois et le japonais.

   Il parle couramment .... *dont* le chinois et... ....

2. Il y a environ trois mille espèces de serpents ; trois cents *de ces espèces* sont dangereuses pour l'homme.

   Il y a environ ....

3. Un groupe de dix jeunes a été interrogé par la police ; cinq *de ces jeunes* avaient moins de 15 ans.

   Un groupe de dix jeunes .... *dont cinq avaient moins...* ....

4. L'accident a fait quinze blessés. Deux *des blessés* sont dans un état grave.

   L'accident ....

5. Trois cosmonautes sont partis pour la station orbitale. Il y a un Français *parmi eux*.

   Trois ....

6. Le mal être des jeunes de banlieue est dû à plusieurs facteurs. Le chômage est l'un *d'entre eux*.

   Plusieurs facteurs ....

Relatifs composés : préposition + *lequel, laquelle...*

A. Lisez ces définitions et devinez les mots définis.
Soulignez les formes relatives.

C'EST...

1. C'est un liquide <u>sans lequel</u> nous ne pourrions pas vivre : l'eau.
2. C'est un élément de meuble qui entre et sort du meuble et <u>dans lequel</u> on peut ranger des objets.
3. C'est un type d'habitation que l'on trouve surtout dans les jardins et dans laquelle les humains n'entrent pas.
4. C'est un récipient que l'on trouve dans une salle de bains et dans lequel on peut s'allonger.
5. C'est un document officiel sans lequel vous n'avez pas d'existence légale.
6. C'est une ouverture par laquelle on entre chez soi exceptionnellement.
7. C'est un monument américain que tout le monde connaît et devant lequel on passe quand on arrive à New York en bateau.
8. C'est l'astre qui nous éclaire et autour duquel tourne la terre.
9. C'est un jeu auquel on joue à 13 ou 15.
10. C'est un phénomène naturel auquel personne ne peut échapper et dont beaucoup de gens ont peur.
11. C'est un alphabet grâce auquel les aveugles peuvent lire.

CE SONT...

12. Ce sont des parties du corps autour desquelles on peut mettre des bijoux.
13. Ce sont des corps célestes auxquels le soleil donne sa lumière.
14. Ce sont des objets grâce auxquels les vêtements peuvent être fermés.
15. Ce sont des plaques circulaires sur lesquelles sont enregistrés des sons.
16. Ce sont des signes sans lesquels l'alphabet n'existerait pas.
17. Ce sont des organismes microscopiques contre lesquels le corps lutte.

B. Complétez les définitions.

- UNE TASSE, c'est un récipient *dans lequel / où* vous versez du liquide.
- UN TÉLÉPHONE, c'est un appareil *avec lequel* vous pouvez communiquer à distance.
- UNE CAGE, c'est un espace délimité par des barreaux *dans lequel* on enferme les oiseaux.
- LE CHÔMAGE, c'est une situation *dans laq* chacun peut être confronté.
- LA TOMBE DU SOLDAT INCONNU, c'est un monument *devant leq* s'incline le président de la République chaque année.
- UN LIVRE D'OR, c'est un registre *dans leq* on écrit ses impressions.
- DES JUMELLES, c'est un objet *avec leq* vous pouvez voir de loin.
- UNE MARGUERITE, c'est une fleur *avec laq* vous pouvez savoir, lorsque vous l'effeuillez, si quelqu'un vous aime.

Écoutez
et **écrivez**.

Prépositions	*lequel, laquelle, lesquels, lesquelles*
après	Il trouvera peut-être un jour le bonheur *après lequel* il court depuis toujours.
avec	
chez	
contre	
dans	
derrière	
durant	
entre	
par	
par-dessous	
parmi	
pour	
sans	
selon	
sur	
à	
grâce à	
face à	
au cours de	
au-delà de	
au milieu de	
auprès de	

Dont et relatifs composés

A. Complétez en utilisant le verbe proposé; posez la question au présent.

- *Ne pas s'habituer à*   Quels sont les défauts *auxquels vous ne vous habituez pas*?
1. *Bénéficier de*   Quelles sont les réductions *dont* [discount]
2. *S'intéresser à*   Quels sont les sujets *auxquels*
3. *Se documenter sur*   Quelles sont les questions *sur*
4. *Disposer de*   Quelles sont les ressources financières *dont*
5. *Se précipiter sur* [rush]   Y a-t-il des plats *sur lesquels*
6. *Avoir des aptitudes pour*   Quels sont les sports ......

B. Même exercice au passé composé.

1. *Participer à*   Quelle est la dernière manifestation sportive ......
2. *Être victime de*   Quelle est la dernière injustice ......
3. *Assister à*   Quel est le dernier concert ......
4. *Être témoin de*   Quelle est la dernière situation comique ......
5. *Échapper à*   Vous souvenez-vous d'un danger ......
6. *Devoir renoncer à*   Avez-vous déjà fait des projets ......

C. Même exercice.

- *Avoir de l'influence sur qqun*   Quels sont les gens *sur qui* (*ou sur lesquels*) vous avez de l'influence?
1. *Pouvoir compter sur qqun*   Avez-vous des amis ......
2. *S'entendre bien avec qqun*   Vos voisins sont-ils des gens ......
3. *Penser souvent à qqun*   Y a-t-il parmi vos proches quelqu'un ......
4. *Dormir chez qqun*   Vous souvenez-vous de tous les gens ......
5. *Voter pour qqun*   Quel est le dernier candidat ......
6. *Se disputer avec qqun*   Quelle est la dernière personne ......

- Quand l'antécédent est une personne, on utilise :
  - en général *qui* après la préposition :   C'est une femme *sur qui* vous pouvez compter.
  - mais pas toujours :   C'est une femme *sur laquelle* vous pouvez compter.

- Quand l'antécédent n'est pas une personne, on utilise toujours *lequel* :
       C'est un outil *sur lequel* vous pouvez compter.

A. Complétez
avec *ce qui* ou *ce que*

1. Racontez-moi
ce qui s'est passé.
ce qui a été dit.
ce que les gens ont fait.

2. Je vous donne tout
.... m'appartient.
.... j'ai.

3. Je me demande
.... je peux faire.
.... je vais faire.
.... je dois faire.
et .... va se passer.

4. Dites-moi
.... vous intéresse.
.... vous aimez faire.

> « Je ne peins pas ce que je vois.
> Je peins ce que je pense. »
> Picasso

B. Complétez
avec *ce qui*, *ce que*, *ce dont* ou *ce à quoi*.

1. Qui a compris
ce à quoi il a fait allusion ?
ce dont il parlait ?
*ce qu'*il sous-entendait ?

2. Fais-moi la liste de tout
...... tu veux que j'achète.
...... tu as besoin.
...... il te faut.

3. J'aimerais que chacun dise
...... il aura le temps de faire.
...... il pourra s'occuper.
...... il veut bien se charger.

4. Est-il indiscret de vous demander
...... vous vous intéressez ?
...... vous plaît ?
...... vous croyez ?
...... vous êtes sensible ?
...... vous attendez de la vie ?

5. Je sais
...... vous fait plaisir.
...... vous avez envie.

6. Pourriez-vous me résumer
...... il a été question ?
...... vous avez décidé ?

7. J'aimerais savoir
...... vous faites comme études.
...... vous occupez vos loisirs.

8. Dites-nous franchement
...... ne vous plaît pas.
...... vous n'aimez pas.
...... vous êtes mécontent.
...... vous ne vous habituez pas.

9. Les otages libérés ont révélé à la presse
...... on les avait obligés à faire.
...... ils avaient été contraints.
...... on les avait menacés.

Relatifs toutes formes

Complétez.

• saisir *une occasion*
≠ laisser passer *une occasion*

Il y a les occasions *qu'*on saisit
et celles *qu'*on laisse passer.

• se fier *à qqun*
≠ se méfier *de qqun*

Il y a les gens *à qui* on peut se fier
et ceux *dont* il faut se méfier.

1. se libérer *de qqch*
≠ ne pas échapper *à qqch*

Il y a des obligations ...... on peut se libérer
et des obligations ...... on ne peut échapper.

2. prendre garde *à qqch.*
≠ ne pas prêter attention *à qqch*

Il y a des colères ...... il est préférable de
prendre garde et d'autres ...... il ne faut surtout pas prêter attention.

3. franchir *qqch*
≠ se heurter *à qqch*

Il y a des obstacles ...... on franchit facilement et d'autres ...... on se heurte définitivement.

4. se soumettre *à qqch*
≠ se libérer *de qqch*

Il y a des contraintes ...... on doit se soumettre et d'autres ...... on peut se libérer
facilement

5. se battre *contre qqch*
≠ lutter *pour qqch*

Il y a les idées ...... les gens se battent
et celles ...... ils luttent.

6. réexaminer *qqch*
≠ ne pas revenir *sur qqch*

Il y a les décisions ...... on réexamine
et celles ...... on ne revient pas.

7. cacher *qqch*
≠ dévoiler *qqch*

Il y a les secrets ...... on cache
et ceux ...... on dévoile.

8. prévoir *qqch*
≠ ne pas s'attendre *à qqch*

Il y a les difficultés ...... on prévoit
et celles ...... on ne s'attend pas.

9. mener à bien *qqch*
≠ renoncer *à qqch*

Il y a des projets ...... on mène à bien
et d'autres ...... on renonce.

10. s'attacher *à qqun*
≠ ne pas éprouver d'affection
pour qqun

Il y a des personnes ...... on s'attache rapidement et d'autres ...... on n'éprouve pas
d'affection tout de suite.

11. s'entendre bien *avec qqun*
≠ se heurter *à qqun*

Il y a des amis ...... on s'entend très bien
et d'autres ...... on se heurte plus souvent.

12. se sentir bien *chez qqun*
≠ être mal à l'aise *chez qqun*

Il y a des gens ...... on se sent bien
et d'autres ...... on se sent mal à l'aise.

145

A. Lisez, observez les reprises.

Pierre est quelqu'un d'aimable
et souriant :
– *il* est toujours de bonne humeur ;
– *son rire* est communicatif ;
– tout le monde *l*'aime ;
– tout le monde *lui* parle ;
– tout le monde s'entend bien *avec lui* ;
– on peut compter *sur lui* ;
– on peut avoir confiance *en lui* ;
– on peut arriver *chez lui* à n'importe
quelle heure.

Pierre est quelqu'un d'aimable
et souriant
qui est toujours de bonne humeur,
dont le rire est communicatif,
que tout le monde aime,
à qui tout le monde parle
avec qui tout le monde s'entend bien,
sur qui on peut compter,
en qui on peut avoir confiance,
chez qui on peut arriver à n'importe
quelle heure.

B. Reformulez avec des relatifs
(*qui*, *que*, *dont*, préposition + *qui*).

• *Marianne est une femme sympathique*
  – *elle* a beaucoup d'humour
  – il est agréable de passer une soirée *avec elle.*

• *Marianne est une femme sympathique*
  qui a beaucoup d'humour et
  avec qui il est agréable de passer une
  soirée.

1. *Jérémie est un enfant timide*
  – il parle peu
  – les autres lui font peur
  – les relations sont difficiles pour
  lui.

2. *Marie est une petite fille insouciante*
  – la vie lui sourit
  – la vie est belle pour elle.

3. *Valérie est une jeune femme charmante*
  – elle travaille très bien
  – tout le monde sympathise avec
  elle
  – tout le monde a confiance en
  elle.

4. *Bernard est un homme ouvert*
  – il est très autoritaire
  – ses employés l'aiment bien
  – on peut compter sur lui.

5. *Marguerite est une femme désagréable*
  – elle râle tout le temps
  – tout le monde la fuit
  – personne n'a de sympathie pour
  elle.

6. *Léo est un garçon courageux*
  – le sort s'est acharné contre lui
  – mais il ne se laisse pas abattre.

7. *Madame D. est une vieille dame étonnante*
  – elle est toujours vêtue de blanc
  – elle chante à tue-tête chez elle
  – ses voisins la considèrent comme
  une originale.

8. *Maurice est un monsieur distingué*
  – son langage est très châtié
  – sa culture est immense
  – ses amis ont beaucoup d'admira-
  tion pour lui.

A. Complétez avec le pronom qui convient.

Y a-t-il chez vous un objet
- *dont* vous ne vous servez jamais ?
1. .... ne vous sert à rien ?
2. .... vous avez emprunté à quelqu'un ?
3. .... vous attachez beaucoup d'importance ?
4. .... vous ne connaissez pas la provenance ?
5. .... vous avez hérité ?
6. .... vous voudriez vous débarrasser ?
7. .... l'on vous envie ?
8. .... vous emportez toujours quand vous sortez ?
9. .... vous venez d'acheter ?
10. .... ne vous appartient pas ?
11. .... vous vous servez plusieurs fois par jour ?
12. .... vous avez fabriqué vous-même ?
13. .... la fonction vous est inconnue ?
14. .... est inusable ?
15. .... on vous a offert mais .... ne vous plaît pas ?

B. Imaginez les propos de quelqu'un retrouvant ces objets dans un grenier.

Ça, c'est le carnet dans lequel *ma mère notait ses dépenses et voilà* le téléphone qui *était dans la chambre de mes grands-parents.*

Relatifs toutes formes

Écrivez un paragraphe en remplaçant les reprises (**en gras**)
par les pronoms relatifs qui conviennent.

• *En attendant Godot* de S. Beckett
Cette pièce met en scène deux vagabonds…
– ils attendent un certain Godot
– la venue *de ce Godot* doit leur apporter
du réconfort
– mais *Godot* ne viendra jamais

> • *Cette pièce met en scène deux vagabonds **qui** attendent un certain Godot **dont** la venue doit leur apporter du réconfort mais **qui** ne viendra jamais.*

1. *Le Square* de M. Duras
C'est un long dialogue théâtral sur la vie et le bonheur entre deux êtres simples…
– le hasard a fait se rencontrer *ces deux êtres* dans un square
– *ils* se sépareront à la fin de la pièce.

2. *La Modification* de M. Butor
C'est le récit d'un voyage…
– au cours *de ce voyage* la décision d'un homme parti en train pour Rome rejoindre sa maîtresse se modifie.

3. *L'Étranger* d'A. Camus
C'est le récit de la vie d'un homme…
– les événements ont peu de prise sur *cet homme*
– l'annonce de sa condamnation à mort laisse *cet homme* comme indifférent.

4. *Le Chercheur d'or* de J.-M. G. Le Clézio
Le roman raconte l'aventure d'un jeune homme…
– le but de *ce jeune homme* est de retrouver un trésor dans une île volcanique
– sa quête de l'or mène *ce jeune homme* à la découverte de lui-même.

5. *Désert* de J.-M. G. Le Clézio
C'est l'histoire d'une jeune femme exilée à Marseille
– *cette jeune femme* ne peut oublier la terre de ses ancêtres, le Sahara
– la passion du désert dévore *cette jeune femme*.

6. *Bonjour tristesse* de F. Sagan
C'est l'histoire d'une jeune fille insouciante
– *cette jeune fille* prend conscience des problèmes posés par l'existence des autres à l'occasion d'un drame
– elle se sent responsable *de ce drame*.

11
Subjonctif
indicatif
Modalisation

Attendre que le café passe
Attendre que les choses se fassent

Attendre qu'un plat refroidisse
Attendre qu'une décision mûrisse

Attendre que le sommeil vienne
Attendre que quelqu'un revienne

Attendre que les cris se taisent
Attendre que la ville s'apaise

Attendre du matin au soir
Attendre que l'on vous serve à boire

Attendre que l'on vous en prie
Attendre que l'on vous supplie

Attendre en faisant les cent pas
Attendre en ne s'en faisant pas

Attendre d'oublier d'attendre
Attendre de ne plus rien attendre

MLC

Subjonctif présent : introducteurs

A. Soulignez les verbes situés après *que*. Tous sont au subjonctif.
Notez l'infinitif.

Vous est-il déjà arrivé…

1. de *ne pas être sûr* qu'on vous <u>dise</u> la vérité ?   DIRE
2. de ne pas *vouloir* que quelqu'un vous <u>voie</u> ou qu'on vous <u>trouve</u> ?   VOIR
                                                                 TROUVER
3. de *désirer* que le temps passe plus vite ?   ....
4. de *demander*, au restaurant, qu'on vous serve rapidement ?   ....
5. de *trouver agaçant* qu'on vous pose des questions ?   ....
6. d'*être surpris* que quelqu'un vous sourie ?   ....
7. de *regretter* qu'un film se termine ?   ....
8. d'*avoir envie* que quelqu'un se taise ?   ....
9. de *trouver désagréable* que quelqu'un se mette à chanter ?   ....
10. de *souhaiter* que quelqu'un nettoie votre chambre ?   ....
11. de *ne pas être certain* que quelqu'un vienne à un rendez-vous ?   ....
12. de *demander* à un inconnu qu'il vous prenne en photo ?   ....
13. de *regretter* que quelqu'un se marie ?   ....

Vous est-il arrivé…

1. de *vous étonner* que quelqu'un ait l'âge qu'il a ?   ....
2. de *vous réjouir* qu'on ne puisse pas vous joindre au téléphone ?   ....
3. de *trouver (in)juste* que quelqu'un soit puni ?   ....
4. d'*être triste* que quelqu'un s'en aille ?   ....
5. de *regretter* qu'il faille dormir ?   ....
6. d'*être content* qu'il pleuve ?   ....
7. de *supplier* que l'on vous fasse crédit ?   ....
8. de *douter* que la vie vaille la peine d'être vécue ?   ....
9. d'*interdire* qu'on vous dérange ?   ....
10. de *rêver* qu'un peintre fasse votre portrait ?   ....

B. Classez les introducteurs du subjonctif (*verbes en italique*)
selon leur sens.

Introducteurs 1	Introducteurs 2	Introducteurs 3
+ *cf.* p. 155	+ *cf.* p. 157	+ *cf.* p. 163
• Expression de la volonté, du désir, de la nécessité, de l'obligation	• Expression de l'appréciation subjective, des sentiments	• Expression de la possibilité, de l'incertitude, du doute
vouloir que, désirer que…	trouver agaçant que, être surpris que…	ne pas être sûr que…

Subjonctif présent : formation

Les bases du subjonctif présent sont celles du présent de l'indicatif
excepté pour quelques verbes irréguliers.

FORMATION IRRÉGULIÈRE
une ou deux bases

Une base	Faire	Pouvoir	Savoir	Falloir	Pleuvoir
que je, j'	fass e	puiss e	sach e		
que tu	fass es	puiss es	sach es		
qu'il, elle	fass e	puiss e	sach e	faill e	pleuv e
qu'ils, elles	fass ent	puiss ent	sach ent		
que nous	fass ions	puiss ions	sach ions		
que vous	fass iez	puiss iez	sach iez		

Deux bases	Avoir	Être	Aller	Vouloir	Valoir
que je, j'	ai e	soi s	aill e	veuill e	vaill e
que tu	ai es	soi s	aill es	veuill es	vaill es
qu'il, elle	ai t	soi t	aill e	veuill e	vaill e
qu'ils, elles	ai ent	soi ent	aill ent	veuill ent	vaill ent
que nous	ay ons	soy ons	all ions	voul ions	val ions
que vous	ay ez	soy ez	all iez	voul iez	val iez

FORMATION RÉGULIÈRE
une ou deux bases

Présent 18-20

Une base		Deux bases	
Base du présent		Bases du présent	
de l'indicatif	du subjonctif	de l'indicatif	du subjonctif
Passer		**Appeler**	
	que je pass e		que j' appell e
	que tu pass es		que tu appell es
	qu'il pass e		qu'il appell e
ils pass ent	qu'ils pass ent	ils appell ent	qu'ils appell ent
nous pass ons	que nous pass ions	nous appel ons	que nous appel ions
	que vous pass iez		que vous appel iez
Partir		**Venir**	
	que je part e		que je vienn e
	que tu part es		que tu vienn es
	qu'il part e		qu'il vienn e
ils part ent	qu'ils part ent	ils vienn ent	qu'ils vienn ent
nous part ons	que nous part ions	nous ven ons	que nous ven ions
	que vous part iez		que vous ven iez

151

Subjonctif présent : formation

Terminaisons régulières		Être	Avoir	Terminaisons régulières		Être	Avoir
que je, j'	— e	soi **s**	ai e	qu'ils, elles	— ent	soi ent	ai ent
que tu	— es	soi **s**	ai es	que nous	— ions	soy ons	ay ons
qu'il, elle	— e	soi **t**	ai t	que vous	— iez	soy ez	ay ez

Formez le présent du subjonctif des verbes suivants
d'après le présent de l'indicatif.

	Indicatif présent		Subjonctif présent	
	Une base		La même base	
Connaître	ils	connaiss ent	que ...	connaiss e, es, e, ent
	nous	connaiss ons		ions, ez
Lire	ils	lis ent	que ...	lis
	nous	lis ons		
Écrire	ils	....	....	....
	nous	....		
Dire	ils	....	....	....
	nous	....		
Sortir	ils	....	....	....
	nous	....		
Vivre	ils	....	....	....
	nous	....		
Rire	ils	....	....	....
	nous	....		
Travailler	ils	....	....	....
	nous	....		
Offrir	ils	....	....	....
	nous	....		
Attendre	ils	....	....	....
	nous	....		
	Deux bases		Les deux mêmes bases	
Nettoyer	ils	nettoi ent	**1.** que ...	nettoi (e, es, e, ent)
	nous	nettoy ons	**2.** que ...	nettoy (ions, iez)
Voir	ils	....	....	....
	nous	....	....	....
Prendre	ils	....	....	....
	nous	....	....	....
Revenir	ils	....	....	....
	nous	....	....	....
Appartenir	ils	....	....	....
	nous	....	....	....
Recevoir	ils	....	....	....
	nous	....	....	....
Boire	ils	....	....	....
	nous	....	....	....

Subjonctif présent : formation

A. Utilisez le subjonctif dans la deuxième réplique.
Réemployez le même verbe que dans la première.

1. *a*) Elles *partent* ou pas ?
– Je souhaite qu'elles *partent*.
b) Nous *partons* si vous voulez.
– Non, je ne veux pas que vous *partiez*.

2. *a*) Ils *revoient* le médecin quand ?
– Il faudrait qu'ils le *revoient* bientôt.
b) Nous nous *revoyons* quand ?
– Il faudrait que nous nous *revoyions* bientôt.

3. *a*) Mes amis ne connaissent pas ce restaurant
– Il faut absolument qu'ils le …
b) Nous ne connaissons pas Prague ?
– Il faudrait que vous … cette ville.

4. *a*) Vos amis vous rejoignent ou non ?
– J'aimerais bien qu'ils me …
b) Vous me rejoignez quand ?
– À quelle heure tu veux que nous te … ?

5. *a*) Ils ne te croient pas.
– Il faut qu'ils me …

b) Nous ne te croyons pas.
– Il faut que vous me …

6. *a*) Ils ne répondent pas.
– Laisse sonner, il faut qu'ils …
b) Vous ne répondez pas à sa lettre ?
– Si, il faut que nous lui …

7. *a*) Ils reviennent quand ?
– Il faudrait qu'ils … demain.
b) Vous revenez déjà ?
– Oui, il fallait absolument que nous … très vite.

8. *a*) Ils t'attendent depuis une heure.
– Il faudra qu'ils m' … encore un peu.
b) Nous t'attendons depuis une heure.
– Je ne voulais pas que vous m' …

9. *a*) Que faire s'ils apprennent la nouvelle ?
– Ils ne faut pas qu'ils l' …
b) Nous apprenons quoi aujourd'hui ?
– J'aimerais bien que vous … le subjonctif.

B. Réutilisez au subjonctif le verbe *en italique*.

Nous devons *faire* attention ! Il faut que nous *fassions* très attention.
1. Je ne *peux* pas m'asseoir, pousse-toi, s'il te plaît, pour que je ……………… m'asseoir.
2. Comment veux-tu que je ……………… où elle habite ? Je n'en *sais* rien.
3. Il ne *pleut* pas depuis plusieurs mois ; il faudrait qu'il ………………………
4. Je ne sais pas où *aller* ? Où faut-il que j' ……………………… ?
5. Faisons un détour si ça en *vaut* la peine ! Mais il faut vraiment que ça en ………………………… la peine.
6. Tu veux que nous ………………………… à Lyon ? Eh bien, *allons*-y !
7. Tu peux réussir si tu le *veux* vraiment ! Mais il faut que tu le ………………………
8. Je te conseille d'*être* prudent, il faut que tu ………………………… très prudent.
9. *Allez*-vous en ! Il faut que vous vous …………………………
10. Beaucoup de bonheur et beaucoup d'enfants ! Nous souhaitons que vous ……………… heureux et que vous ……………… beaucoup d'enfants !

Impératif, subjonctif

A. Observez la formulation impérative. **Retrouvez** de mémoire ce que *demande*, *ordonne*, *interdit*, *exige* ce directeur surchargé. `Conseil 210`

Que tous les dossiers soient prêts pour 18 heures.

Qu'elle vienne tout de suite dans mon bureau.

Qu'on annule tous mes rendez-vous.

Qu'il rappelle pour prendre un autre rendez-vous.

Qu'on avertisse ma femme que je rentrerai tard.

Que personne ne sorte avant la fin de la réunion.

Qu'on ne vienne plus me déranger.

B. Lisez et reformulez ces conseils avec :

- *je vous conseille / recommande / suggère de* + infinitif • *vous devriez / pourriez* + infinitif
- *il faut, il faudrait, il serait bon, il est indispensable, il est essentiel que* + subjonctif

1 POUR LUTTER *contre la nostalgie*	**3 POUR OUBLIER** *vos chagrins d'amour*	**5 POUR ÉVITER** *la mauvaise humeur*
☐ Cessez de regretter le passé.	☐ Ne restez pas chez vous.	☐ Voyez le bon côté des choses.
☐ Tournez-vous vers l'avenir.	☐ Partez en voyage.	☐ Développez votre sens de l'humour.
☐ Faites des projets…	☐ Sortez.	☐ Riez quelques minutes par jour.
2 POUR COMBATTRE *votre timidité*	☐ Faites des rencontres…	
☐ Sortez de votre coquille,	**4 POUR NE PAS DEVENIR** *trop autoritaire*	**6 POUR ÉVITER** *des réactions trop impulsives*
☐ Faites du théâtre.	☐ Écoutez les autres.	☐ Réfléchissez avant d'agir.
☐ Prenez des responsabilités.	☐ Tenez compte de leur avis.	☐ Faites du yoga.

● **POUR LUTTER** *contre l'enfermement*
☐ Ne restez pas chez vous
☐ Sortez, allez danser.
☐ Faites un sport d'équipe.

• Je **vous conseille de** ne pas rester chez vous, **de** sortir, **de** parler aux gens, **d'**aller danser.
Vous pourriez aussi pratiquer un sport d'équipe.
Il ne faut pas que vous restiez chez vous ; **il faudrait que** vous sortiez, **que** vous parliez aux gens, **que** vous **fassiez** un sport d'équipe.

154

A. **Mettez** le verbe entre parenthèses au subjonctif.

1. ACCEPTER QUE. Acceptez-vous qu'on vous (*dire*) ce que l'on pense de vous ?

2. AVOIR BESOIN QUE. Avez-vous besoin qu'on vous (*contraindre*) à travailler ?

3. AVOIR ENVIE QUE. Avez-vous souvent envie qu'on vous (*faire*) rire ?

4. DEMANDER QUE. Demandez-vous parfois qu'on (*ne pas venir*) vous déranger ?

5. DÉSIRER QUE. Désireriez-vous que certaines choses (*être*) interdites ?

6. EMPÊCHER QUE. Est-il possible d'empêcher que les peuples (*se faire*) la guerre ?

7. ÉVITER QUE. Que pourraient faire les parents pour éviter que leurs enfants (*se droguer*) ?

8. SUPPLIER QUE. Avez-vous déjà supplié qu'on vous (*pardonner*) ?

9. FAIRE EN SORTE QUE. Faites-vous en sorte que vos amis (*se sentir*) à l'aise chez vous ?

10. INTERDIRE QUE. Interdisez-vous parfois qu'on (*franchir*) votre porte ?

11. EXIGER QUE. Avez-vous déjà exigé qu'on vous (*faire*) des excuses ?

12. REFUSER QUE. Vous est-il arrivé de refuser que l'on vous (*venir en aide*) ?

13. SOUHAITER QUE. Souhaiteriez-vous que l'âge de la retraite (*être*) avancé ou retardé ?

14. TENIR À CE QUE. Tenez-vous à ce que tout le monde vous (*serrer la main*) le matin ?

15. DEMANDER QUE. Avez-vous déjà demandé à quelqu'un qu'il (*ralentir*) en voiture ?

16. VEILLER À CE QUE. Veillez-vous, dans une réunion, à ce que chacun (*pouvoir*) s'exprimer ?

17. IL EST SOUHAITABLE QUE. Est-il, à votre avis, souhaitable que l'Europe (*s'étendre*) à d'autres pays ?

18. IL FAUT QUE. Faut-il, à votre avis, que les professeurs (*interdire*) aux étudiants de parler leur langue maternelle pendant le cours de langue étrangère ?

19. IL VAUT MIEUX QUE. Vaut-il mieux que les gens (*agir*) sans réfléchir ou (*réfléchir*) avant d'agir ?

20. VOULOIR QUE. Quelle dernière question voudriez-vous que nous vous (*poser*) ?

B. **Répondez** à ces questions en prenant le rôle d'une personnalité du monde politique, artistique, économique, religieux.

C. **Choisissez** une des catégories. **Faites une liste** de demandes ou réclamations. **Écrivez** un tract ou une lettre de revendication.

des étudiants • des ouvriers • des médecins • des chefs d'armée • des détenus des gardiens de prison • des fonctionnaires • des jeunes enfants • des immigrés des professeurs • des chercheurs • des lycéens • des sans-papiers…

Souvenez-vous des différentes constructions

Verbe + nom :	**Nous réclamons** une diminution du temps de travail.
Verbe + infinitif (même sujet) :	**Nous exigeons** de travailler dans de meilleures conditions.
Verbe + subjonctif :	**Nous demandons** que nos revendications soient entendues.

Imaginez un nouveau Conseil des ministres.
Chaque ministre à son tour :

• présente *ses directions d'action,
ses priorités, ses propositions, ses projets…*

• et expose *ce à quoi il s'opposera,
ce qu'il interdira, ce qu'il tentera d'éviter…*

Chaque ministre pourra donner à son propos :

• une tonalité décidée, autoritaire :
je veux… je vais exiger… Il faut immédiatement…

• une tonalité plus nuancée :
*Je souhaiterais… j'aimerais éviter… peut-être faudrait-il…
je propose… je suggère…*

Formulations personnelles

• Je propose… Je suggère…
Je souhaite… Je veux… Je refuse…

• J'aimerais… Je voudrais…
Je souhaiterais…

• J'aimerais éviter… Je voudrais
obtenir…

• Je vais demander… Je vais
ordonner… Je vais exiger… Je vais
interdire… Je vais empêcher… Je
vais faire en sorte…

• J'accepterai ou je n'accepterai
pas… Je ne tolérerai pas…
Je refuserai… Je ne permettrai
pas… J'interdirai… Je n'autoriserai
pas… J'exigerai… Je m'opposerai à
(ce que)…

• Je ferai en sorte que …

Formulations impersonnelles

• Il faut… Il m'importe… Il est
temps… Il est urgent… Il est
primordial… Il est impératif…
Il est indispensable… Il est
souhaitable …

• Le plus important c'est…
L'essentiel c'est…

• Il n'est pas question… Il est hors
de question…

• L'idéal serait… Il serait bon… Il
serait nécessaire… Il serait utile…
Ne faudrait-il pas…

Pour préciser le but   `But 210`

• Pour… Pour que …

• Afin de… Afin que…

Attention ! Souvenez-vous !

Désirer que, souhaiter que + **subjonctif**	Je souhaite que mes projets soient adoptés. Je désire que le changement soit rapide.
Espérer que + **indicatif**	J'espère que mes projets seront adoptés. J'espère que je pourrai mettre en place mon programme.

A. Écoutez et **répétez**. **Imaginez** les situations de production.

1

« <u>C'est un honneur</u>, Monsieur le ministre, <u>que</u> vous soyez là. »

« <u>Je suis très touché</u>, Monsieur le préfet, <u>que</u> vous vous intéressiez à mes œuvres. »

« Ah, Chantal ma chère, <u>je suis enchanté que</u> vous ayez pu vous libérer. »

« Chère Madame, quelle heureuse surprise de vous avoir parmi nous ! »

« Chantal, j'ai le plaisir de vous présenter à Madame de Valmont. »

2

« C'est incroyable que la salle soit pleine ! »

« La salle est pleine ? Non ! »

« C'est stupéfiant qu'il y ait autant de monde ! »

« Comment se fait-il que ce soit plein ? »

« Je ne comprends pas qu'il y ait autant de monde ! »

« Pour une surprise, c'est une surprise ! »

3

« Ça me fait de la peine qu'elle soit si malheureuse ! »

« Hélas ! on ne peut pas faire grand-chose. »

« C'est désolant qu'on ne puisse rien faire pour elle. »

« Malheureusement on ne peut rien ! on ne peut rien ! »

4

« Ça fait plaisir de se retrouver ! »

« C'est agréable ici ! »

« C'est pas de veine que Pierrot soit malade ! »

« C'est une chance qu'il fasse beau ! »

« Quel dommage, vraiment, que Pierrot ne soit pas là ! »

5

« J'en ai assez qu'il soit de mauvaise humeur ! »

« C'est pénible d'entendre râler tout le temps ! »

« C'est exaspérant qu'il se mette en colère à la moindre occasion ! »

« Il n'est jamais content ! jamais content ! c'est fatigant ! je ne supporte plus ! »

« Ce n'est pas normal qu'il ne puisse pas se maîtriser ! »

« Non, non ce n'est pas normal de ne pas pouvoir se contenir. »

« Il faudrait qu'il se calme ! Il faudrait qu'il se calme ! »

B. Soulignez les introducteurs du subjonctif
et **observez** les constructions avec un infinitif.
Pourquoi ces phrases comportent-elles un infinitif
et non un subjonctif ?

157

A. Reformulez des questions comme dans l'exemple.
Utilisez le subjonctif.

• On lit par dessus votre épaule :
Ça vous dérange? Ça ne vous gêne pas?

Ça vous gêne *qu'on lise*
par dessus votre épaule?

1. On vous confie des secrets.
Ça vous gêne? Ça vous plaît?

2. On vous fait des compliments.
Ça vous surprend? Ça vous paraît naturel?

3. On vous parle de très près.
Ça vous est égal? Vous n'aimez pas ça?

4. On vous fait attendre.
Ça vous inquiète? Ça vous irrite?

5. On ne vous rend pas un objet prêté.
Ça vous est indifférent? Ça vous contrarie?

6. On vous répond brutalement.
Ça vous blesse? Ça vous fait peur? Ça vous irrite?

7. On vous regarde fixement.
Vous trouvez ça naturel? Ça vous gêne?

8. On vous suit dans la rue.
Ça vous fait peur? Ça vous intrigue?

9. On ne se souvient pas de vous.
Ça vous rend triste? Ça vous est indifférent?

10. On ne comprend pas vos points de vue.
Vous trouvez ça normal? Vous ne comprenez pas?

11. On ne croit pas ce que vous dites.
Ça vous est égal? Ça vous agace?

12. On ne vous dit pas bonjour.
Ça vous choque? Ça vous laisse indifférent(e)?

13. On vous interrompt alors que vous parlez.
Ça vous agace? Ça vous est égal?

– J'ai horreur qu'on lise le journal par dessus mon épaule.

Ph. X / DR

B. Écoutez puis **retrouvez** de mémoire
les réponses données à quelques-unes de ces questions.

Introducteurs 2 : l'appréciation subjective, le jugement...

A. **Formulez** un questionnaire.

Trouvez-vous ...... que ......?

Est-il ...... à votre avis que ......

Est-ce qu'il vous semble ...... que ......

• La corruption se répand dans de nombreux milieux.

☐ *normal?* ☐ *étonnant?* ☐ *scandaleux?*

Trouvez-vous étonnant que la corruption se répande dans de nombreux milieux?

1. La conduite en état d'ivresse est sanctionnée. ☐ *prudent?* ☐ *regrettable?* ☐ *indispensable?* **2.** L'écologie fait des adeptes. ☐ *étonnant?* ☐ *heureux?* ☐ *important?* **3.** Les footballeurs gagnent beaucoup d'argent. ☐ *naturel?* ☐ *scandaleux?* ☐ *choquant?* **4.** La peine de mort est abolie dans de nombreux pays. ☐ *bon?* ☐ *dommage?* ☐ *regrettable?*	**5.** Les avocats défendent des criminels. ☐ *révoltant?* ☐ *légitime?* ☐ *indispensable?* **6.** Les écarts entre les salaires sont importants. ☐ *normal?* ☐ *injuste?* ☐ *compréhensible?* **7.** Les parents donnent de l'argent de poche à leurs enfants. ☐ *compréhensible?* ☐ *dangereux?* ☐ *naturel?*	**8.** Beaucoup de gens ne savent pas lire. ☐ *inexplicable?* ☐ *inévitable?* ☐ *inacceptable?* **9.** « L'argent ne fait pas le bonheur » (proverbe) ☐ *heureux?* ☐ *dommage?* ☐ *étonnant?* **10.** On peut gagner beaucoup d'argent au jeu. ☐ *une chance?* ☐ *un scandale?* ☐ *une honte?*	**11.** Les étudiants bénéficient de nombreuses réductions. ☐ *compréhensible?* ☐ *bien?* ☐ *injuste?* **12.** Le coût de la santé augmente. ☐ *anormal?* ☐ *inquiétant?* ☐ *inévitable?* **13.** Les parents ont souvent des projets pour leurs enfants. ☐ *rassurant?* ☐ *dangereux?* ☐ *naturel?* **14.** La structure familiale évolue. ☐ *nécessaire?* ☐ *étonnant?* ☐ *triste?*

B. **Donnez votre opinion ou questionnez**
sur ces différents sujets.

C. **Complétez** librement.

1. Certaines personnes trouvent inquiétant ... **2.** Il y a des gens pour qui il est incompréhensible ... **3.** Je fais partie de ceux qui trouvent inacceptable ... **4.** Tout le monde trouve naturel ... **5.** Selon certaines personnes il est normal ... **6.** Un grand nombre d'étudiants se réjouissent ... **7.** Ça fait plaisir à la plupart des gens ... **8.** Peu de gens aiment ... **9.** Aucun humain ne s'étonne ...

Observez les constructions et **élargissez votre vocabulaire**.

			Remarquez !
Je / j'	(n') admets (pas) m'étonne, me réjouis regrette, ne supporte pas en ai assez suis content(e), déçu(e), surpris(e), triste, ennuyé(e)	de ne rien faire de n'avoir rien fait que tu ne fasses rien que tu n'aies rien fait que rien n'ait été fait	• **infinitif :** si même sujet
	aime déteste préfère	ne rien faire… n'avoir rien fait. que tu ne fasses rien	• **que + subjonctif :** si sujets différents
Cela me / m' Ça me / m'	agace, amuse choque est égal est indifférent étonne exaspère fait peur	fait plaisir inquiète irrite, plaît rend triste révolte scandalise stupéfie	de punir d'être puni que l'on punisse que l'on vous ait puni que vous soyez puni que vous ayez été puni
Cela se / s' Ça se / s'	comprend conçoit explique justifie	qu'il veuille des explications qu'il ait voulu des explications que des explications soient demandées que des explications aient été demandées	
Il est C'est Je trouve* Il (me) semble* Il paraît*	absurde (a)normal bon choquant (dé)raisonnable dommage étonnant fou, honteux	intéressant (in)utile légitime logique,naturel révoltant scandaleux stupéfiant surprenant	d'aborder ce sujet d'avoir abordé ce sujet que vous abordiez ce sujet que vous ayez abordé ce sujet que ce sujet ait été abordé

* Attention ! Souvenez-vous !

+ Subjonctif	+ Indicatif
Je trouve + adjectif + que + subjonctif **mais**	Je trouve, je pense, je crois que + indicatif
Je trouve normal qu'il réagisse ainsi.	Je trouve que sa réaction est normale.
Je trouve bien que tu aies dit ça.	Je pense que tu as eu raison de dire ça.
Je trouve injuste qu'il soit condamné.	Je crois que sa condamnation est injuste
Il me semble + adjectif + que + subjonctif **mais**	Il me semble que + indicatif
Il me semble important que vous le sachiez.	Il me semble que je vous connais.
Il me semble normal que vous soyez présent.	Il me semble que la température a baissé.
Il paraît + adjectif + que + subjonctif **mais**	Il paraît que + indicatif
Il paraît choquant qu'il n'en ait pas le droit.	Il paraît que tu vas te marier =
Il ne me paraît pas indispensable que vous l'invitiez.	J'ai entendu dire que tu allais te marier =
	La rumeur court que tu vas te marier

Subjonctif passé

A. Observez et **retenez** la conjugaison du subjonctif passé.

Avoir	Être	Être
Pouvoir	Venir	S'intéresser à
que j'aie pu	que je sois venu(e)	que je me sois intéressé(e)
que tu aies pu	que tu sois venu(e)	que tu te sois intéressé(e)
qu'il ait pu	qu'il soit venu	qu'elle se soit intéressée
qu'ils aient pu	qu'ils soient venus	qu'elles se soient intéressées
que nous ayons	que nous soyons venu(e)s	que nous nous soyons intéressé(e)s
que vous ayez pu	que vous soyez venu(es)s	que vous vous soyez intéressé(e)s

B. Reformulez en utilisant le subjonctif (présent ou passé)
ou l'infinitif (présent ou passé).

Civilités

- Venez dîner à la maison ! Ça nous ferait plaisir !
  J'aimerais *que vous veniez dîner* ou J'aimerais *vous avoir à dîner*
- Vous avez passé une bonne soirée ? Tant mieux !
  Nous sommes heureux *que vous ayez passé une bonne soirée.*
- Merci de cette si bonne soirée !
  Nous sommes très heureux *d'avoir passé une aussi bonne soirée.*

1. Vous êtes venu. J'en suis enchanté. Je suis enchanté …
2. Je vais faire sa connaissance. Enfin ! Je suis ravie …
3. Vous avez pu vous libérer ? Quelle chance ! Quelle chance que …
4. Il me faut vous quitter, malheureusement ! Je regrette …
5. Tu pars ? Si tôt ! C'est dommage …
6. Il n'a pas pu venir ? Quel dommage ! Je regrette …
7. Toi ici ! Quelle bonne surprise ! Je suis surprise et heureuse …
8. Merci d'avoir pensé à nous. Nous sommes très touchés …
9. Tous nos vœux de réussite ! Nous souhaitons …
10. Vous voulez me présenter à X ? C'est beaucoup d'honneur. Je suis flatté …
11. Votre père va mieux ? Ah, tant mieux ! Je me réjouis …
12. Pardon ! Je vous ai dérangé. Je suis vraiment confuse …
13. Merci de ta lettre. Ça m'a touché …
14. Tu ne pourras pas venir ? Quel dommage ! Je suis déçu …
15. Ça vous a plu ? J'en suis ravie. Je suis contente …

Entraînez-vous. Donnez la réplique oralement
en mettant le verbe au subjonctif présent ou passé.

- Elle dort encore ?
- C'est tout à fait normal qu'elle
(*dormir*) encore.   → *qu'elle dorme encore*
- Ils ont refusé ma proposition.
- Je ne comprends pas qu'ils (*refuser*).   → *qu'ils aient refusé*

1
- Il pleut encore !
- Peu importe qu'il (*pleuvoir*) ou non !

2
- Je peux prendre une photo de vous ?
- Je déteste qu'on me (*prendre*) en
photo.

3
- Ça y est, j'ai mon examen !
- Ah ! Quelle bonne nouvelle que tu
(*réussir*).

4
- Philippe n'est toujours pas rentré ?
- Non, je crains qu'il ne lui (*arriver*)
quelque chose.

5
- On se revoit quand ?
- Il faudrait qu'on (*se revoir*) bientôt.

6
- Je ne sais pas tout.
- C'est normal que vous (*ne pas tout
savoir*).

7
- Je n'ai pas compris.
- Ça m'étonne que vous (*ne pas com-
prendre*).

8
- Nous reviendrons bientôt.
- Tout le monde souhaite que vous
(*revenir*) rapidement.

9
- Il a refusé de nous recevoir.
- Ça me surprend qu'il (*refuser*).

10
- Dis-moi quelque chose.
- Qu'est-ce que tu veux que je te
(*dire*) ?

11
- On n'a pas réussi à se décider.
- C'est dommage que vous (*ne pas se
décider*).

12
- Personne ne m'a prévenu.
- Je ne comprends pas qu'on (*ne pas
vous prévenir*).

13
- Il est parti en train !
- Comment se fait-il qu'il (*ne pas
partir*) en voiture ?

14
- Ils sont partis ?
- Oui ! Enfin ! il était temps qu'ils
(*partir*).

15
- Nous nous sommes réconciliés
mon frère et moi.
- Ça me fait vraiment plaisir que vous
(*se réconcilier*).

16
- On s'est trompé trois fois de route.
- Ça s'explique que vous (*se tromper*).
Ce n'est pas facile de trouver.

A. Écoutez les dialogues
et **écrivez**.

1
Alors, vous viendrez?
- Il n'est pas absolument certain que *je vienne.*
- Il est probable que *je viendrai*, mais il se peut que *j'aie un empêchement.*
- Moi, il y a peu de chances *pour que je vienne, mais ce n'est pas impossible.*

2
Vous croyez vraiment qu'il lui sera utile, ce cadeau?
- Je doute que ....
- Je crois que ....
- Je ne crois pas que ....
- Il est probable qu' ....
- Mais si, il est fort possible qu' ....

3
Est-ce qu'elle se remettra rapidement?
- Je doute qu' ....
- Il se pourrait que ....
- En effet, il est même certain que ....

4
Vous arriverez à l'heure?
- Il n'est pas impossible que ....
- Nous, il y a de fortes chances pour qu' ....
- Je pense que ....
- Moi aussi, il est probable que ....

5
Comment ça va se passer?
- Il se pourrait qu' ....
- Il est possible que ....
- Il n'y aura peut-être pas grand monde en effet.
- Pourquoi vous dites ça? Moi je crois qu' ....
- Moi aussi, je suis sûre que ....

6
Il m'a reconnu, tu crois?
- Je suis persuadé qu' ....
- Moi je crois qu'il t'a vu mais qu' ....
- Il semblerait en effet qu' ....
- Moi, il me semble qu' ....

B. Classez les introducteurs
selon qu'ils sont suivis du subjonctif ou de l'indicatif.

163

Observez les moyens d'exprimer les différents degrés de certitude et le mode qui correspond (subjonctif ou indicatif).

Il a compris?

certainement • sans aucun doute • assurément de toute évidence • visiblement • manifestement		
Je suis sûr(e) ... Je suis certain(e) Je suis convaincu(e) ... Je suis persuadé(e) Il est certain ... Il est indubitable Il ne fait pas de doute ... Il est évident, visible Je vois ... Je sais	qu'il a compris	**INDICATIF**
probablement • vraisemblablement • apparemment		
Il est probable je pense ... Je crois ... Je suppose ... J'imagine Je me doute J'ai l'impression ... J'ai le sentiment ... Il me semble Il est vraisemblable	qu'il a compris	**INDICATIF**
sans doute (*mais ce n'est pas certain*)		
Il y a des chances (pour) Il y a de fortes chances (pour) Il semble	qu'il ait compris	**SUBJONCTIF**
peut-être		
Il est possible Il se peut Il se pourrait ... Il n'est pas impossible	qu'il ait compris	**SUBJONCTIF**
sans doute pas • probablement pas • vraisemblablement pas • peut-être pas		
Il est peu probable ... Il est douteux Il y a peu de chances (pour) Il est peu vraisemblable Je ne pense pas ... Je ne crois pas Je ne suis pas sûre ... Je doute	qu'il ait compris	**SUBJONCTIF**

Souvenez-vous !

+ indicatif		**+ subjonctif**
• Je me doute que...	**mais**	• Je doute que...
• Il me semble que...		• Il semble que...
• Je crois que...		• Je ne crois pas que...
• Je pense que...		• je ne pense pas que...
• Il est certain que...		• Il n'est pas certain que...
• Il est évident que...		• Il n'est pas évident que...

Introducteurs 3 : subjonctif / indicatif

A. Utilisez le mode qui convient.

1. Le chanteur est malade. Il est probable que le concert (*ne pas avoir lieu*).

2. Étant donné le mauvais temps il est possible que l'avion (*ne pas pouvoir*) se poser. Il y a même de fortes chances pour que ce (*être*) le cas.

3. La réunion sera brève. Il est donc peu probable que nous (*avoir le temps*) de régler tous les problèmes aujourd'hui.

4. Il est probable qu'il (*fermer*) son magasin. Il est peu probable qu'il (*être*) encore ouvert à 7 heures et demie.

5. Essayons de téléphoner chez Philippe. Il y a des chances pour qu'on (*pouvoir*) le joindre chez lui. Il est possible qu'il (*rentrer*).

6. Il est vraisemblable qu'aux prochaines élections je (*s'abstenir*) de voter.

7. Nous ne nous sommes pas déjà vus ? Il me semble que je vous (*connaître*). Je suis presque sûre que je vous (*rencontrer*) quelque part.

8. Il n'a pas fait de doute aux jurés que X (*être*) complice du meurtre.

9. Il se pourrait qu'un jour ou l'autre la municipalité (*décider*) de rénover le quartier et (*détruire*) les immeubles trop vétustes.

10. Il est peu probable que nous (*vivre*) en France toute notre vie, mais il se peut que nous y (*rester*) quelques années encore.

11. Il n'est pas impossible que Joséphine nous (*faire*) la surprise de nous rejoindre. Il me semble qu'elle en (*parler*).

12. Il semble que notre politique économique (*être*) approuvée par la majorité des Français.

B. Même exercice.

1. Il viendra ou non, à ton avis ?
– Je ne crois pas qu'il (*venir*).

2. Tu as l'impression que Georges (*être*) content de son nouveau travail ?
– Je crois que ça lui (*plaire*).

3. Je crois qu'il (*être*) malade.
– Je ne crois pas qu'il (*être*) malade, mais il me semble en effet qu'il (*être*) fatigué.

4. Je ne suis pas sûr que vous (*pouvoir*) entrer sans invitation.
– Je suis certain que ce n'(*être*) pas possible.

5. Je doute qu'il (*dire*) toute la vérité.
– Je ne crois pas qu'il (*mentir*) mais je pense qu'il (*ne pas tout dire*).

6. Tu penses qu'on (*avoir*) une réponse quand ?
– Je doute qu'on (*avoir*) une réponse avant plusieurs jours.

7. Nous voudrions l'addition. Je suppose que vous (*accepter*) les cartes de crédit ?
– Je crois que l'appareil (*être*) en panne. Je ne suis pas sûr qu'il (*réparer*). Je vais voir.

8. J'ai l'impression que quelqu'un nous (*suivre*).
– Tu vois bien qu'il n'y (*avoir*) personne.

9. Je pars ! Adieu !
– Je me doutais que tu (*aller*) partir.
– Tu devines tout !

Introducteurs 3 : subjonctif / indicatif

Donnez deux réponses différentes
aux questions suivantes.

1. PENSEZ-VOUS QUE TOUS LES HOMMES POLITIQUES SOIENT CORRUPTIBLES ?
   - Il me semble que beaucoup d'hommes politiques ....
   - Je ne pense pas que la majorité des hommes politiques ....

2. EST-CE QUE VOUS TROUVEZ QUE LES ENFANTS UNIQUES ONT DE LA CHANCE ?
   - Il me semble que non, que ....
   - Je trouve qu'ils ....

3. DEVIENT-ON SAGE EN VIEILLISSANT À VOTRE AVIS ?
   - Je n'ai pas l'impression ....
   - C'est clair qu'on ....

4. PENSEZ-VOUS QUE LE JEU TIENNE BEAUCOUP DE PLACE DANS LE DÉVELOPPEMENT DE L'ENFANT ?
   - Il ne fait pas de doute que ....
   - Il semble oui, que ....

5. EST-IL INDISPENSABLE DE BEAUCOUP DORMIR ?
   - Je suis seulement sûr que ....
   - Je ne pense pas que ....

6. CROYEZ-VOUS QUE L'ON DOIVE LIMITER LA CIRCULATION AUTOMOBILE DANS LES VILLES ?
   - Je pense que oui ....
   - Il est probable que ....

7. PENSEZ-VOUS QUE L'ON RETIENT MIEUX CE QUI INTÉRESSE ?
   - Qu'on* ....
   - Il n'est pas douteux..

Remarque 1 : antéposition

*Lorsque qu'il y a **antéposition**, la proposition est **toujours au subjonctif** !

Il est évident qu'il pleut.	Qu'il pleuve ! c'est évident.
Il ne fait pas de doute qu'il dit la vérité.	Qu'il dise la vérité, cela ne fait pas de doute.
Il est probable qu'elle le sait.	Qu'elle le sache ! c'est probable.

Remarque 2 : inversion

Question sans inversion **Indicatif**		Interrogation formelle avec inversion du sujet **Souvent subjonctif**
• Vous pensez que c'est vrai ?	**mais**	• Pensez-vous que ce soit vrai ?
• Vous croyez qu'il l'a su ?		• Croyez-vous qu'il l'ait su ?
• Vous êtes sûr qu'ils sont bilingues ?		• Êtes-vous sûr qu'ils soient bilingues ?

Subjonctif dans les relatives et après le superlatif

A. Comparez les phrases des deux colonnes.

Subjonctif	Indicatif
• Nous cherchons une maison de dix pièces qui ait un grand jardin et dont le loyer soit abordable.	• Nous venons visiter la maison de dix pièces qui a un grand jardin et dont le loyer est abordable.
• Trouvez-moi, si c'est possible, un sirop qui calme la toux et qui ne m'endorme pas.	• Le médecin m'a prescrit un sirop qui calme ma toux mais qui heureusement ne m'endort pas.
• J'ai les pieds sensibles. Auriez-vous des chaussures qui ne fassent pas mal aux pieds?	• Nous ne vendons que des chaussures qui ne font pas mal aux pieds.
• Connaissez-vous quelqu'un qui puisse m'aider?	• Je connais plusieurs personnes qui pourront vous aider.
• Je n'ai jamais rencontré aucun Français qui écrive mon nom correctement.	• J'ai parmi mes amis un écrivain public qui écrit très bien.
• Tu connais quelqu'un qui puisse me traduire un document en japonais?	• Je connais un étudiant qui est traducteur et qui peut traduire ton texte.
• Si je peux faire quelque chose qui vous soit utile…	• Je te propose quelque chose qui te sera utile.
• Je suis à la recherche d'un mode de vie qui me convienne.	• J'ai un mode de vie qui me convient parfaitement.
• J'aimerais un modèle de voiture qui ne soit pas trop cher mais qui ait tout de même certaines qualités.	• Voici un magnifique modèle de voiture qui a toutes les qualités.

B. Lisez les phrases suivantes.

• C'est le meilleur café que vous puissiez trouver! • Le plus beau transatlantique qui ait jamais été construit s'appelait le Titanic. • Vous êtes la seule personne qui ait accepté de m'aider.	• Venez profiter des soldes les plus exceptionnelles que nous ayons jamais faites! • Vous êtes la seule femme qui me plaise! • Cet ordinateur est le plus puissant qui soit au monde.	• La seule chose dont je puisse témoigner, c'est que j'ai vu un homme tirer. • « Vieillir est encore le seul moyen qu'on ait trouvé pour vivre longtemps. » (Sainte-Beuve)	• Le premier dictionnaire qui aille aussi loin dans la description du français. (Publicité pour le dictionnaire Robert) • C'est le premier livre de X sur lequel je ne me sois pas endormi.

Avec un superlatif

Le subjonctif est souvent utilisé lorsque le locuteur veut souligner le caractère exceptionnel, unique, singulier de quelque chose ou quelqu'un.

le plus…, le premier…, le seul…, l'unique…, **+ relatif + subjonctif**

Écoutez une fois l'ensemble du dialogue
puis **rejouez-le**.

> *La rumeur court qu'un meurtrier du quartier qui avait été condamné à quinze ans de pri-son va être libéré pour bonne conduite. Les questions, les commentaires vont bon train au comptoir dans un café d'habitués.*

– Vous vous souvenez du type qui passait ici tous les jours, et qui avait été condamné ?

– Ah oui, le petit avec une moustache !

– Ah oui, je me souviens qu'un jour on (*ne plus le voir*).

– Et on avait su qu'il (*être condamné*) à quinze ans, c'est ça ?

– Oui, ben j'ai entendu dire qu'il (*aller sortir*) de prison.

– C'est vrai qu'il (*être question de*) le relâcher ?

– Je ne crois pas qu'il (*purger*) sa peine. Ça fait pas quinze ans.

– À supposer que ce (*être*) vrai, c'est grave.

– C'est incroyable qu'on (*ne pas être*) mieux protégés !

– C'est pas étonnant que tout (*aller*) mal !

– S'ils font ça, je pense qu'ils (*avoir*) de bonnes raisons.

– Moi, je vous dis qu'il (*aller*) recommencer si on le relâche.

– Pourquoi veux-tu qu'il (*recommence*) ?

– Oui, c'est vrai, il est probable qu'il (*se calmer*) depuis.

– C'est vrai qu'il (*passer*) un bout de temps en taule quand même !

– Qu'est-ce qu'il avait fait d'ailleurs ?

– Quelqu'un sait ce qu'il (*faire*) au juste ?

– Il me semble qu'il (*tuer*) sa femme.

– Moi, j'avais l'impression que c'(*être*) sa maîtresse.

– Il se peut qu'il (*tuer*) les deux.

– C'est pas impossible.

– Alors il n'a pas de raison de recommencer !

– Alors messieurs, qu'est-ce que je vous sers ?

– Remettez-nous ça, Madeleine !

– Ça marche !

12
Expression du temps

Arman,
accumulation d'horloges
(Paris, Gare Saint-Lazare).

La date, la durée, la fréquence, le début et la fin

Interroger sur
la date

Quand?

- Quel jour? Quelle année? Quel mois? Quel siècle?
- À quelle date? À quelle heure? À quel moment? À quelle époque?
- En quelle saison? En quelle année?

Interroger sur
la fréquence

À *quel rythme*? souvent?

- Tous les combien…?
- Combien de fois par…?
- Régulièrement? Fréquemment? Souvent?…

Interroger sur
la durée

Combien de temps? longtemps?

- Quelle est la durée de…?
- (Pendant) combien de temps?
- Pour combien de temps?
- En combien de temps?
- Depuis combien de temps?
- Il y a combien de temps que?
- De quand à quand?
- Longtemps? Pas longtemps? Un petit moment? Plusieurs jours? Quelques semaines?

Interroger sur
le début et la fin

Quand commence…? Quand finit…?

- À partir de quand? À partir de quel jour?…
- Jusqu'à quand? Jusqu'à quel jour?…
- De quand à quand? De quel jour à quel jour?
- Depuis quand? Depuis quel moment?…

Durée, fréquence, moment

A. Cochez ce qui est vrai pour vous.

☐ Je fais environ cinq minutes de gymnastique par jour.

☐ Je lis un journal de temps en temps, pas souvent.

☐ Je fais des randonnées en montagne des heures durant.

☐ Je peux travailler une journée entière sans m'arrêter.

☐ Je peux me passer de compagnie pendant des jours et des jours.

☐ Je fais du jogging en hiver, en été, au printemps, en automne, en toutes saisons.

☐ Je me lève parfois en pleine nuit quand j'ai des insomnies.

☐ Je débouche une bouteille de champagne régulièrement.

☐ Je fais la grasse matinée tous les dimanches.

☐ Je vais au cinéma à peine une fois par an.

☐ Je ne dors jamais longtemps.

☐ Je m'oblige à aller marcher un jour sur deux ou trois.

☐ Je me force rarement.

☐ Je ris toute la journée, du matin au soir.

☐ Je fais la sieste chaque jour, une heure par jour, entre midi et deux (heures), de midi et demie à une heure et demie.

☐ Je veille tard le soir.

☐ Je ne triche jamais pendant les examens.

☐ Je danse une fois de temps en temps, tous les deux ou trois mois peut-être.

☐ Je médite le soir, à la tombée du jour.

☐ Je téléphone environ une heure par jour de 18 heures à 19 heures.

B. Classez dans le tableau.

DURÉE	FRÉQUENCE	DATE
Combien de temps? *De quand à quand?*	*À quelle fréquence?* *Tous les combien de temps?*	*Quand?* *À quel moment?*
cinq minutes par jour des heures durant	de temps en temps pas souvent, parfois	en hiver, en été, au printemps …

C. À partir d'une phrase brève, faites en un temps limité **le maximum de phrases**. Aidez-vous du tableau ci-dessus.

- Il reste chez lui.
- Il reste *rarement* chez lui.
- Il reste *rarement très longtemps* chez lui.
- *Le dimanche*, il reste *toute la journée* chez lui.
- Il reste *parfois* chez lui *pendant des jours et des jours*.
- *Une fois de temps en temps, en hiver, le samedi ou le dimanche*, il reste chez lui.
- Il reste *parfois* chez lui *pendant des jours et des jours et parfois des semaines entières*.

171

___
A. Écoutez.
Écrivez les indications temporelles
et notez leur place par un astérisque*.
___

Je suis né* dans le village de mes grands-parents*
* *en été, un 14 juillet, à l'aube * le 14 juillet 1977, le jour de l'anniversaire de ma mère*
1. Je suis né chez ma grand-mère, à Marseille.

....

2. Moi, c'était à Lausanne, en Suisse, dans une clinique chic.

....

3. Moi, je suis venu au monde dans un taxi.

....

4. Moi, c'était dans un château en Écosse.

....

5. Moi, dans l'abri d'une clinique, à Brest.

....

6. Moi, sur une plage à Tahiti, sous un palmier.

....

7. Moi, c'était il y a longtemps.

....

8. Moi, c'était entre Gibraltar et Tanger.

....

9. Moi, c'était au fin fond de la brousse.

....

10. Quant à moi, c'était au domicile de mes parents.

....

11. Moi, ma mère partait vendre ses poules quand je me suis annoncé.

....

___
B. Relisez les phrases entières.
___

daybreak
dawn

Je suis né en été, un 14 juillet dans le village de mes grands-parents, à l'aube,
le jour de l'anniversaire de ma mère.

___
C. Classez
ces indicateurs temporels
selon leur construction.
___

172

Complétez le texte et **observez** les termes **en gras**.

Je me suis marié plusieurs fois.

La première fois c'était _au_ printemps, _au_ début du printemps, _au_ tout début du mois d'avril, _le_ 2 avril. C'était _en_ 1980. **À cette époque**, les cérémonies religieuses avaient lieu _le_ matin et on se mariait généralement **la veille** à la mairie. Mon premier mariage civil a donc eu lieu _le_ 1er avril. Nous sommes partis **le lendemain** du mariage en voyages de noces. _..... tout_ début, _les_ deux premiers jours c'était l'idylle mais la lune de miel s'est terminée brutalement _....._ troisième jour, _....._ matin, _au_ petit-déjeuner. _....._ midi nous quittions Séville, **le lendemain** nous étions de retour à Paris et **le surlendemain** nous étions chez notre avocat. En deux semaines tout était fini.

La deuxième fois, c'était **trois années plus tard**, _en_ 1983 _en_ plein hiver, _à la_ fin du mois de novembre. C'était _un_ jeudi _un_ jeudi noir, _le_ jeudi 11 novembre. Il faisait gris et froid déjà depuis plusieurs jours et _le_ jour de la cérémonie, il s'est mis à pleuvoir et à venter. « Mariage pluvieux, mariage heureux », dit-on ! Ça n'a pas été le cas puisque **trois mois plus tard**, jour pour jour, un événement imprévu nous a séparés, ma seconde épouse et moi.

Les cinq années qui ont suivi, je suis resté célibataire. En fait, non, je suis resté marié jusqu'_en_ _....._ 1988 puisque nous n'avions pas divorcé tout de suite ma seconde épouse et moi. C'est seulement **cette année-là** que nous avons divorcé, _....._ fin du printemps. **Le mois suivant** mon divorce, j'ai rencontré une charmante personne. Je ne m'étais encore jamais marié _....._ été. Je l'ai fait _la_ semaine du 14 juillet. La fête a commencé _à la_ tombée du jour et a fini _à l'_ aube. Ce fut mon plus beau mariage. Malheureusement _au_ mois d'octobre, ma femme m'a révélé quelque chose qu'elle ne m'avait jamais dit. Je m'en souviens encore, c'était _en_ pleine nuit. **Cette nuit-là** je me suis juré de ne plus jamais me marier.

J'ai tenu jusqu'à **cette année**. Mais voilà ! **Ce mois-ci, il y a trois semaines** j'ai revu une de mes ex-femmes. **La semaine dernière,** _..... mardi dernier_ exactement. Dès **le lendemain** nous avons décidé de nous remarier. **Avant-hier** nous avons fixé la date et **hier** nous avons publié les bans. Nous nous marions **dans un mois**. Rendez-vous donc à la mairie, **le mois prochain** _à_ 16 heures 30, le _15_ ! Ce sera la première fois que je me marierai _....._ hiver !

SI JE POUVAIS CHOISIR LE JOUR DE MA MORT...

JE CHOISIRAIS PLUTÔT LE LENDEMAIN

© Philippe Geluck

Souvenez-vous.

	Référence au présent	
hier, avant-hier, il y a deux jours	aujourd'hui	demain, après-demain, dans deux jours
la semaine dernière, il y a…	cette semaine	la semaine prochaine, dans…
le mois dernier, il y a…	ce mois-ci	le mois prochain, dans…
l'année dernière, il y a…	cette année	l'année prochaine, dans…
	Référence à un moment déjà évoqué, présent ou passé	
la veille, l'avant-veille, le jour précédent, d'avant	ce jour-là	le lendemain, le surlendemain, le jour suivant, d'après
trois jours (aupar)avant		trois jours après / plus tard
la semaine précédente/d'avant	cette semaine-là	la semaine suivante/d'après
le mois précédent/d'avant	ce mois-là	le mois suivant/d'après
l'année précédente/d'avant	cette année-là	l'année suivante/d'après

---

Complétez avec la forme qui convient.

• *Hier, avant-hier,*
la veille, l'avant-veille,
demain, le lendemain

1. Hier j'ai mangé avec Paul. Je lui avais téléphoné la veille pour qu'on se voie.

2. Nous irons demain faire nos cadeaux de Noël.

3. Quand je lui ai téléphoné le cinq octobre, elle était effondrée. Son mari était parti la veille sans lui dire au revoir parce que l'avant-veille ils s'étaient disputés.

4. La veille des examens je ne dors jamais bien.

5. Ils partiront le lendemain de notre arrivée.

6. Hier j'ai enfin trouvé le temps de finir mon rapport.

7. Tu peux venir m'aider à déménager demain?

8. Il avait neigé toute la nuit de Noël; le lendemain une couche de neige recouvrait la ville.

• *Aujourd'hui, ce jour-là*

1. Je me suis mariée un samedi de printemps; …… le temps était magnifique.

2. Les départs en vacances commencent ……

3. Rappelle-toi les 50 ans de maman, …… Julie n'avait pas pu venir parce qu'elle était malade.

• *Prochain, suivant, dernier, précédent*

1. Il part en voyage d'affaires le mois ……

2. Le mois …… j'étais en vacances.

3. Il y aura des élections européennes l'année ……

4. Dimanche …… je ne suis pas libre mais on peut déjeuner ensemble le dimanche ……

5. Ce week-end je suis resté chez moi mais le week-end …… j'étais chez ma mère et le week-end …… chez des amis.

6. L'année …… j'étais déjà en maîtrise et l'année …… j'avais fini ma licence difficilement mais cette année, c'est sûr, je termine.

Il y a... depuis

A. Cochez *il y a* ou / et *depuis*

il y a ☐ ☐ *depuis*
Ils sont partis ☐ ☐ deux mois.
Ils ne s'étaient pas vus ☐ ☐ longtemps.
Ils se sont mariés ☐ ☐ deux ans.
Ils sont mariés ☐ ☐ deux ans.
Elle s'est arrêtée de fumer ☐ ☐ un an.
Elle ne fume plus ☐ ☐ un an.
Ils ne se sont pas téléphoné ☐ ☐ une semaine
Ils se sont téléphoné ☐ ☐ une semaine.
Il est député ☐ ☐ deux ans.
Il a été élu député ☐ ☐ deux ans.
Sa maison est vendue ☐ ☐ un mois.
Il a vendu sa maison ☐ ☐ un mois.
Sa maison a été vendue ☐ ☐ un mois.
Sa maison n'est plus en vente ☐ ☐ un mois.

> **Souvenez-vous !**
> ***il y a***
> indique un moment du passé
> - Il s'est endormi il y a une heure.
> - Il était là il y a cinq minutes.
>
> ***depuis***
> indique une durée incluant le présent de celui qui parle
> - Il dort depuis une heure.
> - Je n'ai pas dormi depuis une heure.
> - Je ne dors pas depuis une heure.

B. Complétez avec *il y a* ou *depuis*.
Reformulez en mettant en relief avec ***il y a ... que*** ou ***ça fait ... que***.

1. Il a quitté la France .... trois semaines et .... trois semaines il n'a pas téléphoné à sa famille.
2. Nous avons déménagé .... un mois et .... un mois nous sommes hébergés par des amis.
3. Il vient de raccrocher .... cinq minutes seulement. Il téléphonait .... une heure !
4. Il s'est enfermé dans sa chambre .... deux jours et .... deux jours il n'en est pas sorti une seule fois.
5. Elle n'avait plus fumé une seule cigarette .... un mois mais .... deux jours elle s'est remise à fumer.
6. Il a pris sa retraite .... une semaine ; il travaillait .... presque quarante ans.

C. Imaginez la fin de la phrase en utilisant *depuis*.

1. Il a commencé à pleuvoir il y a deux jours ......
2. J'ai déposé une plainte à la police il y a une semaine et ......
3. Il a été licencié il y a un an ......
4. J'ai eu des nouvelles de lui il y a un mois ......
5. Il a appris la bonne nouvelle il y a quelques heures et ......
6. Il est arrivé il y a trois quarts d'heure environ ......
7. Il m'a confié son chien il y a deux semaines ......
8. Ils se sont fâchés il y a dix ans et ......

Depuis... dans... il y a

A. Lisez les exemples puis **complétez**
comme dans les exemples avec les trois formes.

- La température a commencé à baisser *il y a* huit jours. *Depuis* huit jours le thermomètre n'a pas dépassé zéro mais la météo prévoit un radoucissement *dans* quelques jours.

- Les négociations ont débuté *il y a* deux jours et *depuis* deux jours elles se succèdent sans résultat ; si aucune solution n'est trouvée avant ce soir elles seront interrompues et ne reprendront que *dans* trois semaines.

1. Les pilotes retenus en otage qui ont été libérés ...... une semaine retrouveront leurs familles ...... quelques jours ...... leur libération ils sont en effet sous surveillance médicale.

2. ...... dix minutes en principe la coupe est à nous ! ...... le début du match notre équipe domine. La deuxième mi-temps a commencé ...... trente minutes ; il ne reste plus que dix minutes de jeu.

3. Nous nous sommes rencontrés pour la première fois ...... très longtemps et ...... cette époque-là nous nous voyons régulièrement. Malheureusement ...... quelques semaines la vie va nous séparer pour longtemps.

4. ...... dix ans nous regardons grandir cet arbre ! ...... cent ans, il sera magnifique ! Nous l'avons planté ...... dix ans déjà !

5. Le premier témoin est entré chez le juge ...... une heure. Le second témoin est entendu ...... dix minutes. Nous allons être entendus à notre tour ...... quelques minutes !

B. Formulez des phrases comme dans l'exercice précédent
en utilisant **dans**, **il y a** et **depuis** dans chaque paragraphe.

1. partir
   voyager
   revenir

2. faire un emprunt
   rembourser l'emprunt
   devenir propriétaire

3. recevoir une proposition de travail
   y réfléchir
   donner sa réponse définitive

4. s'inscrire à un cours de langue
   suivre ce cours
   aller dans le pays

5. commencer une thèse
   y travailler
   la soutenir

6. début du tournage du film
   interruption
   reprise

7. départ des alpinistes
   absence de nouvelles
   recherches

8. dépôt du projet de loi
   discussion
   vote

Pendant... pour

A. Lisez.

En janvier 1996, une grosse tempête a dévasté la côte des États-Unis. *P*endant plusieurs jours les gens sont restés bloqués chez eux. Neuf mois plus tard les maternités de Washington étaient bondées.

1997. La navette Columbia qui était partie *pour* seize jours a abrégé sa mission dans l'espace et est revenue après quatre jours seulement.

B. Observez.

pendant : durée d'une action

Il *a marché* (pendant) trois jours = La marche a duré trois jours.
Il *a vécu* (pendant) deux mois au Canada = Son séjour au Canada a duré deux mois.
Il *est resté célibataire* (pendant) quinze ans = Son célibat a duré quinze ans.
Ils *ont cherché* (pendant) six mois un studio = Les recherches ont duré six mois.

pour : durée prévue

Il a signé *un contrat* pour trois ans = la durée prévue du contrat est de trois ans.
Il a fait *des provisions* pour une semaine = il a prévu une semaine de provisions.
Je lui ai proposé *une voiture* pour le week-end = je lui ai proposé une voiture pour qu'il l'utilise pendant le week-end.
Ils ont cherché *un appartement* pour six mois = ils veulent un bail de six mois.

Comparez.
- Ils ont cherché un appartement pendant six mois = durée effective des recherches.
- Ils ont cherché un appartement pour six mois = durée du bail.
- Cette année-là il était parti pendant trois semaines = durée effective de l'absence.
- Cette année-là il était parti pour trois semaines = durée prévue de l'absence (mais il est peut-être revenu au bout de trois jours).

C. Utilisez *pour* ou *pendant*.

1. Ils ont cherché ...... un mois un appartement ...... six mois.

2. Je vous prescris des médicaments ...... cinq jours. Prenez-les régulièrement ...... ces cinq jours.

3. Je viens enfin de trouver un locataire ...... les trois mois d'été.

4. Jean a proposé ...... plusieurs mois à Jeanne de l'épouser. Mais Jeanne n'a pas voulu s'engager ...... la vie.

5. Voilà ton argent de poche ...... deux semaines ...... deux semaines, je ne te donnerai plus un sou.

6. Le président de la République est élu ...... cinq ans et les sénateurs ...... neuf ans.

7. F. Mitterrand est resté président ...... quatorze ans, de 1981 à 1995.

Complétez
avec *en*, *pendant* ou *dans*.

1. a). Il faut répondre rapidement, ... quatre ou cinq minutes maximum !
   b) Réfléchissez ...... quelques minutes !
   c) Donnez-moi votre réponse ...... quelques minutes.

2. a). Personne ne peut rester ...... plusieurs jours sans dormir.
   b) Personne ne peut courir un 100 mètres ...... moins de 9 secondes.

3. a). Il a joué ...... toute une soirée au casino.
   b) Il a perdu sa fortune ...... une heure.
   c) ...... quelques mois il recommencera à jouer.

4. a). Les enfants vont sortir jouer d'un moment à l'autre, ... quelques minutes.
   b) ...... quelques minutes la cour de l'école s'est remplie d'enfants.
   c) Les enfants resteront dans la cour de récréation ...... environ dix minutes.

5. a). Il va monter à la tribune ...... un quart d'heure.
   b) Il a exposé son projet rapidement ...... cinq minutes à peu près.
   c) Il a gardé la parole ensuite ...... plus de vingt minutes.

6. a). Tout notre stock de caméras en promotion s'est vendu ...... trois jours.
   b) Nous recevrons d'autres caméras ...... une semaine.
   c) Vous devrez attendre ...... quelques jours.

7. a). Elle a réfléchi ...... une demi-journée.
   b) Elle a pris sa décision comme d'habitude ...... quelques heures.
   c) Elle va communiquer sa décision ...... quelques instants.

8. Il a attendu ...... plusieurs mois l'inspiration pour écrire. Puis un jour il s'est assis à sa table. Il est resté ...... une heure la plume en l'air puis il s'est mis à écrire. ...... dix jours son livre était écrit ! Deux mois plus tard il recevait la réponse positive de l'éditeur et ...... un mois son livre sera en librairie.

Souvenez-vous !

• pendant peut être omis

Je cours (pendant) une heure chaque jour.

• en indique la durée nécessaire à la réalisation d'une action

Je cours un 100 mètres en 16 secondes

Reformulations

• faire quelque chose en X minutes   • mettre X minutes pour faire qqch

• en avoir pour X minutes à faire qqch   • il faut X minutes pour faire qqch

Date, durée, fréquence : tableau récapitulatif

DATE MOMENT	jour	lundi (prochain), le lundi 14 juillet, un lundi
		en plein jour, en pleine nuit, à la tombée du jour, au lever du jour, à l'aube, au crépuscule, au cours de la soirée, dans le courant de la matinée, pendant l'après-midi, pendant la matinée
	heure	à midi, vers midi ; aux alentours de midi, autour de minuit
	mois	en janvier, en avril
	saison	au printemps, en été, en automne, en hiver
	année	en 1999, dans les années 80
	siècle	au XXe siècle, au siècle dernier
FRÉQUENCE	chaque	chaque lundi, chaque soir
	tous les	tous les lundis, tous les mois, tous les quinze jours
	le	le lundi
	un... par	un lundi par mois, une heure par semaine, une fois par jour, plusieurs fois par an
	un... sur	un lundi sur deux
	adverbes	rarement, souvent, régulièrement, de temps en temps, épisodiquement…
DURÉE	en	en cinq minutes, en une heure
	(pendant)	(pendant) cinq jours, une journée entière, toute une journée, un mois entier
	durant	durant toute l'année
	adverbes	longtemps, brièvement
DÉBUT / FIN	dès	dès le matin
	à partir de	à partir de 8 heures, à partir de jeudi
	jusqu'à	jusqu'à 20 heures, jusqu'au soir
	du, de ... à	du soir au matin, de cinq à sept, de midi à deux heures
	entre... et...	entre midi et deux (heures)
	dans	dans une heure, dans trois quarts d'heure

(annotation manuscrite en haut à gauche : f. ? dès depuis)

A. Lisez et cochez ce qui est vrai pour vous.

Je regarde la télévision

- ☑ quand j'ai le temps
- ☐ quand il y a du sport *(? annotation)*
- ☐ chaque fois que je passe devant
- ☐ chaque fois qu'il y a un western
- ☐ au moment des publicité
- ☐ au moment de manger
- ☐ au moment où tout le monde va se coucher
- ☐ pendant les vacances
- ☐ pendant les informations
- ☐ pendant que je mange
- ☑ avant le dîner
- ☐ avant de partir travailler
- ☐ avant que le jour se lève
- ☑ en attendant de me mettre à table
- ☐ en attendant que toute la famille soit rentrée *(? annotation)*
- ☐ en attendant le sommeil

- ☑ après le petit déjeuner
- ☑ après avoir beaucoup travaillé
- ☑ après que les enfants sont couchés
- ☐ dès le début des émissions
- ☐ dès que je le peux *(since)*
- ☐ dès la nuit tombée
- ☐ aussitôt rentré chez moi
- ☑ aussitôt que le journal de 20 heures commence *(as soon as)*
- ☐ une fois mes parents partis
- ☐ une fois que j'ai fini mes devoirs
- ☐ une fois couché(e)
- ☑ jusqu'à la fin des programmes
- ☐ jusqu'à ce que j'aie sommeil
- ☑ jusqu'au moment du dîner
- ☐ depuis ma plus tendre enfance
- ☐ depuis que je suis seul(e)
- ☐ en fumant un cigare
- ☐ en faisant des mots croisés
- ☐ en mangeant

B. Observez ce tableau.

Subjonctif 150

	+ nom	+ indicatif	+ subjonctif	+ infinitif	+ participe passé	+ participe présent
Au moment	de +	où +		de +		
Quand / lorsque		+				
Chaque fois		que +				
Depuis	+	que +				
Pendant	+	que +				
Alors / tandis		que +				
Avant	+		que +	de +		
En attendant	+		que +	de +		
Jusqu'à	+		ce que +			
Après*	+	que +	que +	inf. passé		
Dès	+	que +				
Aussitôt		que +			+	
Une fois		que +			+	
En						+

* Après que suivi normalement de l'indicatif est désormais suivi indifféremment de l'indicatif ou du subjonctif.

Proverbes

Il faut tourner sept fois sa langue dans sa bouche avant de parler

Il ne faut pas vendre la peau de l'ours avant de l'avoir tué

A. Lisez ces quelques conseils à l'intention des gens distraits.

N'oubliez pas de vous déshabiller avant de vous coucher.

Corrigez vos copies avant de les rendre aux élèves.

Épluchez les carottes avant de les râper.

Pensez à débrancher le fer à repasser avant de sortir de chez vous.

Lavez la salade avant de l'assaisonner et de la servir.

N'oubliez pas de vider le poulet avant de le mettre à cuire.

Vérifiez la température de l'eau du bain avant d'y plonger votre bébé.

Compostez votre billet avant de monter dans le train.

Bouclez votre ceinture avant de prendre la route.

Vérifiez que votre pull est à l'endroit avant de l'enfiler.

Timbrez vos lettres avant de les poster.

Reprenez votre carte de crédit avant de quitter le distributeur de billets.

Arrêtez votre moteur avant de prendre de l'essence.

B. Transformez les conseils de l'exercice **A**
en utilisant *après* + infinitif passé.   `Voir 93-94`

• Mieux vaut vous coucher après vous être déshabillé.

• Ne rendez leurs copies aux élèves qu'après les avoir corrigées.

C. Imaginez des scènes de film où quelqu'un quitte un lieu
ou y pénètre *après (que)…*, *avant (que)…* ou *pendant (que)…*

• Le shérif a quitté le saloon juste avant la bagarre / peu après la bagarre / pendant la bagarre.

• Les deux pilotes ont sauté de l'avion avant que celui-ci (ne*) prenne feu.

• L'enfant a quitté le domicile paternel avant que son père (ne*) revienne et le punisse.

• Le couple est sorti du jardin public après avoir échangé un regard furtif.

• Comme chaque jour la femme sort du jardin pendant que son mari fait sa sieste dans son hamac.

---

* Remarque   `Voir 63, 201, 211`

Dans la langue soutenue **avant que** est suivi d'un **ne** dit explétif. Ce n'est pas une négation.

Antériorité, postériorité, simultanéité

A. Écoutez ces courts récits
et **notez** les termes qui marquent la succession.

1. menacer ➜ bâillonner le caissier ➜ partir avec la caisse

2. rectifier sa cravate devant la glace ➜ mettre son chapeau ➜ sortir

3. monter à la tribune ➜ attendre la fin des applaudissements ➜ commencer son discours

4. s'approcher ➜ sourire ➜ essayer d'engager la conversation

5. chercher du bois ➜ allumer un feu ➜ se réchauffer les mains à la flamme

6. faire quelques pas ➜ s'arrêter ➜ hésiter ➜ rebrousser chemin

Reprenez oralement ces récits en utilisant les termes notés.

- Les malfaiteurs ont commencé par menacer le caissier *puis* ils l'ont baillonné *et* sont partis avec la caisse.

B. Écoutez et **choisissez** parmi les phrases entendues
un exemple pour chaque conjonction

A avant que B • ....
....

A en attendant que B • ....
....

A jusqu'à ce que B • ....
....

A jusqu'au moment où B • ....
....

B après que A • ....
....

B dès que A • ....
....

B dès le moment où A • ....
....

B aussitôt que A • ....
....

B une fois A • ....
....

C. Lesquelles de ces phrases pourriez-vous dire ?

A. Écoutez et écrivez.

Enquête sur des cris mystérieux dans la nuit de samedi à dimanche, 14 rue Morgue.

Que faisiez-vous les uns et les autres au moment où vous avez entendu les cris?

– J' .... jouer aux cartes avec des amis.
– Moi, je .... aller me coucher.
– Moi, je .... rentrer, j' .... fermer la porte.
– Moi, je .... m'endormir.
– Quant à moi, je .... sortir pour prendre mon travail de nuit.
– Moi, j' .... m'endormir, ça m'a réveillé.
– Et moi je .... profondément.

Réutilisez
ces périphrases verbales dans une deuxième enquête après une deuxième série de cris le lendemain, lundi, vers 18 heures.

Souvenez-vous!

Action en cours	• être en train de
Action à venir	• aller • être sur le point de • se préparer à • s'apprêter à
Action commencée	• commencer à • commencer par
Action terminée	• venir de • finir de • finir par

} + infinitif

B. Utilisez le temps qui convient.

• Un jour alors que je (*naviguer*), je (*rencontrer*) une baleine.
• On (*cambrioler*) mon appartement, une nuit tandis que je (*dormir*).
• Un jour alors que j'(*accompagner*) mon père à la chasse, un sanglier me (*charger*).
• Un jour, alors que je (*bâiller*), je (*se décrocher*) la mâchoire.
• Un jour, alors que je (*faire*) du roller, je (*renverser*) une vieille dame.
• Un jour, au cours d'une discussion animée, quelqu'un me (*gifler*).

Proposez d'autres phrases à la première personne. Les autres participants, par des questions, devront deviner si celles-ci sont vraies ou fausses.

C. Complétez librement.

• Un jour, pendant un concert, le guitariste ......
• Un jour, lors d'une réunion de famille, le père de famille ......
• Un jour, au sortir d'un conseil des ministres, le premier ministre ......
• Un jour, tandis qu'elle s'apprêtait à sortir de chez elle, la princesse de ......
• Un jour, au cours d'une conférence internationale, un chef d'État ......
• Un jour, durant la nuit, un voisin ......
• Une année, en plein réveillon du jour de l'an ......
• Un jour, au cours d'un vol entre Paris et Caracas ......
• Un jour, en plein ......

Jusqu'à ce que... tant que...

A. Répondez.

• Le malade est en salle de réanimation ?
– Oui, jusqu'à ce qu'il (se réveiller).
Jusqu'à ce qu'il se réveille ou *jusqu'à ce qu'il soit réveillé.*

Subjonctif présent

1. Tu vas habiter chez tes parents jusqu'à quel âge ?
– Jusqu'à ce qu'ils (*ne pas vouloir*) de moi.

2. Jusqu'à quand allez-vous nous poursuivre avec vos questions ?
– Jusqu'à ce que je (*savoir*) ce qui s'est passé.

3. Tu joues toujours au loto ?
– Je jouerai jusqu'à ce que la chance me (*sourire*).

4. Je prends ces cachets pendant combien de temps, docteur ?
– Jusqu'à ce que vous (*ne plus tousser*).

5. Tu laisses sonner le téléphone ?
– Oui, jusqu'à ce que le répondeur (*se mettre en marche*).

Subjonctif présent ou passé

6. Les explications ont duré longtemps ?
– Jusqu'à ce que tout le monde (*comprendre*).

7. Les recherches continuent ?
– Oui, jusqu'à ce que l'auteur de l'attentat (*retrouver*).

8. Vous portez longtemps vos vêtements ?
– Très longtemps, jusqu'à ce qu'ils (*user*).

9. Vos modèles posent longtemps ?
– Jusqu'à ce que je (*finir*) le tableau.

10. Jusqu'à quelle heure comptez-vous les attendre ?
– Jusqu'à ce qu'ils (*arriver*).

11. Jusqu'à quand pensez-vous poursuivre votre grève ?
– Jusqu'à ce que nous (*obtenir*) satisfaction.

B. Complétez.

1. Tant qu'elle était célibataire, elle faisait la fête tous les soirs mais maintenant que ......

2. Tant qu'elle n'avait pas de papiers, tant qu'elle n'avait pas obtenu sa carte de séjour, elle ne pouvait pas travailler, mais le jour où ......

3. Le médecin lui a dit que tant qu'elle avait de la fièvre, elle ne pouvait pas sortir, mais que dès que ......

4. Tant que la salle sera bruyante, les acteurs ne pourront pas jouer, mais aussitôt que ......

5. Tant que la loi n'est pas votée, tout est bloqué, mais aussitôt que ......

6. Tant qu'elle hésitera, tant qu'elle n'aura pas pris sa décision, elle dormira mal, mais dès que ......

7. Tant qu'il ne m'aura pas fait des excuses, tant qu'il ne reconnaîtra pas ses torts, je ne lui parlerai pas, mais à partir du moment où ......

8. Tant que le président avait la majorité absolue, le conseil fonctionnait normalement, mais depuis que......

A. Transformez la première réplique en une phrase avec **tant que**.

POLICIER 1 :   Nous t'interrogerons jusqu'à ce que tu parles.
POLICIER 2 :   Nous ne te laisserons pas partir *tant que tu n'auras pas parlé*.

GRÉVISTE 1 :   Nous occuperons l'usine jusqu'à ce que nous ayons obtenu
satisfaction.
GRÉVISTE 2 :   Nous ne bougerons pas d'ici tant que ....

RAVISSEUR 1 :   Nous garderons tous les otages jusqu'à ce que la rançon soit
versée.
RAVISSEUR 2 :   Nous ne libérerons aucun otage tant que ....

TECHNICIEN 1 : Ne chantez pas avant que je vous fasse signe.
TECHNICIEN 2 : Ne commencez pas tant que je ....

SUSPECT 1 :   Nous ne parlerons qu'en présence de notre avocat.
SUSPECT 2 :   Nous ne dirons rien tant que ....

FAN 1 :   On va attendre, jusqu'à ce qu'on ait un autographe.
FAN 2 :   Ouais, on ne partira pas tant qu' ....

INCRÉDULE 1 :   Je ne le croirai pas jusqu'à ce que je le voie de mes propres
yeux.
INCRÉDULE 2 :   Je resterai sceptique tant que je ....

COLONEL :   Vous resterez ici jusqu'à ce que la relève arrive.
CAPITAINE :   Ne quittez pas votre poste tant que ....

ÉTUDIANT 1 :   Je resterai ici jusqu'à ce que les résultats soient publiés
ÉTUDIANT 2 :   Moi aussi, je ne partirai pas d'ici tant que ....

B. Complétez librement.

• Tant qu'il y aura des
hommes ......

• Tant qu'il y aura des
femmes ......

Transformez le nom en verbe et **complétez** si vous le souhaitez.

- Beaucoup de choses ont évolué DEPUIS LE CHANGEMENT DE RÉGIME.
  Beaucoup de choses ont évolué *depuis que le régime a changé.*
- Le public était tiède JUSQU'À L'ENTRÉE EN SCÈNE DE L'ACTEUR PRINCIPAL.
  Le public était tiède *jusqu'à ce que l'acteur principal entre en scène ;*
  mais à partir de ce moment-là, l'atmosphère de la salle s'est rapidement réchauffée.

1. Ça a été le désespoir AU MOMENT DES ADIEUX.

....

2. De nombreux invités sont sortis BIEN AVANT LA FIN DE LA CÉRÉMONIE.

....

3. Mes parents sont inconsolables DEPUIS MON DÉPART.

....

4. La salle était très tendue PENDANT LA PLAIDOIRIE DE L'AVOCAT.

....

5. Avez-vous déjà vu le rayon vert AU MOMENT DU COUCHER DU SOLEIL ?

....

6. La famille prend des dispositions AVANT LA MORT DU MONARQUE.

....

7. Le candidat au poste est sorti de la salle PENDANT L'EXAMEN DE SON DOSSIER.

....

8. Allons boire un café EN ATTENDANT LA PUBLICATION DES RÉSULTATS.

....

9. Le nouveau gouvernement a voulu imposer ses vues DÈS SON ARRIVÉE AU POUVOIR.

....

10. Je ferai quelques courses PENDANT TON DÉJEUNER.

....

11. Nous ne ferons aucune déclaration AVANT LA FIN DU CONSEIL DES MINISTRES.

....

12. Nous vous confirmerons votre réservation DÈS LA RÉCEPTION DE VOTRE LETTRE.

....

13. Il s'est marié juste APRÈS LA NATURALISATION DE SON AMIE.

....

14. La police devra être vigilante DEPUIS LA REMISE EN LIBERTÉ DU TERRORISTE.

....

15. Elle a commencé à pleurer DÈS LE DÉBUT DU FILM.

....

16. Les négociations reprendront APRÈS L'APAISEMENT DU CONFLIT.

....

17. Il faut arroser le rôti jusqu'à LA FIN DE LA CUISSON.

....

18. Ne touchez à rien jusqu'à L'ARRIVÉE DE LA POLICE.

....

Posez-vous des questions les uns aux autres
sur les événements suivants.

• À 3 h 56, heure de Paris, le lundi 21 juillet 1969, l'américain Neil Amstrong a été le premier à marcher sur la lune.

– *Il y a combien de temps qu'un homme a marché pour la première fois sur la lune ?*
– *Quel jour et à quelle heure, Neil Amstrong a-t-il posé le pied sur la lune ?*

1. Louis XIV n'avait pas 5 ans à la mort de son père. En 1643 il est devenu roi de France et l'est resté jusqu'en 1715. Il a gouverné pendant soixante-huit ans. C'est un des plus longs règnes de l'histoire.

2. La Révolution française a commencé à Grenoble par la Journée des Tuiles en 1788, un an avant la prise de la Bastille le 14 juillet 1789. Le 14 juillet est la fête nationale de la France depuis 1880.

3. La tour Eiffel a été construite par Gustave Eiffel de 1887 à 1889 à l'occasion de l'Exposition universelle de 1889.

D'après © Dover

4. On a découvert en 1974 le squelette de la plus vieille femme préhumaine du monde, Lucy qui était morte il y a trois millions d'années alors qu'elle venait d'avoir 20 ans.

5. En 1981, la peine de mort a été abolie en France. Ce vote a mis un terme à deux siècles de débat. Victor Hugo (1802-1885) l'avait prédit en 1848 : « Vous ne l'abolirez peut-être pas aujourd'hui. Mais n'en doutez pas, demain vous l'abolirez ou vos successeurs l'aboliront. »

6. Le 3 mars 1983 est mort Georges Rémi dit Hergé, le créateur de Tintin. Du pays des Soviets, en 1929, à celui des Picaros, en 1976, ce personnage a fait le tour du monde en vingt-trois albums.

7. Le 6 mai 1994 a été inauguré le tunnel sous la Manche. Il y avait deux cents ans que les ingénieurs s'efforçaient de trouver une solution pour relier l'Angleterre à la France. En effet, un premier projet de tunnel avait été déjà déposé en 1802.

8. Le 5 décembre 1360 le roi Jean le Bon a créé le franc qui est resté en usage plus de 600 ans. Le 1er janvier 1999 l'euro est devenu la monnaie unique européenne mais les monnaies nationales et européennes ont continué à circuler pendant encore deux ans.

13
Expression de la condition, de l'hypothèse Phrases avec *si*

Phrases avec *si* : valeur généralisante

A. Observez.

Lois, règles générales	Habitudes
• Si la température descend à moins de 0 °C, l'eau gèle. • Si on chauffe de l'eau à 100°, elle bout. • Si le cours d'une monnaie baisse, les exportations augmentent.	• Si je pars à l'étranger, je prends toujours des chèques de voyage. • Enfants, si nous étions malades, nos grands-parents nous gardaient.

B. Lisez ces quelques conseils de savoir-vivre.
Classez-les par ordre d'importance ou d'universalité.

- Si vous êtes invité à dîner à huit heures, n'arrivez pas avant l'heure… ni trop tard non plus.
- Si la maîtresse de maison n'a pas commencé à manger, attendez qu'elle ait commencé.
- Si vous n'aimez pas ce que vous proposent vos hôtes, ne le dites pas mais servez-vous modérément.
- Si vous avez passé une bonne soirée chez des amis, un coup de téléphone sera une aimable attention.
- Si dans un bus vous êtes assis alors qu'une personne âgée est debout, proposez-lui votre place.
- Si vous faites livrer des fleurs à quelqu'un, n'oubliez pas de les accompagner d'un mot ou de votre carte de visite.
- Si vous savez que vous arriverez en retard à un rendez-vous, prévenez par courtoisie et pour qu'on ne s'inquiète pas.
- Si quelqu'un vous bouscule par inadvertance, ne l'injuriez pas.
- Si, au restaurant, c'est vous qui invitez, réglez discrètement la note sans ostentation.
- Ne videz pas votre verre de vin d'un trait, même si vous avez très soif.

C. Continuez la liste ou **transformez-la**.

D. Est-ce vrai pour vous ?

- Je ne vais voir les films étrangers que s'ils sont en version originale.
- Je ne parle en public que si j'y suis obligé(e).
- Je ne vais chez le médecin que si je souffre beaucoup.
- Je ne donne aux œuvres caritatives que si je sais où va mon argent.
- Je ne fais du ski que s'il fait beau.
- Je ne prends les transports en commun que lorsque je n'ai pas le choix.
- Je ne promets quelque chose que si je peux tenir ma promesse.
- Je ne me mets en colère que si on me pousse à bout.
- Je ne bois de l'alcool que si je n'ai pas à conduire.

E. Formulez d'autres phrases avec *je ne… que si…*

Phrases avec si : valeur généralisante

A. Écoutez et écrivez.

- À table, si on .... un plat, on .... pas de dessert.
- Chez moi, si mes parents .... il ne .... pas les interrompre.
- Et moi, si je .... un caprice, ma mère m' ....
- Chez nous, si on n' .... pas content, il ne .... pas le montrer.
- Moi c'est bizarre, si je .... un tiroir de ma commode ouvert, je ne .... pas dormir.
- À la maison, si nous .... parler à table, nous .... demander la permission.
- Moi, à tous les coups, si ma grand-mère paternelle .... à la maison, on .... sûrs que ma mère .... pleurer.
- Si nos chiens ...., les voisins ....
- En cas de dispute, c'est simple, moi je .... dans les arbres.

B. Si ces débuts de phrases évoquent en vous des souvenirs d'enfance, **complétez** avec vos souvenirs ; sinon imaginez. Puis **écoutez** et **comparez**.

1. Si on avait une bonne note à l'école …

2. À la maison, si on ne finissait pas sa soupe …

3. Si mon père nous grondait …

4. Si j'oubliais mon nounours …

5. Si mes parents m'interdisaient de sortir …

6. Si je n'arrivais pas à dormir …

7. Si on partait en vacances …

8. Si la télé était allumée pendant le dîner …

9. S'il y avait des invités …

10. Si mes parents étaient invités …

11. Si mes parents dansaient ensemble …

12. Si mon père cuisinait …

13. Si mes devoirs n'étaient pas faits …

14. Si je ne voulais pas manger d'un plat …

C. Faites en groupe **un inventaire** de souvenirs d'école anciens.

- Si la maîtresse criait / avait crié… ça me terrorisait.
- Si on ne faisait pas / n'avait pas fait un devoir… on restait le finir après la classe.

190

Écoutez,
puis **souvenez-vous** des répliques
et **écrivez**.

1

– Bonjour, je voudrais échanger ce sac à dos mais j'ai perdu le ticket de caisse.

– Madame, si ....

2

– Nous sommes prêts !

– Eh bien, si ....

3

– Je ne supporte pas le tabac.

– Excusez-moi, si ....

4

– Mes parents dorment.

– Ah bon, si ....

5

– J'ai perdu ma carte de crédit.

– Monsieur, si ....

6

– Je n'ai pas vu mon agresseur, je ne peux pas vous le décrire.

– Si ....

7

– Je ne suis pas du tout d'accord avec lui !

– Si ....

8

– J'aurais préféré être près d'un hublot.

– Si ....

9

– Qui veut un café ? J'ai du vrai café mais pas de décaféiné.

– Si ....

10

– Pourquoi me poses-tu cette question ?

– Si ....

11

– J'ai vu une étoile filante.

– Si ....

Vous pouvez reformuler les répliques
avec **puisque** ou **dans ce cas**.

Cause 213

A. Reformulez les phrases avec
à condition que + subjonctif ou *à condition de* + infinitif.

1. Je veux bien à condition ......

2. D'accord ! à condition ......

3. Je veux bien, mais à condition ......

4. J'accepte, mais à une condition, ...

5. Je suis d'accord à condition ......

6. Oui, à condition ......

7. Je veux bien à condition ......

8. OK, mais à une condition, ...

9. Marché conclu, à condition ......

10. Je n'accepte qu'à condition ......

B. Faites un inventaire par groupe de ce que vous ne faites qu'à
certaines conditions. **Utilisez** la structure **Je ne... qu'à condition que / de...**

• Je ne prête mes livres *qu'à condition que* je sois sûre qu'on me les rende.

• Je n'accepterais d'avoir un chien *qu'à condition de* vivre à la campagne.

Hypothèse : *au cas où... en cas de...*

A. Lisez.

EDF s'engage, en cas de panne, à intervenir en moins de quatre heures.

EDF : Électricité de France

EN CAS DE PERTE OU DE VOL DE VOTRE CHÉQUIER OU DE VOTRE CARTE BANCAIRE, VOUS DEVEZ LE SIGNALER IMMÉDIATEMENT AUX AUTORITÉS BANCAIRES.

Notre cerveau bénéficie de capacités étonnantes ; il peut en cas d'accident se régénérer et réorganiser ses fonctions.

B. Formulez des phrases avec *en cas de...*
QUESTIONS, INFORMATIONS, PUBLICITÉS, CONSEILS.

• *en cas de pluie* • *en cas d'urgence* • *en cas de trou de mémoire à un examen* • *en cas d'épidémie* • *en cas de bouchon sur l'autoroute* • *en cas de tempête* • *en cas d'échec* • *en cas de danger* • *en cas de grève* • *en cas de panne* • *en cas de...*

Comment réagir *en cas d'incendie* ?
En cas d'incendie, appelez immédiatement le 18.

C. Lisez puis complétez avec *au cas où* + conditionnel.

• Mieux vaut prendre un parapluie *au cas où il pleuvrait.*
• Nous laisserons la clé de l'appartement sous le paillasson *au cas où vous arriveriez avant nous.*

1. Laisse sonner encore un peu le téléphone ......
2. Je te laisse ma grammaire de français ......
3. Préparons-nous un sandwich ......
4. Il faut prévoir un remplaçant pour le match ......
5. Prévoyez des vêtements chauds ......
6. Je vous laisse une procuration pour la réunion ......
7. Pourrais-tu te procurer un programme de cinéma ......
8. Faites une photocopie de ce document ......

Hypothèse : potentiel

Écoutez et écrivez.

- Si tu as le temps, *on peut aller prendre un café.*
- S'il a le temps demain, *il viendra peut-être avec nous.*
- S'il a eu le temps hier soir, *il a certainement fini le rapport.*

1. S'ils sont en France actuellement, ...

2. Si vous avez besoin d'argent en ce moment, ...

3. S'il est déjà là, ...

4. Si tu as encore faim, ...

5. Si on fait une grande réunion de famille l'année prochaine, ...

6. S'il est de mauvaise humeur ce soir, ...

7. Si un jour ou l'autre vous cherchez du travail, ...

8. Si un de ces jours vous avez l'occasion de voir Jacques, ...

9. Si les secours n'arrivent pas rapidement, ...

10. S'ils ne sont pas arrivés dans une heure, ...

11. Si je n'ai pas trouvé la solution avant ce soir, ...

12. S'ils ont téléphoné pendant la journée, ...

13. S'il a changé d'avis, ...

14. S'il est passé par le centre ville, ...

15. Si personne ne lui a transmis le message, ...

hypothèse plausible : potentiel		
sur le présent	Si + présent	• S'il est en France actuellement...
	Si + passé composé	• Si, à l'heure qu'il est, il est arrivé...
sur le futur	Si + présent	• S'il est de mauvaise humeur ce soir...
		• S'il revient demain...
		• Si un jour c'est possible...
	Si + passé composé	• S'ils ne sont pas arrivés dans une heure...
sur le passé	Si + passé composé	• S'il est arrivé il y a trois jours...
		• Si personne ne lui a transmis le message.

A. Complétez puis écoutez et comparez.

- Si j'étais un animal, j'aimerais bien ......
- Si j'étais un art, je souhaiterais ......
- Si je devais être un chiffre, je choisirais ......
- Si j'étais un siècle, ça m'intéresserait ......
- Si j'étais une couleur, j'aimerais ......
- Si j'étais une seule fleur, ça ne me plairait pas mais j'aimerais bien ......
- Si j'étais un métal, je serais ......
- Si j'étais un livre, je serais ......
- Si j'étais une langue, j'aimerais ......
- Si j'étais un instrument de musique, ça me plairait ......
- Si je devais devenir un vêtement, je choisirais ......
- Si on me transformait en objet, ça ne me déplairait pas ......

> Si j'étais
> un homme,
> je ...

hypothèse non plausible, fiction : irréel		
sur le présent	Si + imparfait / Conditionnel	• Si j'étais en ce moment un animal
sur le futur	Si + imparfait / Conditionnel	• Si je devenais un jour un animal

---

B. Vous ne voudriez pas être ceci ou cela....
Exposez vos raisons.

• je n'aimerais pas • je ne pourrais pas • je ne souhaiterais pas • je détesterais •
• je refuserais de • j'aurais horreur de • j'aurais peur de • ça ne me tenterait pas de •
• ça ne me plairait pas de • ça ne me dirait rien de • ça ne m'amuserait pas de •
• ça me ferait peur de • ça ne m'intéresserait pas de • ça me serait désagréable de •

- Si j'étais un objet,
  je ne souhaiterais pas être un tapis car on me marcherait dessus et on me battrait.
- Si j'étais un élément climatique,
  je n'aimerais pas être le vent parce que si je m'arrêtais de souffler je disparaîtrais.

A. Formulez les phrases puis donnez votre avis :
si + imparfait... conditionnel présent.

1. Si tous les citadins (*prendre*) le bus, le taux de pollution (*diminuer*) notablement.
Si tous les citadins prenaient le bus le taux de pollution diminuerait notablement.

© Philippe Geluck

2. Si le champagne (*coûter*) moins cher, la consommation (*augmenter*) probablement.

3. Si le prix des transports en commun (*baisser*), les gens les (*utiliser*) davantage.

4. Si les émissions culturelles n'(*être*) pas programmées si tard le soir, les téléspectateurs les (*regarder*) davantage.

5. Si plus de femmes (*faire*) de la politique, le monde politique (*changer*).

6. Si le nombre de bourses (*augmenter*), un plus grand nombre de jeunes (*pouvoir*) faire des études supérieures.

7. Si aucun sportif ne (*se doper*), le sport ne (*être*) plus un spectacle.

8. Si on (*tripler*) le prix du tabac, plus personne ne (*fumer*).

B. Énumérez les différentes propositions avec *si*.

Le nombre d'accidents de la route diminuerait si...
1. Suppression des autoroutes. *Si on supprimait les autoroutes*
2. Interdiction de rouler par temps de brouillard ou de pluie Si ......
3. Interdiction d'utiliser la radio et le téléphone en voiture Si ......
4. Risque de peine de prison pour excès de vitesse Si ......
5. Réglementation du transport des enfants turbulents Si ......
6. Augmentation du nombre des radars et contrôles Si ......
7. Campagnes de sécurité routière plus efficaces Si ......

La violence et la criminalité diminueraient si...
1. Diffusion de la musique douce dans les lieux publics Si ......
2. Réduction du nombre d'habitants dans les agglomérations Si ......
3. Rétablissement de la peine de mort Si ......
4. Suppression des fictions violentes à la télévision Si ......
5. Mise en place de stages de relaxation gratuits Si ......
6. Alourdissement des peines pour la petite délinquance Si ......
7. Travail pour tous Si ......

Qu'en pensez-vous ? Choisissez vos solutions et défendez-les.

Hypothèse : irréel du présent / potentiel

A. Entraînez-vous.

• Si je (*ne pas avoir*) la radio, ça me (*manquer*).
• Si je n'avais pas la radio, ça me manquerait.
• Si je (*ne pas avoir*) de famille, je me (*sentir*) très seul.
• Si je n'avais pas de famille, je me sentirais très seul.

1. Si je (*pouvoir*) habiter à la campagne, je le (*faire*).
2. Si mes amis (*devoir*) émigrer, je les (*suivre*).
3. Si j'(*avoir*) le temps, j'(*aller*) à toutes les expositions de peinture.
4. Si je (*pouvoir*) me passer d'argent, je (*cesser*) de travailler.
5. Si j'(*écrire*) un livre, ce (*être*) un roman policier.
6. Si j'(*avoir*) la possibilité de changer de nom de famille, j'en (*changer*).
7. Si je le (*pouvoir*), j'(*aller*) dormir immédiatement.
8. Si je (*parler*) mieux français, je (*chercher*) à travailler dans un pays francophone.
9. Si j'(*être connecté*) sur le réseau Internet, je (*passer*) mon temps devant l'écran.
10. Si je (*gagner*) un voyage gratuit, je (*partir*) au Moyen-Orient ou à Madagascar.

Et vous ? Pourriez-vous reprendre à votre compte certaines de ces phrases ? Lesquelles ?

B. Reformulez les questions comme dans l'exemple.

• VOTRE MAISON BRÛLE. – Qu'emportez-vous ?
Qu'emporteriez-vous si votre maison brûlait ?
• VOUS DÎNEZ À L'ÉLYSÉE. – Comment vous habillez-vous ?
Comment vous habilleriez-vous si vous dîniez à l'Élysée ?

1. LA POLICE VOUS RECHERCHE. – Où vous cachez-vous ?
2. VOUS GAGNEZ UN VOYAGE POUR DEUX PERSONNES. – Avec qui et où partez-vous ?
3. VOUS PASSEZ UN MOIS SEUL À LA CAMPAGNE AVEC UN SEUL LIVRE. – Quel livre choisissez-vous ?
4. VOUS NE POUVEZ PAS RESTER DANS VOTRE PAYS. – Où émigrez-vous ?
5. VOUS RECEVEZ DES LETTRES ANONYMES. – Comment réagissez-vous ?
6. UN OURS VOUS POURSUIT. – Que faites-vous ?
7. VOUS AVEZ UN ÂNE. – Comment l'appelez-vous ?
8. VOUS ÊTES IMMORTEL. – Comment organisez-vous vos journées ?
9. VOUS AVEZ LE DON DE PASSER À TRAVERS LES MURS. – Où pénétrez-vous ?

Imaginez que cela vous arrive, que feriez-vous ?

A. **Formulez** les questions et **enquêtez**

1. Si quelqu'un vous (*offrir*) un vêtement qui ne vous plaisait pas du tout, le (*mettre*)-vous pour lui faire plaisir ?

2. Si vous (*savoir*) qu'on parlait de vous dans la pièce d'à côté, est-ce que vous (*écouter*) à la porte ?

3. Si, invité dans un repas officiel, on (*oublier*) de vous servir à boire, est-ce que vous (*demander*) qu'on vous serve ?

4. Si quelqu'un (*s'endormir*) sur votre épaule dans un bus, le (*réveiller*)-vous ou le (*laisser*)-vous dormir ?

5. Si vous (*apprendre*) qu'un mendiant du quartier où vous habitez a un important compte en banque, (*faire*)-vous un scandale ?

6. Si, par une grosse pluie, quelqu'un sans parapluie vous (*demander*) de le raccompagner chez lui, le (*faire*)-vous ?

7. Si l'administration fiscale (*se tromper*) d'une grosse somme à votre avantage, la (*prévenir*)-vous de son erreur ?

8. Si un ami (*oublier*) de vous rendre une somme d'argent qu'il vous avait empruntée, est-ce que vous la lui (*réclamer*) ?

9. Si dans un restaurant quelqu'un que vous ne connaissez pas (*piquer*) en passant une frite dans votre assiette, comment (*réagir*)-vous ?

10. Si vous (*voir*) un serveur faire tomber à terre le contenu d'un plat, le remettre dans le plat et le porter à une table, est ce que vous (*intervenir*) ?

11. Si vous (*trouver*) une liasse de billets de banque dans une cabine téléphonique, qu'en (*faire*)-vous ?

12. Si quelqu'un désireux de s'isoler pour téléphoner discrètement (*oublier*) de fermer la porte derrière lui, est-ce que vous la (*fermer*) ?

13. Si un ami très proche, sans raison, ne vous (*inviter*) pas à une fête où seraient invités tous vos amis communs, comment (*réagir*)-vous ?

14. Si dans la rue un adulte inconnu vous (*tirer*) la langue, que (*faire*)-vous ?

B. **Écoutez** les dialogues.
Qu'est-ce qui explique à votre avis le choix de formulation des interlocuteurs

DIALOGUE 1	si je ne réussis pas	si je réussissais
DIALOGUE 2	si le 9 gagne	si le 9 gagnait
DIALOGUE 3	si les propriétaires reviennent	si les propriétaires revenaient

A. **Écoutez** et **écrivez**.

SUPPOSEZ QUE CHRISTOPHE COLOMB N'AIT PAS DÉCOUVERT L'AMÉRIQUE...
– Si Christophe Colomb n'avait pas découvert l'Amérique...
- *On ne parlerait pas espagnol en Amérique latine.*
- *Quelqu'un d'autre l'aurait découverte.*

IMAGINEZ QU'UN JOUR VOUS DEVENIEZ CHEF D'ÉTAT...
– Si un jour je devenais chef d'État...
- *Je démissionnerais.*
- *Je n'aurais pas fait des études de sciences politiques pour rien.*

1. SUPPOSEZ QUE VOUS SOYEZ ANALPHABÈTE...
   – Si j'étais analphabète...
   - ....
   - ....

2. SUPPOSEZ QUE VOS PARENTS NE SE SOIENT PAS RENCONTRÉS...
   – Si mes parents ne s'étaient pas rencontrés...
   - ....
   - ....

3. SUPPOSEZ QUE LES VACCINS N'AIENT PAS ÉTÉ DÉCOUVERTS...
   – Si les vaccins n'avaient pas été découverts...
   - ....
   - ....

4. IMAGINEZ QUE VOUS PARLIEZ UNE TRENTAINE DE LANGUES...
   – Si je parlais une trentaine de langues...
   - ....
   - ....

5. IMAGINEZ MAINTENANT QUE LES HUMAINS AIENT QUATRE PATTES...
   – Si les humains avaient quatre pattes...
   - ....
   - ....

6. IMAGINEZ ENFIN QUE VOUS SOYEZ IMMORTELLE...
   – Si j'étais immortelle...
   - ....
   - ....

B. **Notez** les combinaisons possibles.

Si + imparfait / conditionnel présent
Si +
Si +
Si +

C. **Écoutez** les cinq dialogues et **reconstituez**-les à deux.

A. Reformulez chaque début de phrase avec un plus-que-parfait.

- Être l'assassin. – S'il était l'assassin…
- Tuer cet homme. – S'il *avait tué cet homme*…

- Travailler encore. – S'il travaillait encore…
- Cesser de travailler. – S'il *n'avait pas cessé de travailler*…

1
- Savoir cuisiner. – Si je savais cuisiner…
- Apprendre à cuisiner. – Si j' ……………………

2
- Habiter toujours à Bruxelles. – S'ils habitaient toujours à Bruxelles…
- Déménager à Genève. – S'ils ……………………

3
- Être au chômage. – S'il n'était pas au chômage…
- Être licencié. – S'il ……………………

4
- Parler espagnol. – Si tu ne parlais pas espagnol…
- Étudier l'espagnol. – Si tu ……………………

5
- Être député. – Si X était député…
- Être élu. – Si X ……………………

6
- Être orpheline. – Si elle n'était pas orpheline…
- Perdre ses parents. – Si elle ……………………

7
- Avoir toute sa tête. – Si elle avait toute sa tête…
- Perdre la tête. – Si elle ……………………

8
- Avoir son permis. – Si tu avais ton permis de conduire…
- Passer son permis de conduire. – Si tu ……………………

9
- Être en prison. – Si le condamné était encore en prison…
- Être libéré. – Si le prisonnier ……………………

10
- Être prêt. – Si le repas était prêt…
- Préparer. – Si quelqu'un ……………………

B. Continuez les phrases avec un conditionnel présent ou passé.

- Si c'était lui l'assassin   → il *serait* en fuite à l'heure qu'il est.
- S'il avait tué cet homme   → il n'*aurait* pas *téléphoné* à la police.

Hypothèse : valeur restrictive

A. Lisez.
Cochez les phrases négatives.

Je vous propose d'aller voir Le Titanic

☐ à moins que le sujet ne vous intéresse pas

☐ à moins que vous n'*ayez mieux à faire

☐ à moins que vous n'*ayez une autre idée

☐ à moins que vous n'*ayez déjà vu le film

☐ à moins que vous n'en ayez pas envie

☐ à moins que vous ne puissiez pas

---

* Dans la langue soutenue on peut trouver un ne dit explétif après à moins que.
  Ce n'est pas une négation.

Voir 63, 181, 211

B. Formulez une vérité générale
puis une restriction avec **sauf si**
ou **à moins que**, **à moins de**.

• freiner en voiture • ralentir
  – *Quand on freine, on ralentit à moins que les freins (ne) soient défectueux.*

1. chute du huitième étage • se tuer
  – Si ....

2. mettre un plat au four • cuire
  – Lorsque ....

3. rencontrer quelqu'un qu'on connaît • saluer
  – Si ....

4. ne pas comprendre • demander des explications
  – Lorsque ....

5. peau fragile • coups de soleil
  – Si ....

6. ne plus avoir faim • s'arrêter de manger
  – Lorsque ....

7. éplucher des oignons • pleurer
  – Si ....

8. le réveil sonne • se lever
  – Lorsque ....

Hypothèse : structures sans *si*

A. Écoutez et écrivez.

1. Un point de plus ....

2. Encore un mot blessant ....

3. Sans toi, ...

4. Un seul mouvement et ....

5. Heureusement que tu as crié ! Sans ça, ...

6. Avec une bourse, ...

7. Sans ce prêt, ...!

8. Avec un accord entre nos deux formations, ...

B. Reformulez ces phrases avec *si*.

1. Un point de plus et j'avais la mention très bien !
Si j'avais eu un point de plus, j'aurais la mention très bien

2. Encore une parole blessante et je partais !
S'il avait prononcé un mot de plus, je partais !

C. Reformulez les phrases.

- Tu serais venu, tu l'aurais vu !
  – *Si tu étais venu, tu l'aurais vu !*
- Tu me l'aurais demandé, je te l'aurais dit.
  – *Si tu me l'avais demandé, je te l'aurais dit.*
- Il aurait insisté, je lui aurais dit oui.
  – *S'il avait insisté, je lui aurais dit oui.*

1. Tu aurais été là, cela n'aurait rien changé !
  – ....

2. Vous ne m'auriez pas retenu, je serais tombé !
  – ....

3. Vous l'auriez goûté ce vin, vous en auriez acheté.
  – ....

4. Tu me l'aurais demandé gentiment, je te l'aurais donné.
  – ....

5. Vous auriez été mieux entraînés, vous auriez gagné !
  – ....

6. Tu me le demanderais, je te suivrais au bout du monde !
  – ....

7. Tu me l'aurais demandé, je te l'aurais prêtée, ma voiture !
  – ....

8. Je n'aurais pas freiné, je l'écrasais cette poule !
  – ....

> Dans la langue parlée, on peut trouver deux conditionnels successifs.

Hypothèse : récapitulation des phrases avec *si*

Mettez les verbes à la forme qui convient.

• Si + imparfait

• conditionnel présent

1. Si la grève (*s'arrêter*) ce soir, nous (*partir*) demain.
2. Si tu (*ranger*) ton bureau, tu (*retrouver*) peut-être tes papiers.
3. Si votre père (*vivre*) encore, il (*être*) fier de vous.
4. Si je (*pouvoir*) prendre des vacances en hiver, j'(*aller*) en Suisse.
5. Si tu nous (*téléphoner*) de temps en temps, tu nous (*faire plaisir*).

• conditionnel passé

1. Si tu (*ne pas être*) pas mon frère, je (*ne pas te pardonner*).
2. Si elle ne vous (*aimer*) pas, elle vous (*quitter*) depuis longtemps.
3. S'il n'(*être*) pas allergique aux poils de chat, il (*prendre*) un chat.
4. S'ils (*être*) en vacances, ils me (*demander*) d'arroser leurs plantes.

• Si + plus-que-parfait

• conditionnel présent

1. Si tu (*te coucher*) plus tôt hier soir, tu (*être*) en meilleure forme aujourd'hui.
2. Si vous m'(*écouter*), le problème (*être*) déjà réglé.
3. Si quelqu'un m'(*poser*) cette question, je (*s'en souvenir*) certainement.
4. Si vous (*se présenter*) aux élections l'année dernière, vous (*être*) président actuellement.

• conditionnel passé

1. Si on (*ne pas pouvoir*) prévenir rapidement les pompiers, tout (*brûler*).
2. Si nous (*ne pas protester*), le projet (*être adopté*).
3. Si vous (*réfléchir*), vous (*ne pas accepter*).
4. Si le train (*ne pas avoir*) du retard, nous le (*rater*).
5. Si vous (*laisser*) votre numéro de téléphone, la secrétaire (*pouvoir*) vous prévenir.

14
Expression de la finalité et de la causalité (*but, cause, conséquence*)

Le temps marche si vite
qu'au moment où je parle
Je ne suis déjà plus
Ce que j'étais avant
J. TARDIEU

Je pense donc je suis.
DESCARTES

Il faut rire avant d'être heureux
de peur de mourir sans avoir ri.
LA BRUYÈRE

Te voilà redevenu homme,
puisque tu pleures!
J. VERNE

Le bonheur humain est composé
de tant de pièces qu'il en manque toujours.
BOSSUET

Pour vivre heureux, vivons caché.
FLORIAN

À force de penser,
je ne suis plus sûr de rien.
ANONYME

Pourquoi? cause et but

A. Indiquez si la réponse exprime
une cause ou un but.

Pourquoi les bébés naissent-ils ?

CAUSE		BUT
☒	parce que les bonnes choses ont une fin	☐
☐	pour avoir des jouets	☐
☐	par curiosité ou par nécessité	☐
☐	pour voir à qui ils ressemblent	☐
☐	pour faire plaisir à leurs parents	☐
☐	parce que la nature en a décidé ainsi	☐
☐	parce qu'ils veulent voir le jour	☐
☐	afin de couper le cordon avec leur mère	☐
☐	pour la simple raison qu'ils n'ont plus de place	☐
☐	de peur qu'on les oublie	☐
☐	pour qu'on s'occupe d'eux	☐
☐	de crainte de devenir encombrants	☐

B. Proposez des explications
aux questions suivantes.

1. Pourquoi certaines personnes rougissent-elles ?
2. Pourquoi les gens pleurent-ils ?
3. Pourquoi les oiseaux chantent-ils ?
4. Pourquoi le soleil se couche-t-il ?
5. Pourquoi les gens se marient-ils ?
6. Pourquoi beaucoup de gens suivent-ils la mode ?
7. Pourquoi les animaux ne sourient-ils pas ?
8. Pourquoi beaucoup de gens croient-ils en Dieu ?

Souvenez-vous !
On peut faire ceci ou cela
- Sans raison, sans aucune raison, sans raison valable…

- Pour une raison inconnue, pour une raison évidente, pour des raisons obscures, pour une raison inexpliquée…

- Pour des raisons de famille, d'intérêt, de santé…
- Pour la simple raison que…

C. Écoutez et **écrivez**.

205

A. Réutilisez les termes *en italique*
pour formuler des questions sur la cause.

1. FAITS DIVERS. – Une explosion, sans doute *due au gaz*, a éventré un immeuble parisien faisant 53 blessés dont deux graves.

À quoi est due *l'explosion de l'immeuble*?

2. DÉMOGRAPHIE. – La France achève le XXe siècle plus vieille qu'elle ne l'avait commencé. Cette situation *s'explique par* l'allongement de la vie et par une baisse importante de la natalité.

....
....
....
....

3. TEMPÊTE. – Des vents violents accompagnés d'une forte houle ont frappé la côte atlantique. Cette houle, associée à une grande marée, *a provoqué* une forte hausse du niveau de la mer.

....
....
....
....

4. VOYAGES EN SOLDE. – La baisse générale des prix de voyages pendant la morte saison *est due à* la forte concurrence entre les transporteurs aériens.

....
....
....

5. EFFET DE SERRE. – La combustion et le transport routier sont *les principaux responsables* de l'effet de serre.

....
....
....

6. ESPÉRANCE DE VIE. – Les hommes continuent à mourir plus jeunes que les femmes : deux *raisons* à cela : les cancers et les maladies cardio-vasculaires.

....
....
....
....

B. Vous préparez un sommaire pour une revue dont le titre est « *Pourquoi* ». Choisissez vos sujets selon vos centres d'intérêts. **Utilisez** les structures de questionnement ci-dessous.

- Quelle est la raison de… ? Quelles sont les raisons de… ? Quelles sont les raisons pour lesquelles…?

- Quelle est l'explication de… ? Comment s'explique… ? Comment explique-t-on… ? Y a-t-il une explication à…?

- Quelle est la cause de… ? Qu'est-ce qui cause… ? Qu'est-ce qui provoque… ? Qu'est-ce qui déclenche… ? Qu'est-ce qui a causé… ?

- Par quoi sont provoqué(e)s… ? Qu'est-ce qui peut provoquer…?

- À quoi est dû… ? À qui doit-on… ?

- Quelle est la source de… ? Quelle est l'origine de… ? D'où (pro)vient… ? D'où (pro)viennent…?

- Quel est le motif de… ? Quels sont les motifs de… ? Qu'est-ce qui motive les… à… ? Qu'est-ce qui incite les… à… ?

Elle fait frissonner les héros. Elle fait chavirer les stars. Elle fait défaillir les play-boys.

A. Reformulez en utilisant
faire + verbe ou *rendre* + adjectif.

- Pourquoi toussez-vous ? → *Qu'est-ce qui vous fait tousser ?*
- Quand devenez-vous agressif ? → *Qu'est-ce qui vous rend agressif ?*

1. Pour quelle raison rougissez-vous ?

2. Dans quelles circonstances perdez-vous votre sang-froid ?

3. Vous êtes heureux ? Vous souriez ? Quelle en est la cause ?

4. Tu as changé d'avis ? Pour quelles raisons ?

5. Qu'est-ce qui vous pousse à agir ainsi ?

6. Vous semblez triste. Pourquoi ?

7. Vous riez ? Je peux savoir pourquoi ?

8. Que faudrait-il pour que la vie soit plus agréable ?

B. Écoutez le dialogue
et **complétez** les questions.

- Ah, vous voilà mademoiselle Fauré ! Pourriez-vous m'expliquer *les raisons de votre retard* ?
- Et pourquoi ....
- Comment se fait-il que ....
- J'aimerais aussi savoir ce que signifie ....
- Encore une question, ...
- Et sous quel prétexte ....
- Puis-je savoir aussi en quel honneur ....
- Vous allez donc nous quitter quelque temps ? ....

Puis, à deux, **reconstituez** le dialogue.

Mise en relief : *Si... c'est...*

A. Qu'en pensez-vous ?

- Si l'homme a domestiqué le chien
  - ☐ c'est pour sa viande
  - ☐ c'est pour avoir de la compagnie
  - ☐ c'est pour que le chien le protège
  - ☐ c'est parce que celui-ci mangeait ses restes.
  - ☐ c'est par amour des animaux
  - ☐ c'est pour ne pas être seul

Mise en relief	
de l'explication par la cause	**de l'explication par le but**
Si........., c'est (parce) que + indicatif	Si........., c'est pour + nom,
Si........., c'est par, + nom	Si........., c'est pour / pour ne pas + infinitif
Si........., c'est à cause de... + nom	Si........., c'est pour que + subjonctif

Trouvez des explications aux phrases suivantes.

- Si les animaux agressent,   *c'est qu'ils sont mal nourris,*

                              c'est parce qu'ils ont été agressés.

                              c'est pour se défendre.

1. S'il y a des travailleurs au noir…

2. Si les chaînes de restauration rapide s'installent partout…

3. Si malgré la télévision, la radio n'a pas disparu…

4. Si la justice est lente…

5. Si les jeux d'argent ont autant de succès…

6. Si des firmes sponsorisent des courses transatlantiques très coûteuses…

7. Si les frais de santé augmentent…

8. Si les gens émigrent…

B. Imaginez un détective qui ne découvre et ne profère que des évidences. Continuez la liste.

- S'il y a des traces sur l'arme, c'est que quelqu'un l'a touchée.
- S'il y a des traces de sang sur le tapis, …
- Si la victime a disparu, …
- Si la femme de ménage a entendu frapper à la porte, …
- ……
- ……

Mise en relief : *c'est parce que ... que*

A. À votre avis est-ce vrai ? faux ? totalement ? partiellement ?
Approuvez, réfutez, corrigez, nuancez.

- C'est parce que le sport est devenu un spectacle que le dopage s'est répandu.
- C'est parce que la terre est ronde qu'elle tourne.
- C'est parce qu'ils n'ont pas de sentiments joyeux que les animaux ne sourient pas.
- C'est parce que la mort est inconcevable et inacceptable pour les vivants que les religions ont imaginé un au-delà.
- C'est parce que nous ne sommes pas des animaux que nous avons des rituels sociaux.
- C'est parce que les oies sont gavées qu'elles ont un foie gras.
- C'est parce que les gens sont crédules qu'il y a des guérisseurs et des voyants.
- C'est parce qu'on ne veut pas blesser ou faire souffrir que l'on ment.

Trouvez d'autres phrases avec **C'est parce que... que...**
qui feront l'objet de discussion.

B. Écartez une des deux causes.

- Il a raté son examen   il / *ne pas travailler*   il / *être malade*.
  Ce n'est pas parce qu'*il n'a pas travaillé* qu'il a raté son examen, c'est parce qu'*il était malade*. ou
  Ce n'est pas parce qu'*il était malade* qu'il a raté son examen, c'est parce qu'*il n'a pas travaillé*.

1. Je ne fais pas de sport   je / *ne pas avoir le droit*   je / *ne pas avoir le temps*

2. Il a épousé Mlle X   elle / *est riche*   il / *aimer Mlle X*

3. Je ne danse jamais   je / *ne pas savoir danser*   je / *ne pas aimer ça*

4. Elle a changé de travail   elle / *licencier*   elle / *aimer le changement*

5. Je vote pour le candidat X   je / *connaître X*   X / *avoir un bon programme*

6. Il est silencieux   il / *être timide*   il / *n'avoir rien à dire*

7. Tu ne retiens rien   tu / *ne pas avoir de mémoire*   tu / *ne s'intéresser à rien*

8. Cet enfant ne grandit pas   il / *ne pas manger*   il / *manquer d'hormones de croissance*

But, finalité : *pour que, afin que*

A. Posez-vous ces questions.

Vous est-il arrivé d'argumenter, d'insister ou de supplier

- afin que quelqu'un vous (*recevoir*)? → afin que quelqu'un vous *reçoive*?
1. pour qu'on ne vous (*faire*) pas peur? ......
2. pour que quelqu'un vous (*dire*) quelque chose? ......
3. pour qu'on ne vous (*déranger*) pas? ......
4. pour qu'on vous (*donner*), (*prêter*) ou (*rendre*) de l'argent? ......
5. pour qu'on (*prendre*) soin de vos affaires? ......
6. pour qu'on ne vous (*punir*) pas? ......
7. afin que vos parents vous (*permettre*) de sortir le soir? ......
8. pour que quelqu'un (*faire*) quelque chose qu'il n'a pas envie de faire? ......
9. afin que l'on vous (*croire*)? ......
10. pour qu'on vous (*laisser*) tranquille? qu'on ne vous (*importuner*) pas? ......

> pour que + subjonctif • afin que + subjonctif (style plus soutenu)

B. Imaginez une consultation «SOS conseil» à la radio ou sur Internet :
conseils en tous genres ou conseils spécialisés.

Demande de conseil	Conseil
Comment faire pour (ne pas) / pour que (ne pas)…	Vous pouvez / vous pourriez
Que faut / faudrait-il que je fasse pour…	Vous devez / vous devriez…
Que dois-je faire pour…	Il faut / il faudrait que…
Que faut-il faire pour…	Arrangez-vous pour…
Comment vais-je faire pour…	Faites le nécessaire pour…
Comment pourrais-je faire pour…	Débrouillez-vous pour… (fam)
Je ne sais comment m'y prendre pour…	Faites-en sorte que…

C. Écoutez les débuts de phrases puis **complétez-les** comme dans l'exemple.

- Pour qu'un vêtement me plaise
  – il faut qu'il soit pratique et confortable (condition nécessaire)
  – il suffit que je m'y sente à l'aise (condition suffisante)

© Philippe Geluck

210

A. Écoutez et écrivez.

Il y a des gens
- qui ne prennent pas l'ascenseur de crainte ....
- qui ne veulent pas parler une langue étrangère de crainte ....
- qui ne mangent pas ou presque pas de peur de ....
- qui ne mangent pas de champignons de crainte ....

Il y a des femmes
- qui ne portent jamais leurs bijoux de peur ....
- qui n'ont jamais d'argent sur elles de crainte ....
- qui couvrent leurs fauteuils de housses de peur ....

Il y a des timides
- qui posent beaucoup de questions de peur ....

Il y a des gens orgueilleux
- qui ne demandent aucune permission de peur ....

Il y a sans doute aussi des gens
- qui ne prennent pas le volant de peur ....
Les mêmes sans doute ne se marient pas de crainte ....

Dans une langue soutenue, on trouve souvent un *ne* dit explétif.
Il n'est pas employé dans les formulations familières.
- J'ai peur qu'il me reconnaisse (+ familier).
- Je crains fort qu'il ne me reconnaisse (+ soutenu).
- Il se cache de peur qu'on le voie (+ familier).
- Il se cache de peur qu'on ne le voie (+ soutenu).

Attention ! *cf* 63, 181, 201

ne explétif ≠ ne... pas
Il craint qu'on ne le
reconnaisse ≠ il craint
qu'on ne le reconnaisse pas

Reformulez ces phrases avec *pour* et / ou *parce que*.

- Il y a des gens qui ne prennent pas l'ascenseur
  – *pour ne pas y rester bloqués.*   – *parce qu'ils ont peur d'y rester bloqués.*

B. Trouvez une suite à chaque phrase.
Utilisez *de peur / de crainte* ou *pour ne pas* + subjonctif ou infinitif.

1. Les enfants n'ont rien dit à leur père ......
2. Le garçon a vérifié deux fois l'addition ......
3. L'équipage de l'avion n'a pas parlé des problèmes techniques aux passagers ......
4. Je ne vous ai pas téléphoné hier soir ......
5. J'ai quitté la soirée discrètement .....
6. J'ai débranché le téléphone ......
7. J'ai préféré dire la vérité tout de suite ......
8. L'acteur se cache derrière des lunettes noires ......
9. Certains témoins ont hésité à témoigner ......
10. Mon voisin a mis un double verrou à sa porte ......

Voici quelques messages d'amour ou de « désamour ».
Soulignez les différents moyens d'introduction de la cause.

---

1. JE NE T'AIME PLUS
parce que... parce que... parce que...
parce que... parce que... parce que...
parce que... parce que... parce que...
parce que... parce que... parce que...

---

2. TU ME RENDS FOU! TU ME FAIS PERDRE LA TÊTE! JE PERDS LA RAISON À CAUSE DE TOI! NE ME DEMANDE PAS POURQUOI, *car je ne le sais pas.*

---

3. Éric STOP vie changée STOP ciel bleu STOP avenir STOP bonheur fou STOP grâce à toi STOP amour

---

4. N'ayant aucune nouvelle de toi depuis dix jours et ne voulant pas passer ma vie à attendre dans l'inquiétude, je pars.
D É F I N I T I V E M E N T !
Adieu! Pénélope

---

5. *Monsieur,*
Puisque vous ne vous décidez pas à faire le premier pas, je le fais.
Vous me plaisez! Voilà qui est dit!
J'attends votre réponse.
Votre voisine d'en face

---

6. Madeleine,

Je ne te quitte pas *sous prétexte* que tu es jalouse, je te quitte *parce que* tu es jalouse.

CE N'EST PAS UN PRÉTEXTE,
C'EST UNE RAISON.

Que ce soit clair!

---

7. Pourquoi voulez-vous me revoir ?
☐ par politesse ☐ par curiosité
☐ par amitié ☐ par intérêt
☐ par amour ☐ par calcul
☐ autre raison : ....
Réponse urgente par fax

---

8. Étant donné que :
1° *tu* es bien sans moi ;
2° *je* suis bien sans toi ;
3° *tu* ne m'aimes plus autant qu'avant ;
4° *je* ne t'aime plus autant qu'avant ;
que dirais-tu d'une séparation à l'amiable ?
Ton futur *ex.*

---

9. Si je ne vous ai pas écrit depuis notre rencontre ce n'est pas faute d'avoir eu envie de le faire, c'est que je n'osais pas, de peur de ne pas trouver les mots pour vous dire... que je vous aime.

---

10. Ce n'est pas parce que je ne t'aime plus que je te quitte, c'est parce que j'en aime un autre plus que toi.

---

11. MADE**MOI**SELLE,
Puis-je espérer qu'à force de vous crier mon amour je me ferai aimer
DE **VOUS** ?

---

12. MESSAGE TÉLÉPHONIQUE
SI JE NE VOUS AI PAS TÉLÉPHONÉ AVANT C'EST PARCE QUE JE N'AVAIS NI VOTRE NOM, NI VOTRE ADRESSE, NI VOTRE NUMÉRO DE TÉLÉPHONE. JE VOUS EXPLIQUERAI COMMENT JE VOUS AI RETROUVÉE SI VOUS VOULEZ BIEN ME RAPPELER AU 00 00 00 00 00
L'HOMME À LA MOTO

A. Écoutez et lisez.

Dans un magasin de chaussures

LA VENDEUSE. – Puisqu'elle vous plaisent, prenez-les ces chaussures. Vous oublierez le prix.

À la maison, à l'heure du dîner

LA MÈRE DE FAMILLE. – Puisque papa n'est pas rentré, commençons sans lui.

Devant une cabine téléphonique en dérangement

UN PASSANT. – Puisque ça ne marche pas, je vais aller téléphoner dans un café.

Dans une rue embouteillée

UN AUTOMOBILISTE. – Puisque c'est bloqué par là, je vais garer ma voiture et prendre un bus.

Dans un train

UN CONTRÔLEUR (*à un passager mécontent*). – Vous payez une amende. C'est normal puisque vous n'avez pas composté.

À la mairie

LE MAIRE. – Nous pouvons commencer la cérémonie puisque le marié est enfin arrivé.

B. Imaginez les situations et complétez.

- Puisque ça te fait plaisir, *vas-y à cette fête* !
- Puisque tu vas au bureau de tabac, *tu peux m'acheter des timbres* ?

1. Puisque la fumée vous dérange…

2. Puisque vous insistez…

3. Puisqu'il n'y a plus de place près de la fenêtre…

4. Puisque tu ne me crois pas…

5. Puisque tout le monde semble d'accord…

6. Puisque tu l'aimes…

7. Puisque personne ne vient nous servir…

8. Puisque vous avez compris…

9. Puisqu'il manque plusieurs personnes…

10. Puisque c'est comme ça…

Puisque

- L'interlocuteur est placé devant l'évidence du fait explicatif (pluie)

  Puisqu'il pleut

et du lien de causalité (pluie → parapluie)

  Je prends mon parapluie

Parce que

- En général répond à une demande d'explication :

  Pourquoi tu acceptes ? Parce que ça me plaît.

- Négation possible :

  Je n'accepte pas parce que tu insistes mais parce que ça me plaît.

- Mise en relief possible *cf.* p. 209 :

  C'est parce que ça me plaît que j'accepte.

  Ce n'est pas parce que tu insistes que j'accepte (c'est parce que ça me plaît).

- Question possible :

  C'est parce que j'ai insisté que tu as accepté ?

Comme

A. Écoutez
et **complétez** de mémoire.

1. UN RÉCEPTIONNISTE À L'HÔTEL. – Comme la chambre n'est pas prête ......

2. UN DIRECTEUR. – Comme je serai absent la semaine prochaine ......

3. UNE ACTRICE. – Comme le scénario ne me tentait pas et que le réalisateur ne voulait rien y changer ......

4. UN MUSICIEN. – Comme ma musique ne plaisait pas ......

5. UN AVOCAT. – Comme mon client n'a pas prémédité son acte ......

B. Racontez au passé.

Tombée de la nuit – décision de planter tente **mais** terrain en pente – mauvaise nuit

***Comme** la nuit tombait, nous avons décidé de planter notre tente mais **comme** le terrain était en pente, nous avons passé une mauvaise nuit*

1. Je / passer devant chez amis – je / sonner chez eux **et** mes amis en train de dîner – ils / inviter.

2. Il / faire chaud – elle / s'asseoir sous un arbre **et** elle / être bien – elle / s'endormir

3. Ma voiture en panne – je / vouloir prendre le bus **mais** bus en grève – je / devoir aller à pied

4. Il / aimer sa cousine – il / vouloir l'épouser **mais** parents / ne pas vouloir – il / épouser sa voisine

5. Il / être pressé – il / prendre un sens interdit **mais** présence policier – le policier / arrêter et retirer le permis de conduire

6. Nous / arriver en pleine nuit et ne pas vouloir déranger amis – nous / chercher un hôtel dans le village **mais** pas d'hôtel – nous / dormir dans la voiture

7. Il / aimer le feu – devenir pompier **mais** pas assez d'incendie – il / allumer des feux lui-même

---
C. Complétez le raisonnement.

- S'il ne pleuvait pas, je sortirais faire un tour… *mais comme il pleut, je ne sors pas.*
- Je te raconterais bien ce qu'il s'est passé… *mais comme j'ai promis le secret, je ne peux rien te dire.*

1. Si j'avais le temps je t'accompagnerais, mais ....

2. Si mes parents parlaient français ils pourraient m'aider, mais ....

3. Si on me demandait mon avis je le donnerais, mais..

4. Si elle avait de l'argent elle t'en prêterait certainement, mais...........................

5. Si ce candidat avait une chance d'être élu, je voterais bien pour lui, mais .....

6. Je vous aurais bien rejoint à la piscine si j'avais su que vous y alliez, mais....

7. Je t'aurais bien proposé de te prêter mon ordinateur, mais ....

8. Mon père aimerait bien prendre sa retraite, mais ....

A. Lisez chaque paragraphe.

Soulignez les expressions de cause utilisées dans ces extraits (1995-1999).

1. INCIDENTS TECHNIQUES. – À la suite d'une défaillance d'un générateur électrique, la navette Columbia a dû interrompre sa mission. Du fait de cet incident, le programme suivant de lancement a été retardé.

2. L'EFFET COUPE DU MONDE. – Grâce au mondial 98, la France a bénéficié d'une légère augmentation du nombre des touristes.

3. MANQUE DE NEIGE. – Depuis plusieurs années de nombreuses stations de ski de moyenne montagne sont en difficulté financière faute de neige.

4. BULLETIN ROUTE. – En raison d'importantes chutes de neige dans les Alpes, de nombreux cols ont été fermés.

5. NAISSANCE D'UNE ÉTOILE. – Grâce à un télescope très puissant, des astrophysiciens ont assisté à la naissance d'une étoile.

6. FIDÈLES À UNE HORMONE ?. – Des scientifiques américains étudient l'influence d'une hormone hypothalamique sur le comportement amoureux des orques. C'est en effet sous l'influence de cette hormone que ces animaux formeraient des couples stables.

7. LE RETOUR DE LA ROUGEOLE. – Faute d'être vaccinés, les Français sont de plus en plus victimes de la rougeole. Une situation alarmante, car cette maladie peut avoir des conséquences graves.

8. INONDATIONS. – Tous les moyens de secours sont mobilisés à cause des inondations dans le sud de la France.

9. SPA. – La Société de Protection des Animaux de l'Isère a dû se résoudre à diminuer le nombre de bêtes recueillies faute de place et d'argent. En effet, les abandons se multipliant, les dépenses en nourriture et en entretien des animaux sont devenues trop lourdes pour l'association.

10. LE STRESS ET LE CERVEAU. – Des chercheurs font l'hypothèse qu'à force d'être soumis à des stress violents (guerre, sévices), certaines fonctions du cerveau, les fonctions de mémorisation et d'apprentissage pourraient s'altérer.

11. LE POINT SUR L'ÉLECTRICITÉ NUCLÉAIRE. – Grâce à l'électricité nucléaire, notre ciel ressemble de plus en plus à un ciel. En effet les centrales nucléaires n'émettent ni oxyde de soufre, ni oxyde d'azote, ni oxyde de carbone. Publicité EDF (*Électricité de France*)

B. Écoutez et **notez** la fin des phrases.

- Les enfants précoces ont souvent de mauvais résultats scolaires, car…
- Les malades mentaux sont coupés du monde car…
- Pour accéder à la recherche dans le secteur public il faut faire preuve de persévérance car…

Car introduit un commentaire justificatif / explicatif. Plus fréquent à l'écrit qu'à l'oral.
Car est utilisé dans l'argumentation.

A. Reformulez les phrases proposées.

- C'est sa mémoire qui lui a permis de réussir ce concours. → *Il a réussi ce concours grâce à sa mémoire.*
- C'est une imprudence qui est à l'origine de l'accident. → *L'accident est survenu à cause d'une imprudence.*

1. Attention, la pluie et le gel rendent les routes glissantes. → Les routes...
2. Il a pu continuer ses études parce qu'il a obtenu une bourse. → Il a pu...
3. Le bruit m'a empêché de dormir cette nuit. → Cette nuit je...
4. C'est toi qui es responsable de mon retard. → C'est...
5. Vos explications lumineuses m'ont permis de comprendre. → J'ai compris...
6. Des travaux sur la route nous ont obligés à faire un détour. → Nous...
7. C'est une erreur de conduite qui lui a fait rater son permis de conduire. → Il...
8. C'est une émission de télévision qui lui a permis de retrouver ses vrais parents. → Il...
9. Pensez-vous que le mime permette de se faire comprendre partout ? → Peut-on...

B. Faites un inventaire de ce qu'ont permis, permettent ou permettront les progrès technologiques.

- Grâce aux progrès technologiques...

C. Où pourrait-on lire ces annonces ?

1. Fermé pour cause de décès.
2. Déviation pour cause de travaux.
3. Par suite d'un accident sur l'A32, la circulation est détournée.
4. En raison des risques d'avalanche, les pistes sont fermées.
5. À la suite de l'agression qui a causé la mort de l'un des leurs, les chauffeurs sont en grève.
6. Le service de restauration ne sera pas assuré du fait d'une grève surprise du personnel. Nous nous en excusons auprès des voyageurs.
7. En raison d'un avis de tempête, la traversée est annulée.
8. En raison d'un incident technique, les émissions sont momentanément interrompues.
9. Nous informons notre clientèle qu'en raison de la multiplication des vols notre système de surveillance est renforcé.

© Philippe Geluck

FERMÉ POUR CAUSE DE FERMETURE

- en raison de... • du fait de... • pour cause de...
- par suite de... • à la suite de (style administratif)
- à cause de (appréciation neutre ou négative de la cause)
- grâce à (appréciation positive de la cause)

Prépositions de cause : *à force de... faute de...*

A. Utilisez *à force de*.
Remarquez les deux possibilités syntaxiques.

- Tu vas avoir un accident / prendre des risques
  Tu vas avoir un accident à force de prendre des risques !
  À force de prendre des risques, tu vas avoir un accident !

1. Vous allez vous casser la voix / crier

2. Il lasse tout le monde / se plaindre

3. Les enquêteurs finiront bien par avancer / entendre des témoignages

4. Vous me déstabilisez / me contredire

5. On trouvera bien une solution / réfléchir

6. Tu vas progresser / travailler régulièrement ton piano

7. Tu vas t'attirer des ennuis / se mêler des affaires des autres

8. Vous allez finir par déranger le conférencier / tousser

9. Nous arriverons certainement à un compromis / discuter

À force de : permanence ou répétition de la cause X
  - À force de chercher, tu finiras par trouver.

Faute de X : cause = absence ou manque de X
  - Le blessé est mort, faute de soins.
  - L'expédition a dû être interrompue faute de vivres.
  - Faute de candidat, le poste n'a pas été pourvu.

B. Lisez. Complétez avec *faute de*
et un substantif qui convient.

1. On peut échouer dans ses études faute de ....
....

2. On peut ne pas prendre de vacances faute de ....
....

3. Une entreprise peut être obligée de fermer ses portes faute de ....
....

4. Un coupable peut ne pas être condamné faute de ....
....

5. Un écrivain peut rester des heures sans écrire faute d'..
....

PROVERBE
Faute de grives, on mange des merles

217

A. Ils ont été arrêtés, condamnés, mis en examen, emprisonnés ou accusés de quelque chose. **Soulignez** la cause.

☐ CONDAMNÉ POUR ESPIONNAGE. – B.M. de double nationalité américano-polonaise a été condamné à six ans de prison pour avoir fourni des renseignements d'importance pour la sécurité polonaise aux services secrets de deux pays étrangers.

☐ RÉALITÉ OU FICTION?. – Un petit garçon de 6 ans a été accusé de harcèlement sexuel pour avoir embrassé sa petite voisine de classe.

☐ UNE CONDAMNATION POUR INDÉCENCE envers une jeune femme qui s'était promenée torse nu dans la rue par une chaude journée d'été a été annulée par un juge de l'Ontario. La jeune femme avait invoqué pour sa défense l'égalité des sexes.

☐ FRAUDE À LA RATP. – Cinq usagers des transports en commun ont été mis en examen pour avoir fraudé la RATP.

☐ NON-CONSULTATION DES DÉLÉGUÉS DU PERSONNEL. – J.M.T. chargé des affaires sociales des usines X a été condamné à 29 378 amendes de 10 francs pour n'avoir pas consulté les délégués du personnel sur l'organisation et la fixation des congés payés. Le nombre d'amendes correspond au nombre des salariés de l'entreprise.

☐ UN DOUANIER EN PRISON POUR CONTREBANDE. – Un agent des Douanes a été écroué pour avoir facilité le passage à la frontière franco-suisse de mille cartons de cigarettes de contrebande.

B. Formulez des phrases avec *pour* + infinitif passé.

Toute une classe / punir / chahuter ➤ *Toute une classe a été punie pour avoir chahuté.*

1. Un automobiliste – arrestation – brûler un feu rouge
2. Un pompier – décoration – sauver trois personnes
3. Plusieurs membres du parti X – exclusion – manifester son désaccord
4. Un enfant – forte récompense – retrouver le chien d'un banquier
5. Un gardien de prison – condamnation et renvoi – aider un prisonnier à s'évader
6. Un employé – licenciement – gifler un client
7. Un président – destitution de sa fonction – faire un faux témoignage
8. En 1917 plusieurs centaines de soldats alliés – exécution – refuser de combattre et déserter

---

C. Trouvez des explications.

1. On peut tuer *par amour, par jalousie, par cruauté, par perversité, par erreur, par jeu.*
2. fuir une situation par…
3. proposer son aide à quelqu'un par…
4. travailler par…
5. se marier par…
6. manger par…
7. sourire à quelqu'un par…

1. On peut être connu *pour son courage, son intelligence*
2. licencier quelqu'un *pour incompétence, pour faute professionnelle*
3. être apprécié pour…
4. être félicité pour…
5. être embauché pour…
6. être mis en examen, jugé ou condamné pour…

Participe présent, *étant donné*…, *vu*…, *compte tenu*…

Jean Pierre,
Mon père ayant été hospitalisé d'urgence je n'ai pu ni assister à la réunion d'hier, ni te prévenir à temps. Excuse-moi.

Didier

À L'ATTENTION DES ÉLÈVES DE 4ᵉ ET 5ᵉ
Le professeur de gymnastique étant malade les cours sont annulés.

LE PROVISEUR

Ne sachant pas comment vous joindre par téléphone – c'est sans cesse occupé –, je me permets de glisser cette demande de rendez-vous sous votre porte. AJT

Étant pour quelques heures dans votre ville j'aurais aimé vous saluer mais craignant de vous importuner, je laisse ce message à votre secrétaire comme signe de mon passage.

M. de G.

A. Rédigez de brefs messages ou lettres, commençant par un participe présent.

1. *Vous n'avez pas reçu la commande* de… que vous aviez passée deux semaines auparavant. Vous demandez au fournisseur des explications.

2. *Vous ne pourrez pas* assister à une réunion, vous envoyez une procuration accompagnée d'un mot.

3. *Vous n'avez pas réussi à joindre* quelqu'un au téléphone. Vous lui laissez un mot sur son bureau avec votre numéro de téléphone pour qu'il vous rappelle.

> Le participe présent est utilisé pour exprimer la cause
> • surtout à l'écrit
> • dans un style plutôt impersonnel, administratif

B. Écoutez et **écrivez**.

1. Tu logeras à l'hôtel ?
– Étant donné…

2. Tu écris de temps en temps à ton correspondant canadien ?
– Étant donné…

3. Votre père sort quand de l'hôpital ?
– Vu…

4. Vous avez des chances d'obtenir le poste d'attaché de presse ?
– Étant donné…

5. La réunion va durer combien de temps ?
– Étant donné…

6. Tu penses qu'on devra payer un supplément de bagages ?
– Vu…

7. Alors ? Qu'est-ce qu'on fait ?
– Vu…

C. Que pensez-vous de ce point de vue ?

Compte tenu de l'universalité de l'anglais, l'apprentissage des autres langues étrangères est inutile.

219

Cause, conséquence

A. Écoutez et **répétez** en respectant l'intonation.

la cause, la raison	la conséquence, l'effet, l'incidence
• ma voiture était en panne	je n'ai pas pu venir
• le terrain était gelé	le match a été annulé
• le voleur portait des gants	on n'a retrouvé aucune empreinte
• personne n'est d'accord	la réunion n'avance pas
• le professeur est malade	il n'y aura pas de cours
• Il n'a pas le téléphone	on ne peut pas le joindre

B. Notez si le terme en italique introduit la cause ou la conséquence.

• Il voyageait sans billet, il a *donc* dû payer une amende.   **Conséquence**
• Il n'avait pas pris de billet *par* distraction.   **Cause**
• *Comme* on lui avait volé son sac, il voyageait sans billet.   **Cause**

1. a) *Puisque* tu as mal aux pieds, enlève tes chaussures !
b) Tu as mal aux pieds ? *C'est donc que* tes chaussures sont trop petites.
2. a) Le douanier nous a fait ouvrir nos valises, *résultat* : il a fallu les refaire.
b) *Du fait que* le douanier a fouillé nos valises, nous avons perdu un quart d'heure à la douane.
3. a) On a fini par trouver une solution ; *par conséquent* tout est réglé.
b) On a fini par trouver une solution *à force de* réfléchir.
4. a) La réunion risque d'être longue, *du fait de* l'ordre du jour chargé.
b) *Étant donné* l'ordre du jour, la réunion risque d'être longue.
5. a) La voiture est sortie de la route, *si bien qu'*elle a évité le camion.
b) *Comme* la voiture est sortie de la route, elle a évité le camion.
6. a) Le barman *étant* malade, le bar est exceptionnellement fermé.
b) *Puisque* le bar est fermé, venez prendre un verre dans ma chambre.
7. a) Je connais bien cette ville *pour* y

avoir habité longtemps.
b) Je connais bien cette ville, *de sorte que* je pourrai vous guider.
8. a) J'aime ce disque, *alors* j'en parle à tout le monde.
b) J'aime beaucoup ce disque, *au point de* l'écouter dix fois par jour.
c) Si je connais ce disque, c'est *grâce à* toi.
9. a) Je suis très timide ; *c'est pourquoi* je suis silencieux.
b) Si je suis timide, c'est *à cause de* mon défaut de prononciation.
10. a) Elle n'a qu'un petit studio *car* son budget est limité.
b) Son studio est *si* petit *qu'*elle peut à peine placer ses quelques meubles.
11. a) Le taux de pollution est *tellement* élevé *que* la circulation automobile a été interdite.
b) Le taux de pollution est très élevé *du fait de* la longue période de sécheresse.
12. a) X refuse toutes les invitations *sous prétexte qu'*il a trop de travail.
b). X refuse toutes les invitations ; *alors* personne ne l'invite plus.

Parmi les phrases suivantes,
lesquelles vous semblent le mieux décrire la situation ?
Soulignez les termes de conséquence.

- Cet homme a des problèmes d'argent, <u>d'où</u> son air renfrogné.
- Cet individu vient de gagner une forte somme d'argent, d'où son air réjoui.
- Cet homme joue tellement d'argent aux courses qu'il est en train de ruiner sa famille.
- L'homme est tellement concentré qu'il ne se rend pas compte que quelqu'un vient d'entrer.
- Cet homme vient d'être payé d'un travail ; il vérifie donc si le compte y est.
- Cet homme a gagné si peu d'argent ce mois-ci qu'il ne pourra pas honorer ses factures.
- Il y a une caméra dans la pièce qui est si bien cachée que l'homme ne se doute pas qu'on le filme.
- Cela fait très longtemps que cet homme n'a pas eu autant d'argent en main, si bien qu'il en est tout étonné.
- La fille de cet homme a des ennuis d'argent, il va donc falloir qu'il l'aide financièrement.
- L'homme est comptable si bien qu'il passe sa vie à compter.
- Cet homme a enfin été payé de sorte qu'il va pouvoir régler ses factures en retard.
- L'homme est concentré. Ainsi il ne fera pas d'erreurs dans ses calculs.

Corrélation d'intensité : *si, tel(lement), tant... que*

A. Écoutez et **classez** les phrases
en fonction de leur construction.

Tellement ; tant d(e) + nom + que

- Il y avait beaucoup de monde, tellement de monde qu'on ne voyait pas les tableaux.
- ....
- ....
- ....

Un(e) tel(le) + nom + que

- Il faisait un tel temps qu'on n'a pas pu sortir du port.
- ....
- ....
- ....

Si / tellement + adjectif + que

- C'est excellent ! c'est si bon que je vais en reprendre !
- ....
  ....
- ....
  ....
- ....
  ....

> CE VERRE EST TELLEMENT PROPRE
>
> QU'IL FAUDRA ATTENDRE QU'IL SOIT SALE POUR LE VOIR

© Philippe Geluck

Tellement + verbe + que

- Ça te change beaucoup, ça te change tellement que c'est à peine si je t'ai reconnue.
- ....
- ....
- ....

Si / tellement + adverbe + que

- Ils parlent si vite que je ne les comprends pas.
- ....
- ....
- ....

B. Par qui ? À propos de qui ? de quoi ? Dans quelle situation
ces phrases peuvent-elles être prononcées ?

Corrélation d'intensité : *si, tel(lement), tant... que*

A. Entraînez-vous.
Utilisez le passé composé
dans la première partie de la phrase.

• pleurer beaucoup / yeux rouges
  Elle a tellement pleuré qu'elle a les yeux rouges

1. marcher beaucoup / pieds blessés   Ils...
2. crier beaucoup / voix cassée   Ils...
3. dormir beaucoup / yeux gonflés   Elle...
4. parler beaucoup / bouche sèche   J'...
5. applaudir beaucoup / mains rouges   On...
6. courir vite / essoufflement   Elle...
7. serrer beaucoup de mains / crampes   Il...
8. bâiller fort / se décrocher la mâchoire   J'...

B. Même exercice au présent.

• parler fort / on – entendre venir de loin
  Il parle tellement fort qu'on l'entend venir de loin.

1. Dormir profondément / rien ne pouvoir le réveiller   Il...
2. Marcher vite / personne ne pouvoir la suivre   Elle...
3. Mentir souvent / personne ne plus te croire   Tu...
4. Téléphoner beaucoup / ligne toujours occupée   Il...
5. Faire beaucoup de sport / ne pas avoir le temps
   de faire autre chose   Ils...
6. Chanter très faux / ne pas oser chanter   Je...
7. Être très heureux / pleurer de joie   Elle...
8. Être très timide / ne jamais regarder les gens en face   Il...
9. Conduire très vite / personne ne vouloir monter
   dans sa voiture   Il...
10. Être passionné par Internet / passer ses journées
    devant son écran   Elle...
11. Être impatiente / ne pas tenir en place   Elle...
12. Boire beaucoup de café / avoir des insomnies   Je...

Corrélation d'intensité : *au point que / de...*

A. Observez.

L'acteur avait *tellement* le trac *que ça le rendait malade.*
Un jour l'acteur a eu le trac *au point qu'*il a fallu le pousser sur scène.

Certains auditeurs bâillaient *tellement que* le conférencier s'en est aperçu.
Certains auditeurs bâillaient *au point de* se décrocher la mâchoire.

Il avait *tellement* bu *qu'*il n'arrivait plus à articuler une phrase.
Il avait bu *au point* de rouler par terre.

B. Complétez avec *au point que* ou *au point de*....

Il peut arriver que certaines personnes
soient timides au point *de ne pas oser parler en public.*
soient timides au point *qu'elles sont obligées de se soigner.*
1. aiment les jeux d'argent au point…
2. aient peur au point…
3. soient désespérées au point…
4. soient distraites au point…
5. soient émues au point…
6. soient passionnées au point…
7. changent d'apparence ou de style au point…
8. soient bonnes et généreuses au point…
9. parviennent à se concentrer au point…
10. soient sûres d'elles au point…

C. Lisez puis imaginez pour d'autres faits des conséquences extrêmes, insolites, cocasses.

Le respect

Il avait l'air tellement distingué qu'après avoir été arrêté pour meurtre on n'osa pas lui proposer une cellule sans salle de bains.

Conte froid, Jacques Sternberg

La société allemande Mobil Com est tellement sûre de l'inviolabilité de ses téléphones portables, qu'elle a offert une très forte prime à qui parviendra à les pirater !

d'après *Les Clés de l'actualité*, 23 octobre 1996

But et conséquence : *de manière/façon/sorte... si bien que*

A. Observez les introducteurs et le mode :
infinitif, indicatif, subjonctif.

1.		
Il était arrivé très tôt	*de manière à tout préparer*	BUT
	de manière (à ce) que tout soit prêt	BUT
	de sorte que tout était prêt quand nous	
	sommes arrivés	CONSÉQUENCE
	si bien que tout était prêt à notre arrivée	CONSÉQUENCE

2.		
Elle s'est cachée derrière	*de manière à ne pas être remarquée*	
un pilier de l'église	*de façon (à ce) qu'on ne la voie pas*	BUT
	de telle manière que personne ne l'a vue	CONSÉQUENCE
	si bien que personne ne l'a remarquée	CONSÉQUENCE

3.		
Le médiateur a mené	*de façon à ne bloquer personne*	BUT
sa médiation (avec tact)	*de manière (à ce) que les deux parties*	
	ne perdent pas la face	BUT
	de telle manière que personne	CONSÉQUENCE
	ne s'est senti lésé et que l'affaire	
	a été rapidement réglée	
	si bien que tout a été réglé très vite	CONSÉQUENCE

4.		
L'avion volait bas,	*de manière à ne pas être repéré par les radars*	BUT
au ras de l'eau	*de manière (à ce) que les radars*	BUT
	ne puissent pas le repérer	
	de sorte que les radars ne l'ont pas repéré	CONSÉQUENCE
	si bien qu'il est passé inaperçu des radars	CONSÉQUENCE

But + infinitif ou subjonctif	**Conséquence + indicatif**
• de manière / façon à + infinitif	• de telle manière / façon que + indicatif
• de manière / façon (à ce) que + subjonctif	• de sorte que + indicatif
• de sorte que + subjonctif	• si bien que + indicatif

B. La différence de sens est-elle repérable ?
oui ? non ? à l'oral ? à l'écrit ? à l'oral et à l'écrit ?

1. Il ne ferme jamais à clé la porte de sa maison
        de sorte qu'on puisse entrer et sortir librement.
        de sorte qu'on peut entrer et sortir librement.

2. Le plus beau tableau a été placé face à l'entrée
        de sorte que tout le monde le voie.
        de sorte que tout le monde le voit.

3. Le radar de contrôle de vitesse est situé
        de sorte qu'on passe obligatoirement devant.
        de sorte qu'on passe obligatoirement devant.

But et conséquence : *de manière/façon/sorte... si bien que*

A. Complétez en faisant apparaître le but poursuivi, l'intention.
Rajoutez éventuellement un adverbe ou groupe adverbial.

• Il parlait de manière...

• Il parlait (*bas*) *de manière à ne pas être entendu.*

• Il parlait (*à haute et intelligible voix*) *de manière à ce que tout le monde l'entende.*

1. Elle s'était vêtue de façon...

2. Il faudra argumenter de manière...

3. Quittons la pièce de manière...

4. Faites bouillir de l'eau de manière...

5. Dépêchons-nous de manière...

6. La séance a été interrompue de manière...

7. Les enfants ont monté les escaliers sur la pointe des pieds de manière...

8. Placez les deux jeunes gens l'un près de l'autre à table de manière...

9. La prison modèle était conçue de façon...

B. Proposez des conséquences.

• Elle est débordée de travail...
  ... si bien qu'elle n'a plus le temps de sortir.
  ... si bien qu'elle est obligée d'être très organisée.
  ... de sorte que ses amis ne la voient plus.

1. Il a plu des trombes d'eau pendant plusieurs jours...

2. Notre député est compromis dans plusieurs affaires de fausses factures...

3. Lorsque son fils est né, il faisait une course dans l'Himalaya...

4. Les douaniers m'ont arrêté à la frontière et ont fouillé la voiture...

5. Elle voyage toujours sans billet...

6. J'ai suivi le plan que vous m'aviez donné...

7. Le voisin du dessus passe son temps à faire la fête...

8. Les deux sœurs se sont disputées...

L'expression tant et si bien que (plus rare) insiste sur l'intensité.
  • Son enfant l'exaspérait, tant et si bien qu'elle a fini par le gifler.
  • Je leur ai vanté mon projet, tant et si bien qu'ils ont fini par l'accepter.
  • Il a pleuré misère, tant et si bien que j'ai fini par lui accorder mon aide.

A. Formulez des phrases au passé.

- Je / ne connaître personne / *alors* / je / partir très vite / ne pas rester longtemps
  Je ne connaissais personne alors *je suis parti très vite, je ne suis pas resté longtemps.*
1. Je / être pressé / *alors* / je / prendre le sens interdit
2. Je / être sur le point de s'endormir / *alors* / je / ne pas répondre au téléphone
3. Policier / me / interpeller / *alors* / je / se mettre à courir
4. Personne être à la caisse / *alors* / je / sortir sans payer
5. Journaliste / poser une question indiscrète / *alors* / je / refuser de répondre
6. Études / ne pas plaire / *alors* / je / changer d'orientation

B. Lisez cette publicité.

La Cinquecento est très maniable.

Donc elle se faufile partout.

Donc vous arrivez le premier au bureau.

Donc vous êtes déjà là quand le patron arrive.

Donc il a confiance en vous.

Donc il vous donne des responsabilités.

Donc vous prenez sa place.

Fiat Cinquecento. La voiture qu'il vous faut, **Donc.**

C. Écoutez et classez les phrases.

A : fait X donc + cause	B : fait X donc + conséquence
1a Il y a des mégots partout, Jacques est **donc** passé par là.	**1b** Il y a des mégots partout, il faudra **donc** interdire formellement de fumer.
2a	**2b** ....
3a	**3b** ....
4a	**4b** ....
5a	**5b** ....

D. Reformulez les phrases de la colonne A avec **Si... c'est que...** et les phrases de la colonne B avec **par conséquent...**

Principaux marqueurs grammaticaux

• de cause

+ INDICATIF		+ SUBJONCTIF
• parce que	• comme	• non pas que
• (si ...) c'est que	• puisque	• ce n'est pas que
• sous prétexte que	• car	• soit que... soit que...
		• de peur/crainte que

+ INDICATIF	ou NOM	+ NOM	+ INFINITIF ou NOM
• du fait que	• du fait de	• en raison de	• en raison de
• étant donné que	• étant donné	• à cause de	• à cause de
• vu que	• vu	• grâce à	• grâce à
		• à force de	• à force de
		• par	• par

Participe présent

• de conséquence

+ INDICATIF	
• si bien que	• donc
• de (telle) façon que	• alors
• de (telle manière) que	• par conséquent
• de (telle) sorte que	• c'est pourquoi ..., ceci explique ..., ... de ce fait ...

+ INDICATIF	+ INFINITIF	+ SUBJONCTIF
• si ... que	• assez ... pour	• assez ... pour que
• tant ... que	• trop ... pour	• trop ... pour que
• un(e) tel(le) ... que	• suffisamment ... pour	• suffisamment ... pour que
• tellement ... que		

• de but

+ SUBJONCTIF	ou INFINITIF
• pour que	• pour
• afin que	• afin de
• de manière (à ce) que	• de manière à
• de façon (à ce) que	• de façon à
• de sorte que	

+ SUBJONCTIF	+ INFINITIF	+ NOM
• de sorte que	• dans le but de	• en vue de

15
Domaine
de l'opposition
et de la
concession/restriction

Opposition : différences, similitudes

A. Notez en face de chaque phrase
le signe = pour les similitudes ou ≠ pour les différences.

Pierre et Jean sont frères, ils ont des points communs et des différences.

- Pierre est brun son frère Jean aussi   =
- Pierre aime le sport Jean non   ≠

1. Le premier sourit beaucoup, le second au contraire sourit peu.

2. Les deux frères ont la même taille et la même démarche.

3. L'un est marié, l'autre pas.

4. Jean à la différence de Pierre est sédentaire.

5. Sur le plan des idées politiques, ils ont des points de vue identiques.

6. Ils ont tous deux peur des serpents.

7. Le frère aîné contrairement à son cadet s'intéresse peu aux voitures.

8. L'un a le sens de l'humour, l'autre en revanche en est dépourvu.

9. Jean et son frère aiment autant l'un que l'autre leur sœur cadette.

10. L'un est d'un tempérament plutôt doux alors que l'autre est facilement irritable.

11. Ils ont en commun l'amour du jazz.

12. Plus il y a de monde, plus Pierre s'anime, plus il y a de monde plus Jean se renferme.

13. L'un comme l'autre ont très bon appétit.

14. Pour l'un comme pour l'autre la famille compte beaucoup.

15. L'un a beaucoup voyagé tandis que l'autre n'a jamais quitté la France.

16. L'un est aussi renfermé que l'autre est extraverti.

17. Autant l'un est dépensier, autant l'autre est économe.

18. L'un a les cheveux longs, l'autre par contre a le crâne totalement rasé.

Remarquez
- les oppositions lexicales :
  peu ≠ beaucoup ; cheveux longs ≠ crâne rasé, etc.
- les structures comparatives qui opposent :
  Pierre est aussi… que Jean est…
  Autant Pierre… autant Jean…
- les expressions d'opposition (*cf* pages suivantes) :
  contrairement à… au contraire de… à la différence de…
  par contre…en revanche…
  alors que + indicatif
  tandis que + indicatif (moins utilisé que alors que)

B. Faites le portrait
de Pierre et de Jean séparément

Opposition : *en revanche, par contre, au contraire...*

A. Formulez les phrases oralement.

• Je ne vais pas souvent au concert mais... (théâtre)
  Je ne vais pas souvent au concert mais je vais souvent au théâtre.

1. Je travaille peu et gagne peu d'argent, mais en revanche je ...... (libre comme l'air)

2. Je ne vois pas souvent mes frères et sœurs, en revanche je ...... (téléphoner régulièrement)

3. C'est un peu ennuyeux de passer ses vacances à la campagne, mais ...... (reposant / moins cher)

4. J'ai des voisins très bruyants ; en revanche .... (chaleureux et sympathiques)

5. Je n'ai pas beaucoup d'amis ; en revanche ...... (relations)

6. J'aime l'aurore, par contre ...... (pas le crépuscule)

7. Je n'ai pas beaucoup d'expérience professionnelle ; en revanche ...... (jeune et dynamique)

8. Je n'aime pas beaucoup les chiens, par contre ...... (les chats)

9. Je connais mal le classique mais ...... (jazz)

10. Je n'ai fait ni piano, ni violon à l'école par contre ...... (chant)

> Par contre est plus utilisé que en revanche dans la langue familière.
> En revanche comporte en principe une idée de compensation.

B. Écoutez une fois ou deux tous les dialogues puis de mémoire retrouvez les réponses.

1. Il n'est pas un peu sûr de lui ton ami ?
– ....

2. Vous n'avez pas peur que cette sortie me fatigue, Docteur ?
– ....

3. Il n'est pas sombre pendant la journée ton appartement ?
– ....

4. Ça vous dérange que je vous accompagne ?
– ....

5. Je vous ennuie avec mes récits de voyage ?
– ....

6. Tu ne sembles pas accord ?
– ....

C. Rédigez un paragraphe commençant par Contrairement à...

• Contrairement à ce que pensent beaucoup d'étrangers avant de venir en France...
• Contrairement à ce qu'on pensait il y a quelques années...
• Contrairement à des rumeurs qui ont circulé...
• Contrairement à ce que je pensais...
• Contrairement aux idées reçues...

A. Lisez et **observez** les formulations de l'opposition.

■ MAISONS FRANÇAISES. – Les maisons du sud de la Loire sont en général recouvertes de tuiles *tandis qu*'au nord ce sont les toits d'ardoise qui prédominent.

■ FORÊTS DU MONDE. – Les forêts tropicales d'Afrique, d'Amérique du Sud et d'Asie du Sud sont en constante régression, *à la différence des* forêts tempérées et froides d'Europe, de Russie et d'Amérique du Nord qui, elles, ont tendance à augmenter (1998).

■ SIDA. – Le fossé se creuse tous les jours davantage : *alors que* l'épidémie de sida ne cesse de progresser dans la plupart des pays en voie de développement, elle recule aujourd'hui de manière significative dans l'Union européenne et en Amérique du Nord.

Le Monde, 2 décembre 1998

■ EXPÉRIENCE POUR 800 000 ÉCOLIERS : ÉCOLE LE MATIN, ACTIVITÉS SPORTIVES OU CULTURELLES L'APRÈS-MIDI. – Cet aménagement des rythmes scolaires augmente, chez les enfants, le plaisir d'aller à l'école. E*n revanche*, les résultats des écoliers ayant participé à l'expérience ne progressent pas. Si leur plaisir d'aller à l'école se trouve renforcé, leurs performances scolaires restent identiques. L'initiateur du projet a estimé le bilan de l'expérience positif *alors que* le ministre de l'Éducation nationale a émis des critiques à l'encontre du projet.

d'après *Le Monde* décembre 1998

B. Reconstituez les informations
contenues dans les textes précédents.

---

1. MAISONS FRANÇAISES
- au nord de la France : couvertures d'ardoises
- au sud de la France : toits recouverts de tuiles

2. FORÊTS
- forêts tropicales de…
- forêts tempérées et froides de…

3. ÉPIDÉMIE DU SIDA
- dans les pays en voie de développement…
- dans l'Union européenne et en Amérique du Nord…

4. EXPÉRIENCE D'AMÉNAGEMENT DES RYTHMES SCOLAIRES
- plaisir des enfants d'aller à l'école…
- résultats scolaires…

ÉVALUATION DE CETTE EXPÉRIENCE
- par l'initiateur du projet…
- par le ministre de l'Éducation nationale…

C. Rédigez des phrases à partir des données suivantes

	Mode d'élection	Durée du mandat	Renouvellement
Députés	Suffrage universel direct	Cinq ans	Total tous les cinq ans
Sénateurs	Suffrage universel indirect	Neuf ans	Par tiers tous les trois ans

Opposition : *alors que, tandis que...*

A. Lisez ces propos d'étudiants
(majorité de Français et quelques étrangers) 1998.

LES FRANÇAIS... ALORS QUE LES...

■ Les Français se font des petits plats cuisinés alors que les Américains mangent des hamburgers.

■ Les Français aiment le football alors que les Américains aiment le basket.

■ Les Français mangent toujours assis alors que les Anglais mangent debout.

■ Les Français ont tendance à détourner le regard quand on leur parle alors qu'au contraire les Hollandais vous regardent droit dans les yeux.

■ Les Français mangent vers midi alors que les Espagnols déjeunent vers 15 heures.

■ Les Français dansent le rock alors que les Mexicains dansent la salsa.

■ Les Français parlent beaucoup avec la bouche alors que les Coréens parlent avec les yeux.

■ Les Français ne craignent pas les conflits alors que les Japonais font tout pour les éviter.

■ Les Français sont souvent dépeints avec un béret et une baguette de pain alors que les Allemands le sont avec un chapeau bavarois et une chope de bière.

■ Les Français boivent beaucoup de vin alors que les Anglais et les Allemands préfèrent la bière.

■ Les Français vont au travail en voiture alors que les Japonais utilisent les transports en commun.

B. Imaginez la suite des phrases de ce même groupe d'étudiants.

Les... alors que les Français...

• Les Allemands travaillent d'arrache-pied alors que...

• Les Suisses au volant sont disciplinés alors que...

• Les Mexicains sont très faciles d'accès et chaleureux alors que...

• Les Américains aiment les fromages pasteurisés alors que...

• Les Japonais sont réservés et discrets alors que...

• Les Anglais mangent du pain de mie alors que...

• Les Anglais roulent à gauche alors que...

• Les Chinois adorent le riz alors que...

• Les Italiens mangent des pâtes alors que...

• Les Anglais sont ponctuels alors que...

Partagez-vous ces points de vue ?
Faites un portrait robot du Français à partir de ces phrases.

Dans toutes ces phrases vous pourriez remplacer alors que par tandis que.
Mais alors que est plus fréquemment utilisé.

Temps 183

C. Inventoriez des oppositions dans d'autres domaines.
Rassemblez vos opinions sur ces sujets.

*votre voisin et vous • les hommes et les femmes ou les garçons et les filles
la vie à la ville et à la campagne • les chiens et les chats • deux professions
deux pays ou régions • deux styles picturaux, architecturaux, musicaux, etc.*

Opposition / contradiction : *alors que...*

A. **Comparez** les deux ensembles de phrases.

I *alors que* ou *tandis que* A différent de B	**II** *alors que* A en contradiction avec B
Il dévore alors que sa femme picore	Il dévore alors qu'il a déjà mangé.
Il a réussi son bac la première fois tandis que son frère a dû le passer trois fois.	Il a passé son permis du premier coup alors qu'il n'avait pris que quelques leçons.
Il faisait beau hier alors qu'il pleuvait avant-hier.	Il faisait beau hier alors que la météo avait annoncé de la pluie.
Il peut parler d'un film pendant des heures alors qu'il n'a rien à dire après un concert.	Il peut parler d'un film alors qu'il ne l'a pas vu.
Elle va souvent à des matchs de rugby alors qu'elle ne va jamais à des matchs de foot.	Elle va souvent à des matchs de rugby alors qu'elle n'aime pas ça !

B. **Les phrases** suivantes appartiennent-elles à l'ensemble **I** ou à l'ensemble **II** ?

1. Il n'aime que les voitures françaises	• *alors que* sa femme n'aime que les voitures étrangères. • *alors qu'*il vend des voitures étrangères.
2. Il a marché trois heures	• *alors qu'*il avait des ampoules aux pieds. • *alors qu'*hier il était épuisé au bout d'une heure.
3. Il dépense sans compter	• *alors qu'*il est déjà très endetté. • *alors que* son épouse est très économe.
4. Elle a décoré sa maison pour Noël	• *alors qu'*elle passera les fêtes seule. • *alors que* l'an dernier elle ne l'avait pas fait.
5. Il s'inquiète de tout	• *alors que* sa sœur est insouciante. • *alors qu'*il n'a aucune raison d'être inquiet.

C. **Imaginez** des reproches comportant *alors que*.

- UN PÈRE (*à son fils*). – Tes notes de maths sont déplorables alors que tu as des cours particuliers !
- UN CLIENT (*à un boucher*). – Le rôti était dur alors que vous m'aviez assuré qu'il serait tendre.
- UN AMI (*à un ami*). – Pourquoi tu ne m'as rien dit, alors que nous sommes amis... tu aurais dû m'en parler.

A. Écoutez et lisez.

1. Je vous présente ma sœur jumelle.
   – Votre sœur jumelle ?
   – Eh oui ! *bien que* nous soyons sœurs jumelles, nous ne nous ressemblons pas du tout.
   – En effet. ·

2. Le stationnement n'est pas interdit ici ?
   – Si, mais *bien que* ce soit interdit, tout le monde stationne.

3. Vous comprenez tous les mots ?
   – Oui.
   – Vous comprenez donc la phrase ?
   – Non, je ne comprends pas la phrase… *bien que* je comprenne tous les mots.

4. Tu reprends du dessert ?… *bien que* tu sois au régime ?
   – C'est une exception !

5. Votre projet est très intéressant.
   – Alors, vous pouvez nous aider à le financer ?
   – Hélas, non, *bien que* votre projet me plaise, je ne peux rien pour vous.

6. La police me suspecte.
   – Mais tu as un alibi !
   – C'est comme ça ! B*ien que* j'aie un alibi, je fais partie des suspects.

7. Est-ce que vous avez vu votre agresseur ?
   – Oui.
   – Vous pouvez donc nous donner son signalement ?
   – Non, je ne peux pas le décrire précisément, *bien que* je l'aie vu.

8. Je pars pour l'Afghanistan.
   – B*ien que* tu n'aies pas de visa ?
   – B*ien que* je n'aie pas de visa.
   – À tes risques et périls !

B. Analysez ce qui est présupposé dans chaque dialogue pour l'un au moins des interlocuteurs.

1. Deux sœurs jumelles sont supposées se ressembler.
   On s'attend en effet à ce que deux jumeaux se ressemblent.
2. Un stationnement interdit est censé être respecté.
3. On peut supposer que, si on comprend tous les mots, on comprend la phrase.
4. Quand on est au régime, on évite normalement d'abuser de dessert.
5. Si le projet est intéressant, il devrait logiquement être financé.
6. Quelqu'un qui a un alibi n'est pas supposé suspect.
7. On devrait pouvoir décrire quelqu'un que l'on a vu.
8. Raisonnablement, on ne part pas sans visa pour l'Afghanistan.

Les phrases introduites par bien que marquent **un écart par rapport à l'ordre attendu.**
• On pourrait s'attendre, puisque nous sommes jumelles à ce que nous nous ressemblions, mais nous ne nous ressemblons pas
  → Bien que nous soyons jumelles, nous ne nous ressemblons pas.

A. Lisez les propos d'un groupe d'étudiants français (1999)
à qui il a été demandé de formuler une phrase commençant par :

Bien que les études universitaires...

- soient prestigieuses, elles sont tout de même parfois ennuyeuses.
- prennent beaucoup de temps, on arrive toujours à avoir des activités en dehors de l'université.
- soient longues, elles me paraissent trop courtes.
- soient de plus en plus longues, les étudiants ne trouvent pas toujours du travail / de nombreux lycéens s'y engagent.
- soient parfois ennuyeuses, elles sont incontournables.
- soient nécessaires, elles ne garantissent pas un emploi.
- soient utiles, elles ne sont pas indispensables pour trouver un travail.
- ne garantissent pas un travail, elles peuvent nous aider à en trouver un.
- soient théoriques, elles préparent, me semble-t-il, à la vie professionnelle.
- soient longues et difficiles, les étudiants considèrent cette période comme la plus belle de leur vie.
- soient gratuites, la vie d'étudiant coûte cher avec toutes les sorties / il n'est pas donné à tout le monde d'en faire / certains milieux sociaux sont mieux représentés que d'autres.

B. Imaginez la suite des propos de ces mêmes étudiants
concernant non plus leurs études mais eux-mêmes, puis **écoutez**.

- Bien que nos études soient longues ......
- On n'est pas payés, mais ......
- On est de plus en plus nombreux, il n'empêche que ......
- Bien que nous soyons inquiets pour notre avenir, ...
- On est très nombreux, mais ......
- On est sérieux, mais ......
- Bien que nous travaillions tous beaucoup ......
- Bien que les étudiants ne soient pas riches ......
- Nous sommes motivés, il n'empêche que ......
- Si nous obtenons des diplômes, ...

C. Complétez librement sur d'autres sujets,
puis **comparez** vos analyses.

- Bien que les jeunes...
- Bien que les hommes politiques...
- Bien que les militaires...

- Bien que les enseignants...
- Bien que les célibataires...
- Bien que les hommes...

- Bien que les animaux...
- Bien que la famille...
- Bien que l'école...
- Bien que le droit de vote...

Concession : *bien que / quoique*

A. Formulez des phrases avec *bien que* + subjonctif présent.

1. être marié / ne pas vivre ensemble
   - Bien qu'ils *soient mariés, ils ne vivent pas ensemble.*
2. faible consommation / puissance • Cette voiture…
3. ne pas grandir / appétit normal • Cet enfant…
4. savoir ce que quelqu'un pense / ne rien dire • Je…
5. plonger dans l'eau / ne pas savoir nager • Elle…
6. rouler vite / se sentir en sécurité • Bien que vous…
7. acheter un téléphone portable / ne pas en avoir vraiment besoin • Je…
8. faire une partie d'échecs / être plus fort • J'aimerais…
9. avoir souvent raison / pouvoir se tromper • Bien que vous…
10. craindre de ne pas dormir / prendre un café • Bien que je…
11. renouveler sa demande / avoir peu de chances de l'obtenir • Il va…

B. Formulez les phrases avec *bien que* + subjonctif passé.

1. ne pas donner son avis / demander
   - *Elle n'a pas donné son avis bien qu'on le lui ait demandé plusieurs fois.*
2. avouer le crime / ne pas le commettre • Il…
3. s'échapper / attacher • Les chevaux…
4. ne pas vouloir cesser de travailler / être incité à le faire • Bien que son médecin…
5. bijoux rapidement trouvés / bonne cachette • Bien que la cachette…
6. être témoin d'une scène / ne pas vouloir témoigner • Certains passants…
7. rester svelte et vif / forcir • Bien qu'il…
8. se rencontrer plusieurs fois / ne pas bien se connaître • Bien que nous…
9. être au dernier rang / arriver une heure en avance • Bien que nous…
10. prier toute sa vie / vœux jamais exaucés • Ses vœux…
11. voyager peu / connaître tout sur de très nombreux pays • Bien qu'elle…

- Quoique = bien que mais est moins utilisé :
     Il a avoué le crime quoiqu'il ne l'ait pas commis, etc.
- Bien que et quoique se construisent aussi avec un adjectif ou un participe
     Les otages, bien qu'effrayés, ont gardé leur calme.
     Bien que surchargé, ce médecin prend son temps.
     Quoique fort cultivée, elle ne fait pas état de ses connaissances.
     L'entrevue avec le ministre, quoique brève, a été fructueuse.

C. Dans quelles phrases des exercices A et B pouvez-vous utiliser cette construction ?

- Bien que mariés, ils ne vivent pas ensemble.

Concession : autres marqueurs

A. Écoutez et complétez.

1. Tu t'es fait pousser la barbe ?
   – Oui, pour qu'on ne me reconnaisse pas.
   – Je t'ai reconnu tout de suite, ... ta barbe.
2. Elle a l'air calme.
   – .... les apparences, elle ne l'est pas.
3. Tu as pris un sacré coup de soleil !
   – .... , je ne suis pas resté longtemps au soleil.
4. Papa, j'avais rien fait et la maîtresse m'a puni.
   – Si elle t'a puni, c'est qu'il y avait une raison.
   – Non, j'avais rien fait et elle m'a puni ....

5. Les critiques ne sont pas bonnes.
   – J'ai .... envie d'aller voir ce film.
   – .... les critiques ?
   – .... les critiques.
6. Vous sortez pêcher .... la mer est forte ?
   – Bien sûr on sort .... ! on sort .... le temps.
7. La cuisine n'est pas très bonne dans ce restaurant.
   – .... c'est toujours plein !
8. Ta mère a un air très doux.
   – .... qu'à la maison c'est elle qui dirige tout.

B. Lisez ces informations parues dans la presse.
Soulignez les termes concessifs.

■ POURSUITE DE LA GRÈVE À LA SNCF.

Les syndicats ont obtenu une promesse de négociation ; cependant les contrôleurs ont décidé de poursuivre leur grève. Malgré la promesse de négociation la grève continue donc.   Déc. 1998

■ MARÉE NOIRE AU JAPON

Bien que les quantités de pétrole répandu soient moins importantes que dans d'autres cas, cette marée noire a des conséquences dramatiques pour une région qui vit de la pêche et de la récolte des algues. Janv. 1997

■ MÉTÉO

La température baisse, le redoux est annoncé, mais les risques de verglas subsistent cependant dans l'est et le nord de la France.   Déc. 1999

■ GRÈVE SNCF

Malgré une faible mobilisation, le trafic de la SNCF reste perturbé.   Nov. 1998

■ CHIFFRES DU CHÔMAGE

Le chômage n'a jamais été aussi élevé malgré une embellie en décembre.

Le Monde, 1er fév. 1997

C. Reconstituez les phrases précédentes à partir des éléments suivants.

1. Promesse de négociation – cependant – poursuite de la grève
2. Bien que – quantités moindre de pétrole que... – conséquences dramatiques de la marée noire
3. Redoux – cependant – risque de verglas
4. Malgré faible mobilisation – trafic perturbé
5. Malgré embellie – chômage élevé

A. Écoutez

Notez les commentaires en face de chaque phrase.

1. Aimer une région *même si* son climat est rude. *C'est possible. Bien sûr que c'est possible !*

2. Passer une soirée agréable *malgré* une rage de dents. ....

3. Rouler à 180 km/h *malgré* une limitation de vitesse à 130 km/h. ....

4. Se faire comprendre en langue étrangère *malgré* un accent prononcé. ....

5. Trouver la vie belle *même si* on est fauché. ....

6. Se considérer comme chrétien *bien qu'*on ne fréquente pas les offices religieux. ....

7. Vouloir traverser l'Atlantique à la voile *bien qu'*on soit sujet au mal de mer. ....

8. Être fidèle à un parti politique *bien qu'*on n'adhère plus à ses idées. ....

9. Se plaire dans la compagnie de quelqu'un *bien qu'*il soit odieux. ....

10. Rire *tout en étant* triste ou sourire *tout en ayant* envie de pleurer. ....

B. Est-ce à votre avis

(im)possible, (in)concevable, fréquent, rare, souhaitable, remarquable, déconseillé, dangereux, naturel...

1. de ne pas avoir son permis de conduire et de conduire (*quand même*).
2. de ne pas avoir été invité à dîner et d'y aller (*quand même*).
3. de détester quelqu'un et de l'épouser (*quand même*).
4. de ne pas croire aux horoscopes et de les lire (*quand même*).
5. d'être méthodique et (*cependant*) fantaisiste.
6. de ne pas être très riche et d'être (*néanmoins*) généreux.
7. de bégayer et de devenir (*néanmoins*) un grand acteur.
8. de craindre le froid et de partir (*néanmoins*) pour une expédition polaire.
9. de n'avoir aucun diplôme et de diriger (*cependant*) un pays.
10. d'être innocent et de passer (*cependant*) sa vie en prison.

Observez dans ces phrases concessives :
• l'existence d'un obstacle O = climat rude, défauts, rage de dents etc.
• le non-effet de l'obstacle (mais O n'empêche pas A) + *cf.* «il n'empêche que» dialogues p. 236

Concession : *malgré*

A. À propos de qui, de quoi ceci peut-il être dit ?
---

1. Ils ont gardé leur sang froid, malgré les circonstances.
2. Malgré leur carte de presse, ils n'ont pas pu approcher.
3. Elle a refusé, malgré la pression de son entourage.
4. Malgré son âge, elle marche encore bien.
5. Il n'a pas été inquiété, malgré les preuves réunies contre lui.
6. Malgré le prix,'l'affaire a été vite conclue.
7. Malgré ce qui lui est arrivé, il a repris son travail.
8. Ça ne s'est pas bien passé, malgré les encouragements du public.
9. On s'entend très bien, malgré la différence d'âge.
10. Ne m'en veuillez pas, malgré ce que je vous ai dit.
11. J'ai fait tout ce que j'ai pu mais, malgré ça, ça n'a pas marché !
12. Je n'ai pas agi de mon plein gré, j'ai signé malgré moi.

B. Complétez en utilisant *malgré*.

Il *a neigé* beaucoup cette nuit, mais nous devons prendre la route… *malgré la neige.*

1. Il avait *promis* de venir ; on l'attendait, mais il n'est pas venu…
2. Sa famille le *pressait* de se marier, mais il a refusé…
3. C'est *risqué*, je sais, mais je tenterai l'aventure…
4. Ils se sont *efforcés* d'assurer un avenir à leurs enfants, mais ils n'y sont pas parvenus…
5. C'est un personnage *qui parait* snob, mais qui en fait est très simple…
6. Le *public* n'a pas bien *réagi*, mais le conférencier a continué…
7. *La vitesse est limitée* sur les autoroutes, mais les accidents sont fréquents…
8. La municipalité était *d'accord* pour le projet, mais celui-ci n'a pas abouti…
9. J'ai beaucoup *insisté* pour entrer, mais ça a été impossible…
10. La police a *recherché* les malfaiteurs, mais ils n'ont pas été retrouvés…

C. Faites des phrases comportant *malgré*. Choisissez.

- *les différences, les points communs, les divergences de point de vue, les intérêts communs…*
- *les conditions, les circonstances, l'état de, le temps, les risques, le danger, les obstacles…*
- *ses caractéristiques, ses qualités, ses défauts, son apparence, sa taille, sa corpulence, son âge, son intelligence, son enthousiasme, sa bonne volonté, son origine, son statut, sa fonction*
- *les promesses, les déclarations, les recommandations, l'interdiction, la loi, le refus…*

Souvenez-vous !		
		• Malgré ce que…
• Malgré + nom	• Malgré tout	• Malgré le fait que
• Malgré moi, lui, vous…	• Malgré ça	+ indicatif ou subjonctif

Concession : *pourtant, cependant*

- Je n'aime pas les maths.
  – Tu n'es **pourtant** pas mauvais en maths. Normalement, tu devrais aimer.
- Je n'aime pas les maths.
  – C'est **pourtant** passionnant, les maths.

1. Je n'aime pas ce type !
  – ....

2. Tu sembles en forme !
  – ....

3. J'ai raté mon examen.
  – ....

4. Tu sais que j'ai réussi mon examen.
  – ....

5. Je t'assure, cette femme est folle !
  – ....

6. Moi, je ne crois pas à l'homéopathie.
  – ....

7. L'enquête piétine !
  – ....

8. Je suis en retard, désolée !
  – ....

La place de pourtant est variable	Pourtant, je suis mécontent.
	Je suis mécontent, pourtant.
	Je suis pourtant mécontent (style + soutenu).

B. Formulez les fins des phrases
en utilisant **pourtant** ou **cependant**.

- Ma commande n'est pas encore prête ? – Vous / me / assurer / être prêt.
  Ma commande n'est pas prête ? *Vous m'aviez pourtant assuré que ce serait prêt !*

1. Tu n'aurais pas dû manger ces champignons. – Je / te / mettre en garde.

2. Pourquoi avez-vous fait ça ? – Vous / savoir / je / être contre.

3. Vous avez agi trop précipitamment ! – Je / vous / recommander d'attendre.

4. Je m'étonne que vous ayez dévoilé nos projets. – Vous / me / assurer de votre discrétion.

5. Mon prêt est refusé ? je ne comprends pas ! – Vous / me / donner accord de principe.

6. Tu n'as pas téléphoné à ton cousin ministre ? – Je / te / demander de / intervenir.

7. Nous avons tous réagi de la même manière. – Nous / ne pas se concerter.

8. Nous nous sommes reconnus immédiatement. – On / ne pas se voir depuis longtemps.

Pourtant est très fréquent dans l'oral familier	
Cependant est plus littéraire, plus soutenu.	**Si... *cependant* 242**

A. Lisez.

■ Si la France possède un réseau routier très étendu, son réseau autoroutier est cependant moins étendu que celui de l'Allemagne par exemple.

■ Si la population française vieillit, la France compte cependant proportionnellement plus de jeunes que d'autres pays européens.

■ Les Français sont les plus gros consommateurs d'alcool en Europe. Cependant leur consommation a baissé depuis quelques décennies.

■ Si le nombre d'agriculteurs a baissé en France, comme ailleurs au cours de ce siècle, l'exode rural est moins fort chez nous que dans les pays voisins.

■ Le nombre de divorces a notablement augmenté en France comme ailleurs. Il est cependant moindre en France que dans d'autres pays européens.

■ Si plus de la moitié des Français se disent catholiques ils sont cependant peu nombreux à pratiquer régulièrement leur religion.

■ Si l'hétérogamie (mariage entre cultures différentes) est mieux acceptée par les jeunes que par leurs aînés, de fortes réticences subsistent cependant même chez ces jeunes.

> Notez que dans ces phrases la deuxième partie de la phrase (B) restreint la portée de la première partie (A), la rectifie, la corrige :
> Si A (cependant) B
> Ces phrases peuvent être reformulées avec :
> Bien que A (cependant) B

Reformulez ces phrases avec **bien que**.

B. Reprenez ces informations sous une forme dialoguée :
A donne une information
B est d'accord avec cette information
mais apporte un élément restrictif ou correctif.

1. La France possède un réseau routier très étendu.
– Oui, mais le *réseau autoroutier est moins étendu que celui de l'Allemagne par exemple.*
2. La population française vieillit.
– C'est vrai, mais *moins que celle d'autres pays voisins.*
3. Les Français sont les plus gros consommateurs d'alcool en Europe.
– En effet, mais…
4. Il y a de moins en moins d'agriculteurs en France.
– En effet, comme partout, mais…
5. Le nombre de divorces a beaucoup augmenté.
– Certes, cependant…
6. Plus de la moitié des Français se disent catholiques.
– Se disent catholiques oui, mais en fait…
7. – L'hétérogamie est mieux acceptée par les jeunes que par leurs aînés.
– Les jeunes l'acceptent mieux, c'est vrai, mais…

C. Écoutez et écrivez.

Concession : *quand même, tout de même*

A. Écoutez les dialogues puis **retrouvez** de mémoire les répliques et **écrivez-les**.

1. Je t'interdis de sortir.

– ....

2. La salle est presque vide !

– ....

3. Notre projet a peu de chances d'être adopté.

– ....

4. Attention, il y a un barrage de police.

– ....

5. Il refusera, c'est presque certain.

– ....

6. Je n'ai pas du tout envie de rencontrer ce monsieur !

– ....

7. Maman, je n'ai plus faim.

– ....

B. Complétez les phrases de commentaire correspondant aux dialogues ci-dessus.

1. L'enfant a l'intention de sortir bien que… *son père le lui ait interdit.*

2. Les acteurs ont décidé de jouer malgré ......

3. Ils vont tenter de faire adopter leur projet bien qu'......

4. Les fuyards ont décidé de passer malgré ......

5. L'employé a l'intention de demander une augmentation bien qu'......

6. Le directeur devra recevoir un visiteur de marque malgré ......

7. La mère a obligé son enfant à finir son assiette bien que ......

C. Complétez avec *quand même* ou *tout de même* . La place possible est indiquée par #.

• Les soldats ne voulaient pas attaquer mais…(*devoir*)
 … *mais ils ont # dû attaquer #*

• Le total est probablement juste mais je (*vérifier*)
 … *mais je vais # vérifier #*

1. Le bruit des pas sur le gravier était très faible mais nous (*entendre*).

2. Le métro était bondé mais je (*prendre*).

3. La réparation de ma voiture va coûter cher mais je (*faire réparer*).

4. L'émission qui m'intéresse est programmée très tard dans la nuit mais je (*compter regarder*).

5. Il n'était pas obligé de faire ce stage de formation mais il (*vouloir le faire*).

6. Je sais qu'il est un peu tard pour leur téléphoner mais il faut (*téléphoner*).

7. Ce n'est pas un médicament miracle mais ça me (*faire du bien*).

8. Elle avait déjà beaucoup perdu à la roulette mais elle (*continuer à jouer*).

Imaginez une émission télévisée
ou dans la presse une rubrique intitulée :
« VOTRE PROBLÈME, NOTRE CONSEIL ».

VOTRE PROBLÈME. – Je suis très bon client chez ma boulangère mais j'ai beau être bon client, elle est désagréable avec moi. Que me conseillez-vous ?

NOTRE CONSEIL. – *Vous êtes bon client, soit ! mais vous, êtes-vous aimable ? Si oui, changez de boulangerie.*

VOTRE PROBLÈME. – Malgré une réelle motivation, je n'arrive pas à m'arrêter de boire. J'ai beau essayer je n'y arrive pas. Pouvez-vous m'aider ?

NOTRE CONSEIL. – *Il est normal que vous n'y arriviez pas seul. La motivation est nécessaire mais ne suffit pas. Connaissez-vous les Alcooliques anonymes. Ils pourront vous aider.*

■ Bien que j'aie fait sept ans d'anglais au lycée, mon anglais est déplorable. Est-ce désespéré ?

■ Bien que j'aie affiché partout dans mon café qu'il était interdit de fumer, ça n'empêche pas les clients de fumer. J'ai beau dire et répéter que c'est interdit, tout le monde s'en fiche.

■ J'ai beau chercher l'âme sœur depuis des années, je ne l'ai pas encore trouvée. Pourriez-vous m'aider ?

■ Malgré les somnifères que je prends, je passe des nuits entières sans dormir. Je n'en peux plus.

■ J'ai beau être beau, jeune, riche et intelligent, je suis seul et malheureux. Que puis-je faire pour trouver une compagne ?

■ Nous avons beau surveiller notre fils, il fait bêtise sur bêtise. Rien ne l'arrête. Pourtant c'est un gentil garçon ! Si vous pouviez nous dire quoi faire !

■ Malgré une intensification du système de surveillance, les vols se multiplient dans mon magasin. Comment faire ? Je ne peux tout de même pas mettre un vigile derrière chaque client !

■ Bien que mon père et ma mère soient séparés, je crois qu'ils s'aiment encore. Vous croyez que je pourrais faire quelque chose ?

■ Bien que j'aie suivi les conseils que vous m'avez donnés la semaine dernière, j'ai encore raté mes choux à la crème. Pourtant, je vous assure, j'ai suivi scrupuleusement vos conseils. Pourquoi ça ne marche pas ?

Remarquer la construction très courante avoir beau

Avoir beau + **infinitif** se conjugue	J'ai beau essayer, je n'y arrive pas.
	J'ai eu beau essayer, je n'y suis pas arrivé.
	Tu auras beau essayer, tu n'y arriveras pas !

Formulez les phrases avec les éléments ci-dessous
en respectant l'ordre proposé

- sa voiture – être neuve   **et pourtant**   elle – être toujours en panne
  Sa voiture est neuve et pourtant elle est toujours en panne.
- je – très peu dormir   je – ne pas être du tout fatigué   **pourtant**
  J'ai très peu dormi, je ne suis pas du tout fatigué pourtant.

1. Malgré	grand âge		elle – ne pas avoir une ride
2. Bien que	nous – habiter près d'un étang		pas de moustiques
3.	faire nuit	pourtant	on – voir comme en plein jour
4. Bien que	ma valise peser – plus de 30 kg		ne pas payer de supplément
5.	je – ne pas partager les idées de mon adversaire politique	cependant	je – avoir de l'estime pour lui
6.	Il – être triste	mais	il – rire quand même
7. Malgré	fortes pluies		terre être à peine humide
8.	Ils – rouler en décapotable	malgré	pluie
9.	enfant terrible	pourtant	il – avoir l'air d'un ange
10. Bien que	nous – tous – insister		elle – refuser de sortir
11.	Nous – ne pas être invités	mais	nous – aller quand même
12. Malgré	nos recommandations		elle – ne pas se soigner
13. Bien que	je – ne pas composter billet		ne pas payer d'amende
14.	Nos parents – interdire de regarder télévision	mais	nous – regarder quand même
15. Bien que	ça – faire faire un détour		je – prendre la petite route
16.	elle – être très critique envers la télévision	mais	elle – regarder quand même
17.	Nous – trouver la solution	même si	falloir – y passer la nuit
18. quand bien même	le ciel – se dégager		ne pas faire très chaud

Choisissez une de ces phrases et **faites varier** les formulations.

A. **Lisez** les exemples puis **complétez.**

- Il *faut tenter l'expérience* même si elle comporte des risques.
- Même s'il s'excusait, ce qui est peu probable, *je ne lui pardonnerais pas.*
- Même si vous aviez eu un billet, *vous n'auriez pas pu entrer.*

1. … même si ce n'est pas raisonnable…
2. … même s'il fait mauvais…
3. … même si on se dépêche…
4. … même si je le savais…
5. … même si ça coûtait deux fois plus cher…
6. … même si c'était interdit…
7. … même si j'avais travaillé davantage…
8. … même si vous étiez arrivés plus tôt…
9. … même si on lui avait refusé un visa…
10 … même si on avait voté contre le projet…

B. **Écoutez** et **écrivez.**

1. Quoi qu'il advienne,…
2. Quoi qu'on fasse,…
3. Quoi que vous disiez,…
4. Quoi que vous ayez fait par le passé,…
5. Qu'il soit d'accord ou non,…
6. Que ça plaise ou non à mes parents,…
7. Où qu'il aille…
8. Où que je sois et quelle que soit…
9. Quel que soit…
10. Quelle que soit…
11. Quels que soient…
12. Quelles que soient…

Remarquez
la valeur d'**indétermination** et de **généralisation** de ces formulations
- Vous avez 20, 30, 40, 50… 80 ans…
  → quel que soit votre âge
- Vous vous cachez en Italie, en Espagne, au Maroc, etc.
  → où que vous vous cachiez
  → quel que soit le pays dans lequel vous vous cachez
- Tu pourras argumenter, tempêter, crier, casser la vaisselle…
  → quoi que tu fasses, quoi que tu dises

C. **Écoutez** et **écrivez.**

Concession + hypothèse : *même si, aussi... soi(en)t il(s)*

A. Lisez et **reformulez** la partie *en italique* avec **même si**.

Je préfère peindre des humains plutôt que des cathédrales, *si majestueuses et importantes soient-elles*. L'âme d'un être humain, même les yeux d'un pitoyable gueux ou d'une fille de trottoir sont plus intéressants selon moi. Van Gogh

---

B. Qu'en pensez-vous ? Est-ce vrai ? Est-ce faux ? Faut-il nuancer ?

- Aucun problème, même très complexe, ne reste définitivement sans réponse.
- Aucune enfance, même heureuse, n'est totalement heureuse.
- Aucun professeur, même excellent, n'est à l'abri d'un mauvais cours.
- Aucun parent, même très libéral, n'accepte que son enfant se drogue.
- Aucun peintre contemporain, aussi doué soit-il, n'arrive à la cheville de Picasso.
- Aucune femme, si merveilleuse soit-elle, n'est comparable à ma mère.
- Aucune drogue, aussi dangereuse qu'elle soit, n'est un aussi grand fléau social que l'alcool.
- Aucun coffre-fort, aussi résistant et sophistiqué qu'il soit, ne résiste à un pied de biche.
- Aucun somnifère, si puissant soit-il, ne peut endormir quelqu'un qui ne veut pas dormir.
- Tous les textes, aussi difficiles soient-ils, peuvent être traduits.
- Il n'y a pas de prison, aussi bien gardée soit-elle, dont on ne puisse s'échapper.

Sachez reconnaître ces constructions à *valeur restrictive* et *hypothétique*.

	(aus)si + adjectif + soit-il	ou	si + adjectif + qu'il soit
	soit-elle	ou	qu'elle soit
	soient-ils	ou	qu'ils soient
	soient-elles	ou	qu'elles soient
Vous pouvez les remplacer par :	même + adjectif	ou	même si...

Relisez les phrases précédentes en utilisant **même si**.

C. Lisez et **transformez** en utilisant **même si**.

- Quand bien même je le voudrais, je ne le pourrais pas.
  Même si je le voulais, je ne le pourrais pas.
1. Quand bien même on le lui interdirait, il le ferait.
2. Quand bien même tu me supplierais à genoux, je refuserais.
3. Quand bien même je l'aurais su plus tôt, je n'aurais pas pu y aller.
4. Quand bien même tu dirais oui maintenant, ce serait trop tard.
5. Quand bien même il serait libéré, ça ne prouverait pas son innocence.

247

Les professeurs ont enregistré leurs remarques mais n'ont pas noté leur matière.
La secrétaire les transcrit quand même sur le carnet de correspondance
en espérant ne pas se tromper de matière.

Écoutez et **écrivez** le commentaire en face de chaque matière.
Puis rédigez une appréciation générale synthétique.

NOM : Nochère

PRÉNOM : Edmond

MATHÉMATIQUES	
FRANÇAIS	
PHYSIQUE / CHIMIE	
HISTOIRE / GÉOGRAPHIE	
ÉDUCATION CIVIQUE	
SCIENCES DE LA VIE	
ANGLAIS	
ESPAGNOL	
TECHNOLOGIE	
ÉDUCATION PHYSIQUE	
ARTS GRAPHIQUES	
APPRÉCIATION GÉNÉRALE	

Principaux marqueurs grammaticaux

• de cause

- alors que + INDICATIF
- tandis que + INDICATIF

- au contraire
- en revanche
- par contre

• de restriction/concession

• inclus dans une proposition ou l'introduisant

- … pourtant …
- … quand même …
- … tout de même …
- … cependant, … néanmoins …

• introduisant un verbe

- bien que + SUBJONCTIF
- quoi que + SUBJONCTIF

Valeur d'indétermination :

- qui que + SUBJONCTIF
- quoi que + SUBJONCTIF
- où que + SUBJONCTIF
- que + SUBJONCTIF ou non

Valeur hypothétique :

- même si + INDICATIF
- quand bien même + CONDITIONNEL

Valeur de simultanéité :

- tout en … ant

• introduisant un nom

- malgré + NOM
- en dépit de + NOM
- bien que/quoique + NOM

Valeur d'indétermination :

- quel(le)(s) que soi(en)t   + NOM
- tout + NOM + que vous soyez/qu'il soit/etc.

• introduisant un adjectif ou un participe

- bien que/quoique + ADJECTIF/PARTICIPE
- tout/aussi + NOM + que vous soyez/qu'il soit/etc.

Infinitifs terminés en :

-er
Majorité des verbes du français
arriver, etc.

-yer
envoyer, aboyer, broyer,
employer, foudroyer,
nettoyer, noyer, tutoyer…
appuyer, ennuyer, essuyer.
payer, effrayer, égayer,
monnayer…

-e-er
acheter, achever, amener,
(con)geler, crever, déceler,
(en)lever, haleter, modeler,
peler, peser…
appeler, épeler, ficeler,
épousseter, jeter…

-é-er
espérer, aérer, céder,
compléter, digérer,
énumérer, inquiéter,
libérer, préférer, sécher,
régler…

-ir
offrir, souffrir, couvrir, ouvrir
et composés
courir et composés : accourir,
concourir, secourir…
cueillir et composés :
accueillir, recueillir.
(dé)faillir, assaillir,
tressaillir

finir, agrandir, applaudir,
avertir, bâtir, choisir,
éclaircir, élargir, embellir,
enrichir, envahir, établir,
faiblir, fournir, grossir,
guérir, haïr, jaunir, maigrir,
meurtrir, mûrir, noircir,
nourrir, pâlir, obéir, punir,
raccourcir, rajeunir, réagir,
réfléchir, réjouir, retentir,
réussir, réunir, rougir,
saisir, salir, subir, surgir,
tiédir, trahir, unir, vieillir
etc. (majorité verbes - ir)

partir, sentir, mentir,
se repentir, se vêtir et
composés
dormir et composés :
s'endormir…
servir et composés : asservir,
desservir

fuir et composés : s'enfuir

tenir et composés : s'abstenir,
appartenir, maintenir,
obtenir…
venir et composés : convenir,
devenir, parvenir, se
souvenir…
mourir.
acquérir, conquérir

-ire
rire, sourire

écrire, décrire, inscrire,
proscrire…
lire, élire, réélire, relire.
dire, contredire, interdire,
prédire…
suffire, frire, confire
conduire et composés :
reconduire, éconduire,
produire, traduire,
construire, détruire ;
instruire, cuire

-aire
faire, défaire, refaire,
parfaire, satisfaire…
plaire, déplaire, se taire

-ure -ore
conclure, exclure, inclure…
clore, éclore, enclore.

-oir
avoir

voir et composés : entrevoir,
prévoir, revoir.
pourvoir, dépourvoir
savoir
devoir
vouloir
falloir
recevoir, percevoir,
apercevoir

mouvoir et composés :
émouvoir, promouvoir.
pleuvoir.
valoir et composés :
équivaloir, prévaloir,
revaloir.
asseoir, surseoir
choir et composés : déchoir,
échoir

-oire
croire
boire

-dre -tre -pre -cre
prendre et composés
rendre , descendre, fendre,
pendre, tendre, vendre et
leurs composés
épandre et composés :
répandre.
répondre, correspondre,
fondre, confondre, se
morfondre, pondre
perdre, reperdre
mordre, tordre et composés
résoudre, absoudre,
dissoudre, coudre, moudre
craindre, contraindre,
plaindre
peindre, astreindre,
atteindre, empreindre,
feindre, enfreindre,
geindre, teindre, éteindre
joindre et composés :
rejoindre, adjoindre

être

battre, abattre, débattre,
combattre…
mettre, admettre,
permettre, promettre,
transmettre…
naître, renaître.
connaître, reconnaître,
paraître, apparaître,
comparaître…
croître, accroître, décroître

rompre et composés :
corrompre, interrompre.

vaincre, convaincre

• comparer, substituer, préférer	qqch/qqun	à qqch à qqun		
• donner, accorder, acheter, adresser, apporter, attribuer, céder, devoir, distribuer, donner, envoyer, expédier, laisser, lancer, livrer, louer, manifester, montrer, octroyer, offrir, présenter, prêter, procurer, rapporter, rembourser, rendre, remettre, servir, transmettre, vendre, • dire, affirmer, annoncer, apprendre, avouer, chuchoter, commander, confier, confirmer, conseiller, devoir, dicter, écrire, enseigner, expliquer, exprimer, garantir, imposer, interdire, jurer, laisser, lire, murmurer, ordonner, pardonner, permettre, préciser, prescrire, présenter, promettre, proposer, raconter, rappeler, réclamer, recommander, refuser, répondre, répéter, reprocher, révéler, souhaiter, suggérer, téléphoner… • montrer, dissimuler, cacher, indiquer, manifester, signaler • enlever, arracher, dérober, emprunter, retirer, voler	qqch	à qqun		
• approcher, délivrer, éloigner, écarter, séparer	qqch/qqun	de qqun	de qqch	
• accepter, attendre, espérer, exiger, obtenir, supporter, tolérer	qqch	de qqun		
• dire, commander, communiquer, conseiller, défendre, dire, interdire, ordonner, permettre, préciser, promettre, proposer, rappeler, recommander, répéter, reprocher, suggérer		à qqun		de faire qqch
• amener, aider, conduire, autoriser, condamner, contraindre, décider, engager, encourager, forcer, inciter, inviter, pousser • former, exercer, habituer	qqun		à faire qqch	
• charger, convaincre, décourager, dispenser, dissuader, empêcher, presser, persuader, prier, supplier	qqun		de qqch de faire qqch	
• accuser, blâmer, remercier, soupçonner	qqun		de faire, d'avoir fait qqch	
Pronominalisation	le, la, les	lui, leur, de lui, d'elle, d'eux, d'elles	en y	le

VERBES TYPE	Présent	Impératif	Subjonctif	Imparfait	Futur
acheter	j'achète vous achetez	achète achetez/ons	que j'achète que vous achetiez	j'achetais	j'achèterai
acquérir	j'acquiers vous acquérez	acquiers acquérez/ons	que j'acquière que vous acquériez	j'acquérais	j'acquerrai
aller	je vais tu vas il va nous allons vous allez ils vont	va allez/ons	que j'aille que nous allions	j'allais	j'irai
appeler	j'appelle vous appelez	appelle appelez/ons	que j'appelle que vous appeliez	j'appelais	j'appellerai
appuyer	j'appuie vous appuyez	appuie appuyez/ons	que j'appuie que vous appuyiez	j'appuyais	j'appuierai
arriver	j'arrive	arrive arrivez/ons	que j'arrive	j'arrivais	j'arriverai
asseoir (s') ou bien	je m'assieds vous vous asseyez je m'assois vous vous assoyez	assieds-toi asseyez-vous assois assoyez-vous	que je m'asseye que je m'assoie que vs vs assoyez	je m'asseyais je m'assoyais	je m'assiérai
avoir	j'ai tu as il a nous avons vous avez ils ont	aie ayez/ons	que j'aie que vous ayez	j'avais	j'aurai
battre	je bats vous battez	bats battez/ons	que je batte	je battais	je battrai
boire	je bois vous buvez ils boivent	bois buvez/ons	que vous buviez que je boive	je buvais	je boirai
conclure	je conclus	conclus concluez/ons	que je conclue	je concluais	je conclurai
conduire	je conduis vous conduisez	conduis conduisez/ons	que je conduise	je conduisais	je conduirai
connaître	je connais vous connaissez	connais connaissez/ons	que je connaisse	je connaissais	je connaîtrai
convaincre	je convaincs vous convainquez	convaincs convainquez/ons	que je convainque	je convainquais	je convaincrai
courir	je cours	cours courez/ons	que je coure	je courais	je courrai
craindre	je crains vous craignez	crains craignez/ons	que je craigne	je craignais	je craindrai
croire	je crois vous croyez	crois croyez/ons	que je croie que vous croyiez	je croyais	je croirai
croître	je crois vous croissez	croîs croîssez/ons	que je croisse	je croissais	je croîtrai
cueillir	je cueille	cueille cueillez/ons	que je cueille	je cueillais	je cueillerai
défaillir	je défaille	défaille défaillez/ons	que je défaille	je défaillais	je défaillirai
devoir	je dois vous devez ils doivent		que vous deviez que je doive	je devais	je devrai

Conditionnel	Passé simple	Passé composé	Plus-que-parfait	Futur antèrieur Cond. passé
j'achèterais				
	j'achetai	j'ai acheté	j'avais acheté	j'aurai(s) acheté
j'acquerrais				
	j'acquis	j'ai acquis	j'avais acquis	j'aurai(s) acquis
j'irais				
	j'allai	je suis allé(e)	j'étais allé(e)	je serai(s) allé
j'appellerais				
	j'appelai	j'ai appelé	j'avais appelé	j'aurai(s) appelé
j'appuierais				
	j'appuyai	j'ai appuyé	j'avais appuyé	j'aurai(s) appuyé
j'arriverais	j'arrivai	je suis arrivé(e)	j'étais arrivé(e)	je serai(s) arrivé(e)
je m'assiérais				
	je m'asseyai	je me suis assis(e)	je m'étais assis(e)	je me serai(s) assis(e)
j'aurais	j'eus	j'ai eu	j'avais eu	j'aurai(s) eu
je battrais	je battis	j'ai battu	j'avais battu	j'aurai(s) battu
je boirais				
	je bus	j'ai bu	j'avais bu	j'aurai(s) bu
je conclurais	je conclus	j'ai conclu	j'avais conclu	j'aurai(s) conclu
je conduirais		j'ai conduit	j'avais conduit	j'aurai(s) conduit
	je conduisis			
je connaîtrais	je connus	j'ai connu	j'avais connu	j'aurai(s) connu
je convaincrais	je convainquis	j'ai convaincu	j'avais convaincu	j'aurai(s) convaincu
je courrais	je courus	j'ai couru	j'avais couru	j'aurai(s) couru
je craindrais		j'ai craint	j'avais craint	j'aurai(s) craint
	je craignis			
je croirais	je crus	j'ai cru	j'avais cru	j'aurai(s) cru
je croîtrais	je crûs	j'ai crû	j'avais crû	j'aurai(s) crû
je cueillerais	je cueillis	j'ai cueilli	j'avais cueilli	j'aurai(s) cueilli
je défaillirais	je défaillis	j'ai défailli	j'avais défailli	j'aurai(s) défailli
	je dus	j'ai dû	j'avais dû	j'aurai(s) dû
je devrais				

VERBES TYPE	Présent	Impératif	Subjonctif	Imparfait	Futur
dire	je dis vous dites nous disons	dis dites disons	que je dise	je disais	je dirai
dormir	je dors vous dormez	dors dormons/ez	que je dorme	je dormais	je dormirai
écrire	j'écris vous écrivez	écris écrivons/ez	que j'écrive	j'écrivais	j'écrirai
émouvoir	j'émeus vous émouvez ils émeuvent	émeus émouvons/ez	que vous émouviez que j'émeuve	j'émeuvais	j'émouvrai
espérer	j' espère vous espérez	espère espérons/ez	que j'espère que vous espériez	j'espérais	j'espérerai
envoyer	j'envoie vous envoyez	envoie envoyons/ez	que j'envoie que vous envoyiez	j'envoyais	j'enverrai
être	je suis, tu es, il est vous êtes nous sommes ils sont	sois soyons/yez	que je sois que vous soyez	j'étais	je serai
faire	je fais, tu fais, il fait nous faisons, vous faites ils font	fais faites/faisons	que je fasse	je faisais	je ferai
falloir	il faut		qu'il faille	il fallait	il faudra
finir	je finis vous finissez	finis finissons/ez	que je finisse	je finissais	je finirai
fuir	je fuis, ils fuient vous fuyez	fuis fuyons/ez	que je fuie que vous fuyiez	je fuyais	je fuirai
joindre	je joins vous joignez	joins joignons/ez	que je joigne	je joignais	je joindrai
lire	je lis vous lisez, ils lisent	lis lisons/ez	que je lise	je lisais	je lirai
mettre	je mets vous mettez	mets mettons/ez	que je mette	je mettais	je mettrai
mordre	je mords vous mordez	mords mordons/ez	que je morde	je mordais	je mordrai
mourir	je meurs vous mourez	meurs mourons/ez	que je meure que vous mouriez	je mourais	je mourrai
offrir	j'offre offrons/ez	offre	que j'offre	j'offrais	j'offrirai
partir	je pars vous partez	pars partons/ez	que je parte	je partais	je partirai
payer	je paie, ils paient vous payez	paie payons/ez	que je paie/paye que vous payiez	je payais	je paierai
peindre	je peins vous peignez	peins peignons/ez	que je peigne	je peignais	je peindrai
perdre	je perds vous perdez	perds perdons/ez	que je perde	je perdais	je perdrai
plaire	je plais vous plaisez	plais plaisons/ez	que je plaise	je plaisais	je plairai
pleuvoir	il pleut		qu'il pleuve	il pleuvait	il pleuvra

Conditionnel	Passé simple	Passé composé	Plus-que-parfait	Futur antèrieur / Cond. passé
je dirais	je dis	j'ai dit	j'avais dit	j'aurai(s) dit
je dormirais	je dormis	J'ai dormi	J'avais dormi	j'aurai(s) dormi
j'écrirais	j'écrivis	j'ai écrit	j'avais écrit	j'aurai(s) écrit
j'émouvrais	j'émus	j'ai ému	j'avais ému	j'aurai(s) ému
j'espérerais	j'espérai	j' ai espéré	j'avais espéré	j'aurai(s) espéré
j'enverrais	j'envoyai	j'ai envoyé	j'avais envoyé	j'aurai(s) envoyé
je serais	je fus	j'ai été	j'avais été	j'aurai(s) été
je ferais	je fis	j'ai fait	j'avais fait	j'aurai(s) fait
il faudrait	il fallut	il a fallu	il avait fallu	il aura(it) fallu
je finirais	je finis	j'ai fini	j'avais fini	j'aurai(s) fini
je fuirais	je fuis	j'ai fui	j'avais fui	j'aurai(s) fui
je joindrais	je joignis	j'ai joint	j'avais joint	j'aurai(s) joint
je lirais	je lus	j'ai lu	j'avais lu	j'aurai(s) lu
je mettrais	je mis	j'ai mis	j'avais mis	j'aurai(s) mis
je mordrais	je mordis	j'ai mordu	j'avais mordu	j'aurai(s) mordu
je mourrais	je mourus	je suis mort	j'étais mort	je serai(s) mort
j'offrirais	j'offris	j'ai offert	j'avais offert	j'aurai(s) offert
je partirais	je partis	je suis parti(e)	j'étais parti(e)	je serai(s) parti(e)
je paierais	je payai	j'ai payé	j'avais payé	j'aurai(s) payé
je peindrais	je peignis	j'ai peint	j'avais peint	j'aurai(s) peint
je perdrais	je perdis	j'ai perdu	j'avais perdu	j'aurai(s) perdu
je plairais	je plus	j'ai plu	j'avais plu	j'aurai(s) plu
il pleuvrait	il plut	il a plu	il avait plu	il aura(it) plu

VERBES TYPE	Présent	Impératif	Subjonctif	Imparfait	Futur
recevoir	je reçois vous recevez ils reçoivent	reçois recevons/vez	que vous receviez que je je reçoive	je recevais	je recevrai
rendre	je rends vous rendez	rends rendez/ons	que je rende	je rendais	je rendrai
répandre	je répands vous répandez	répands répandons/ez	que je répande	je répandais	je répandrai
répondre	je réponds vous répondez	réponds répondons/ez	que je réponde	je répondais	je répondrai
résoudre	je résous vous résolvez	résous résolvons/ez	que je résolve	je résolvais	je résoudrai
rire	je ris	ris rions riez	que je rie	je riais	je rirai
rompre	je romps vous rompez	romps rompons/ez	que je rompe	je rompais	je romprai
savoir	je sais vous savez	sache sachons/ez	que je sache	je savais	je saurai
servir	je sers vous servez	sers servons/ez	que je serve	je servais	je servirai
suffire	je suffis vous suffisez		que je suffise	je suffisais	je suffirai
suivre	je suis vous suivez	suis suivons/ez	que je suive	je suivais	je suivrai
tenir	je tiens vous tenez ils tiennent	tiens tenons/ez	que vous teniez que je tienne	je tenais	je tiendrai
valoir	je vaux vous valez		que je vaille que vous valiez	je valais	je vaudrai
venir	je viens vous venez ils viennent	viens venons/ez	que vous veniez que je vienne	je venais	je viendrai
vivre	je vis vous vivez	vis vivons/ez	que je vive	je vivais	je vivrai
voir	je vois, ils voient vous voyez	vois voyons/ez	que je voie que vous voyiez	je voyais	je verrai
vouloir	je veux vous voulez ils veulent	veuille veuillons /ez	que je veuille que vous vouliez	je voulais	je voudrai

Conditionnel	Passé simple	Passé composé	Plus-que-parfait	Futur antèrieur Cond. passé
je recevrais	je reçus	j'ai reçu	j'avais reçu	j'aurai(s) reçu
je rendrais	je rendis	j'ai rendu	j'avais rendu	j'aurai(s) rendu
je répandrais	je répandis	j'ai répandu	j'avais répandu	j'aurai(s) répandu
je répondrais	je répondis	j'ai répondu	j'avais répondu	j'aurai(s) répondu
je résoudrais	je résolus	j'ai résolu	j'avais résolu	j'aurai(s) résolu
je rirais	je ris	j'ai ri	j'avais ri	j'aurai(s) ri
je romprais	je rompis	j'ai rompu	j'avais rompu	j'aurai(s) rompu
je saurais	je sus	j'ai su	j'avais su	j'aurai(s) su
je servirais	je servis	j'ai servi	j'avais servi	j'aurai(s) servi
je suffirais	je suffis	j'ai suffi	j'avais suffi	j'aurai(s) suffi
je suivrais	je suivis	j'ai suivi	j'avais suivi	j'aurai(s) suivi
je tiendrais	je tins	j'ai tenu	j'avais tenu	j'aurai(s) tenu
je vaudrais	je valus	j'ai valu	j'avais valu	j'aurai(s) valu
je viendrais	je vins	je suis venu(e)	j'étais venu(e)	je serai(s) venu(e)
je vivrais	je vécus	j'ai vécu	j'avais vécu	j'aurai(s) vécu
je verrais	je vis	j'ai vu	j'avais vu	j'aurai(s) vu
je voudrais	je voulus	j'ai voulu	j'avais voulu	j'aurai(s) voulu

Index

259

Table des matières

Table des matières

Table des matières

Table des matières

263

Les collections «Français Langue Étrangère» sont dirigées par Isabelle Gruca.

MÉTHODES

Je lis, j'écris le français
Méthode d'alphabétisation pour adultes
M. Barthe, B. Chovelon, 2004
Livre de l'élève – Cahier d'autonomie

Je parle, je pratique le français
Post-alphabétisation pour adultes
M. Barthe, B. Chovelon, 2005
Livre de l'élève – Cahier d'autonomie

À propos A1
C. Andant, C. Metton, A. Nachon,
F. Nugue, 2009
Livre de l'élève (CD inclus) – Guide
pédagogique – Cahier d'exercices
(CD inclus)

À propos A2
C. Carenzi-Vialaneix, C. Metton,
A. Nachon, F. Nugue, 2010
Livre de l'élève (CD inclus) – Guide
pédagogique – Cahier d'exercices
(CD inclus)

À propos B1
V. Blasco, M.-Th. Kamalanavin,
A. Lauginie, A. Nachon, F. Nugue, 2012
Livre de l'élève (CD inclus) – Guide
pédagogique (e-book) – Cahier d'exercices
(CD inclus)

À propos B1-B2
C. Andant, M.-L. Chalaron, 2005
Livre de l'élève – Livre du
professeur – Cahier d'exercices –
Coffret 2 CD audio

GRAMMAIRE ET STYLE

Présent, passé, futur
D. Abry, M.-L. Chalaron, J. Van Eibergen
Manuel avec corrigés des exercices, 1987

La grammaire autrement
M.-L. Chalaron, R. Rœsch
Manuel avec corrigés des exercices, 1984

La grammaire des tout premiers temps
(CD MP3 inclus)
M.-L. Chalaron, R. Rœsch, 2011

La grammaire des premiers temps
Volume I : niveaux A1-A2, 2000
Volume II : niveaux A2-B1, 2003
D. Abry, M.-L. Chalaron
Manuel – CD audio – Corrigés des exercices
et transcription des enregistrements du CD

L'Exercisier (avec niveaux du CECR)
C. Descotes-Genon, M.-H. Morsel,
C. Richou, 2010
Manuel – Corrigés des exercices

L'expression française écrite et orale
Ch. Abbadie, B. Chovelon,
M.-H. Morsel, 2003
Manuel – Corrigés des exercices

Expression et style
M. Barthe, B. Chovelon, 2002
Manuel – Corrigés des exercices

VOCABULAIRE ET EXPRESSION

Livres ouverts
M.-H. Estéoule-Exel,
S. Regnat Ravier, 2008
Livre de l'élève – Guide pédagogique

Dites-moi un peu
Méthode pratique de français oral
K. Ulm, A.-M. Hingue, 2005
Manuel – Guide pédagogique

Émotions-Sentiments
C. Cavalla, E. Crozier, 2005
Livre de l'élève (CD inclus) –
Corrigés des exercices

Le français par les textes
I : niveaux A2-B1, 2003
II : niveaux B1-B2, 2003
Corrigés des exercices I, 2006
Corrigés des exercices II, 2006
M. Barthe, B. Chovelon,
A.-M. Philogone

Lectures d'auteurs
M. Barthe, B. Chovelon, 2005
Manuel – Corrigés des exercices

Le chemin des mots
D. Dumarest, M.-H. Morsel, 2004
Manuel – Corrigés des exercices

CIVILISATION

La France au quotidien (4e éd.)
R. Rœsch, R. Rolle-Harold, 2012
Manuel

**Écouter et comprendre la France
au quotidien** (CD inclus)
R. Rœsch, R. Rolle-Harold, 2009

La France des régions
R. Bourgeois, S. Eurin, 2001

La France des institutions
R. Bourgeois, P. Terrone, 2004

FRANÇAIS SUR OBJECTIF SPÉCIFIQUE

**Le français des médecins.
40 vidéos pour communiquer
à l'hôpital** (DVD-ROM inclus)
T. Fassier, S. Talavera-Goy, 2008

Le français du monde du travail (4e éd.)
E. Cloose, 2012

**Les combines du téléphone fixe
et portable** (nouvelle édition, CD inclus)
J. Lamoureux, 2009

Le français pour les sciences
J. Tolas, 2004

ENTRAÎNEMENT AUX EXAMENS

Lire la presse
B. Chovelon, M.-H. Morsel, 2005
Manuel – Corrigés des exercices

**Le résumé, le compte rendu, la synthèse.
Guide d'entraînement aux examens et
concours**
B. Chovelon, M.-H. Morsel, 2003
Manuel avec corrigés des exercices

Cinq sur cinq A2
**Évaluation de la compréhension
orale au niveau A2 du CECR** (CD inclus)
R. Rolle-Harold, C. Spérandio, 2010

Cinq sur cinq B2
**Évaluation de la compréhension
orale au niveau B2 du CECR** (CD inclus)
R. Rœsch, R. Rolle-Harold, 2006

DIDACTIQUE & ORGANISATION DES ÉTUDES

**Cours de didactique du français
langue étrangère et seconde** (2de éd.)
J.-P. Cuq, I. Gruca, 2005

Le français sur objectif universitaire
(DVD-ROM inclus)
J.-M. Mangiante, C. Parpette, 2011

**Nouvelle donne pour les Centres
universitaires de français langue étrangère**
ADCUEFE, 2004

**Diplômes universitaires en langue
et culture françaises**
ADCUEFE, 2004

**L'enseignement-apprentissage
du français langue étrangère
en milieu homoglotte**
ADCUEFE, 2006

→ Série **Cultures d'enseignement,
cultures d'apprentissage** coordonnée
par Jean-Pierre Cuq

**Diversités culturelles
et enseignement du français
dans le monde. Le projet CECA**
E. Carette, F. Carton, M. Vlad (dir.), 2011

**Le français langue seconde
en milieu scolaire français.
Le projet CECA en France**
F. Chnane-Davin (dir.), C. Félix
et M.-N. Roubaud, 2011

**Une semaine en classe
en immersion française au Canada.
Le projet CECA au Canada**
D. Moore, C. Sabatier, 2012

**Les autres ouvrages de la série sont
publiés par la revue Synergies-FIPF.**

La collection «Outils malins du FLE» est dirigée par Michel Boiron.

Écritures créatives
S. Bara, A.-M. Bonvallet et C. Rodier, 2011

Les TIC, des outils pour la classe
I. Barrière, H. Emile et F. Gella, 2011

Jeux de théâtre
M. Pierré et F. Treffandier, 2012

L'Interculturel en classe
R.-M. Chaves, L. Favier, S. Pelissier, 2012